KB208657

미여지벵뒤에 서서

미여지벵뒤에
서서

문무병의 제주 신화 이야기 3

문무병 지음

알렙

이승의 끝, '미여지벵뒤'에 서서

거의 언제나 나는 새벽 4시 30분에 일어난다. 새 아침이 오기 전 애매한 이 시간은 나의 새로운 빈 칸, 진정 시로 이야기하는 공간, 내가 가끔 당신을 만나는 이승의 끝에 있다는 나의 '미여지벵뒤'다. 여러분은 '미여지벵뒤'를 모를지도 모른다. 지금 살아 있는 나生人가 가장 가까웠던 죽은 영혼과 이별해야 할 그곳, 이승과 저승 중간 지점에 있다는 그곳.

'미여지벵뒤'에서 나비가 된 당신을 만나기 이전에, 나는 『두 하늘 이야기』을 썼고, 이제 당신과의 이별 전에 이 땅 제주를 만드신 설문대할망이 점지해 준 탐라국 이야기와 내 탯줄을 묻은 '태胎땅 이야기'와 함께 우리 땅의 족보와 계통을 살펴볼까 한다.

처음부터 탐라국을 나누어 다스리던 삼을나

아직 완성되지 않은 탐라국 본풀이인 「삼을나 본풀이」에는 아직 밝혀지지 않은 한류의 역사가 남아 있다. 15일 동안 계속 되는 '제주 큰굿'에는 북두칠성의 별자리를 향해 소원을 빌던 고조선 시대의 하늘굿(天祭)이 남아 전승되고 있다. '제주 큰굿'의 초감제에 의하면, 태초에 세상은 '왁왁한 어둠' 즉 혼돈混沌이었다. 캄캄한 암흑은 금이 생겨 하늘과 땅으로 갈라지기 시작했다. 이때 하늘에서는 청이슬이 내리고, 땅에서는 흑이슬이 솟아났다. 하늘의 푸른 물과 땅의 검은 물이 서로 합수되어 음양이 통하자 만물이 생겨나고, 물에 의해 세상이 만들어졌다. 그리고 큰굿의 초감제 15성인聖人 도업에서 신화가 그리고 있는 인간세상 이야기에는 우리 한류의 잃어버린 역사가 그려져 있다. "천황씨天皇氏가 하늘을 열고, 지황씨地皇氏가 땅을 열고, 인황씨人皇氏가 인간세상을 여니, 이어서 수인씨燧人氏는 나무를 세워서 집을 짓는 법 가르치고, 유소씨는 나무를 깨어 불을 얻는 법, 여와씨女媧氏는 옷을 지어 입는 법을 마련하였다. 뒤에 태호 복희씨太昊伏羲氏는 팔괘八卦를 그려 태극기를 만들고, 그물을 놓아 사냥하는 법을 마련했으며, 염제신농씨炎帝神農氏는 따비와 쟁기를 만들어 농사農事를 짓는 법을 가르쳤으며, 백 가지 풀을 맛보아 약초를 찾아내었고, 황제헌원씨黃帝軒轅氏는 방패防牌를 만들어 싸움을 막았고, 활을 만들어 난리亂離를 막았고, 배를 지어 바다를 넘나들게 하였다." 여기서 습득하는 삼황오제 이야기는 중국의 신화가 아니라 바로 환국-배달-고조선으로 이어온 잃어버린 한류 9000년 역사가 제주의 창세신화로 전승된다는 것이다. 그리고 초감제 굿하는 시간과 공간을 신에게 아뢰는 '날과국 섬김'에서는 "고을나 · 양을나 · 부을나, 삼을나三乙那가 탐라국을 서로 나누어 다스렸다"는 삼도분치三徒分治의 이야기가 담겨 있는데, 이는 마치 고조선이 진한 · 변한 · 마한, 삼한분국三韓分治하였다는 이야기의 축소판 같다. 탐라국에서도 일도 · 이도 · 삼도〔三徒分治〕 이야기가 나온다는 것은 탐라국이 고조선과 같은 국가 형태를 가지고 있었다는 이야기가 아닌가.

'제주 큰굿' 초감제 '날과국 섬김'에서 심방이 일러주는 대로, 영평 8년, AD 65년에 고을나 · 양을나 · 부을나라는 삼신인이 모인굴에서 솟아나 탐라국을 건국하였다. 그러나 1만 년도 전에 설문대할망이 세상을 열었다면, 삼신인 삼을나는 영평 8년 탐라 땅에서 솟아난 원주민이 아니라 그보다 전 시대인 고조선이나 북부여에서 도래한 한류의 이주민은 아니었을까? '삼신인 삼을나'가 땅에서 솟아났다는 모인굴은 땅에 패여 있는 세 개의 작은 굴이 '品 자' 형태로 배치돼 있다. 마치 인간 탯줄의 절단면을 보는 듯하다. 사람으로 따지면, 탯줄을 절단한 후에 남는 배꼽이다. 삼성혈은 우주의 '옴파로스(배꼽)'인 것이다. 중국의 진시황제가 신들의 땅 탐라에 불로초를 캐러 '서불'이라는 사자를 보냈다는 이야기에는 탐라의 역사가 훨씬 이전에 이루어졌으며, 제주도가 한류의 중심에 있었다는 의미가 담겨 있다. 그렇다면 「삼을나 본풀이」의 보전은 제주의 신화 속에서 고대 한류의 잃어버린 역사를 찾아내는 것이며, 세계의 배꼽navel of the world 삼성혈에서 한류의 바닷길 해양의 실크로드, 바다로 가는 올레길을 그려내는 것이다.

탯줄을 태워 묻은 본향 '태순땅'

우리 탐라인은 조선인이기도 하지만, 제주를 만든 창조신 설문대할 망의 자손이기도 하다. 조선의 핏줄이기 때문에 북두칠성을 향해 머리에 상투上頭를 틀어 예를 올렸고 죽어서도 칠성판을 지고 북두칠성으로 돌아가는 민족이 아닌가. 그런데도 제주 사람은 자기가 태어난 고향을 본향本鄕이라 한다. 내가 태어난 고향이 본향인 것은 자기의 '탯줄을 태워 묻어둔 땅', 태 사른 땅, '태순땅'이란 것이다. 예로부터 제주의 어머니들은 아기가 태어나면, 어머니와 아이의 인연의 줄이자 생명의 '삼줄(生命線)'이며 어머니의 태반에서 아이에게 영양을 공급해 주던 '새끼줄'을 잘라 태운 '아기의 탯줄(胎)을 태운 검정(=약)'을 항아리에 담아서, 새벽녘에 탯줄처럼 세 줄로 감겨 있는 길, 세 갈래 길이 만나는 삼도전거리(세거리), 어머니만 알아둔 비밀스러운 곳에 '태항아리'를 묻어두었다가, 아이가 피부병에 걸리면, 태를 태웠던 검정을 꺼내어 아픈 부위에 발라주었다. 그것은 태胎의 원초적인 생명력과 생명의 뿌리를 저장하고 있는 '태순땅'이 지닌 생명의 복원력으로 병든 아이의 피부를 소생시킨다는 영적인 주술이며 치료였다.

본향은 대지의 배꼽이다. 어머니와 아이를 이어주는 새끼줄, 하늘과 땅과 어머니와 아이를 이어주는 대지의 탯줄이며, 속화된 인간의 땅에 마련된 하나님과 영적인 교류가 가능한 거룩한 장소(聖所)인 것이다. 제주도 굿의 초감제 '본향듦'에서 마을을 지키는 본향당신은 "큰 화살을 들고 사냥을 하는 모습"으로 그려진다. 이 본향당신의 모습은 우리 민족, '큰 대大+활 궁弓'이 결합하여 만들어진 '큰활 쏘는 사람이夷를 쓰는 동이족東夷族의 장군을 나타내는 것은 아닌지. 그렇다면, 큰굿을 할 때, 본향당신의 활 쏘는 모습에서 한류의 배꼽인 광양당이나 삼성혈을 한류의 옴파로스(배꼽)로 보는 것, 한라산에서 말을 달리며 활을 쏘는 동이족의 장수로 삼신인 삼을나를 그려보는 것은 얼마나 아름다운 광경일까.

미여지벵뒤에서 이별을

'미여지벵뒤'는 제주 말 중에서도 가장 아름답고 가장 신비로운 말이다. 할머니의 이야기에서나 큰굿 속에서 전해 오는 말이라 '낯섦'이 있다. 하지만 우리들의 죽음 다음에 오는 세상으로 떠나는 마음을 풀이하는 말이라 전해 주면, 누구나 갸우뚱하는 제주다운 말이다. 내가 말하는 '미여지벵뒤'는 그런 말이다. 거기에는 제주 사람이 그리는 저승의 그림이 숨어 있다. 죽어서 가야 할 곳이어서 그런지 뜻이 어렵다.

"미여지벵뒤? 그런 말도 있어? 무신 뜻이라?"

"뜻은 막 깊수다. 15일 동안 하는 큰굿을 다 봐야 조금 알아집니다."

나는 지인에게 심각하게 "제주 사람은 이 벵뒤가 무신 벵뒨지 잘 알아야 저승에 갈 수 있수다."고 말해 두고, 제주어 사전에는 뭐라 설명되어 있는지 들춰 보았다. 사전에 '미여지-벵뒤'는 "아무 거침 없이 트인 널따란 벌판"이며, 가시, 김녕, 조천리 등지에서 쓰이는 말이라 적혀 있었다. 제주 사람도 잘 모르는 말인 것 같아 좀 실망하였다. 제주 사람 모두가 알아야 할 말인데 큰굿에만 나오는 말이라 이 의미가 얼마나 중요한가를 말하려던 나는 기가 막혔다. 다시 한 번 강조한다면, 미여지벵뒤는 제주 사람에게 산 자와 죽은 영혼이 마지막으로 이별하는 공간이기 때문에 미학적이며 문학적이고 철학적인 제주 말이라고 말하고 싶었다.

내가 2011년 신구월에 성읍리에서 있었던 정공철의 신굿 「영게돌려세움」에서 나비가 되어 내게 찾아온 당신의 영혼과 내가 '미여지벵뒤'에서 이별하던 체험이 없었다면, 지금도 사전처럼 미여지벵뒤를 딱딱한 의미로 정의하고 있었을 게다. 심방의 석사과정에 해당하는 하신충이었던 정공철은 나 때문에 심방이 됐다는 불행한 친구다. 큰굿의 열네 번째 날, 정공철의 신굿이 끝나갈 무렵, 저녁에 나를 찾아와 내 주위를 맴돌던 나비 한 마리를 보지 않았다면, 지금도 미여지벵뒤가 아름다운 삶을 마감하는 자리이며, 죽음의 의미를 완성하는 인생의 공부처라는 것을 몰랐을 거다.

망자의 죽음을 완성하는 공간으로서 '미여지벵뒤'는 현실 세계를 떠나지 못하는 망자들이 저승으로 떠나는 공간이다. 망자는 무거운 삶의 멍에, 욕망의 덩어리였고 슬픔의 사슬이었던 살아 있는 사람이 메고 다니는 짐들을 벗어 미여지벵뒤 가시낭에 걸쳐놓고, 남아서 더 살아야 할 우리가 마지막으로 만들어준 옷과 짚신을 신고, 가볍고 홀가분한 마음으로 저승으로 떠난다. 미여지벵뒤는 망자가 더 이상 갈 데 없는 이승의 끝이다. 미여진, 버려진, 더 이상 갈 데 없는 이승의 끝에 있는, 고사목과 가시나무만 황량하게 펼쳐진 황무지 같은 곳이다. 내가 20대 중반에 완성하지 못한 절망의 세계이며, 풀과 나무가 자라지 않는 불모지이자, 생명이 살아갈 수 없는 평평한 돌밭이다. '벵뒤' 같은 저승의 입구는, 이 세상 '이승'이 끝나고 '저승'이 시작되는 중간 지점이자, 산 사람과 망자가 이별하는 곳이며, 모든 것을 다 버리고 떠나는 당신에게 옷 한 벌 짚신 한 켤레를 싸주고 보내는 이곳이 '미여지벵뒤'이다.

그러므로 누구도, 특히 제주 사람은 미여지벵뒤의 이별이 삶과 죽음을 완성하는 공간임을 알 것이다. 나는 제주 신화 이야기 세 번째 권『미여지벵뒤에 서서』를 쓰기 전에 제주에 사는 여러분들에게 '미여지벵뒤'는 제주 사람이 꼭 알아두어야 할 공간이며 큰굿 연구의 시작이라 말하고 싶다.

2018년 12월

문무병

차례

제1부

나라굿과 「삶을나 본풀이」

I° 탐라국 개국신화 「삼을나 본풀이」

「삼을나 본풀이」의 기초

　삼성신화(三聖神話 또는 三姓神話) 또는 탐라국 개국신화로 알려진 「삼을나(三乙那) 본풀이」는 제주 큰굿의 초감제 베포도업을 하는 중에 심방이 '날과국 섬김'에서 "산 베포, 물 베포, 왕 베포, 국 베포……" 하면서 나라가 도읍(都邑)한 때를 구연하는 '국 베포' 대목에서 구연된다. 이것은 구비전승자인 심방이 잘못 전할 수 없는 율법과 같은 것이다. 큰굿에서 탐라국은 '삼을나'의 탄생일을 탐라 원년이라 하며, 그 해가 영평 8년, 서기 65년이라는 것은 변할 수 없는 사실이다. 탐라국은 서기 65년에 모인굴(毛興穴)에서 도읍하였다. 세상이 열리면서 지금까지 제주에서 굿을 할 때는 처음 신을 청해드리는 초감제에서부터 "삼을나는 모인굴에서 탄생하였다."고 신에게 알린다.

　　　　　　　　　　　　미여지벵뒤에 서서

"영평 8년(서기 65년) 을축 삼월 열사흘날, 자시子時 생천生天 고高의 왕, 축시丑時 생천生天 양良의 왕, 인시寅時 생천生天 부夫의 왕, 고양부高良夫 삼성三聖이 모인굴[毛興穴]로 솟아나 도읍하던 국國입니다."

이를 풀면, 자시에는 '숭고한[高]' 왕, 축시에는 '선량한[良]' 왕, 축시에는 '광명한[夫]' 왕, 성스러운 세 왕이 '셋이 하나로 모인굴[毛興穴]' '품品 자형 동굴'에서 태어나 나라를 열었다. 여기에서 고, 량, 부는 성씨가 아니라 탐라왕의 세 가지 거룩한 품격을 이야기한다. 첫째는 '고을나', 둘째는 '양을나', 셋째는 '부을나'라 한다. '신인神人'과 같은 뜻으로 쓰이는 '을나乙那'를 이렇게 풀이한다. 어떤 이는 옛 백제어 '왕王'이라 했고, 또 어떤 이는 여진족의 추장명이라 했다. 필자는 '신이한 아이'라고도 했는데, 경상도 말에 아이를 말하는 '을라' '얼라'에서 따왔다. 즉 '새로 태어난 왕'이라는 것이다.

다음으로 '삼성'의 3을 풀어보자. 모인굴은 세 '얼라(어린이 또는 왕)'가 모여 이룩한 세 개의 굴이다. 모양은 '品'이요, 기능은 신의 집[堂]이다. 최초의 신의 집, 신당神堂을 본향당이라 하니, 탐라왕의 탄생지이다. 탐라국을 알려면 '본향本鄕'의 깊은 뜻을 알아야 한다. 제주 사람이 말하는 본향은 뿌리를 내린 고향을 말한다. 혈연 조상인 부모로부터 몸을 받은 고향故鄕이자 지연地緣의 조상인 한라산 또는 대지의 어머니 설문대할망의 고장이다. 여기에는 나의 탯줄을 태워 묻은 땅, '태순땅'이란 의미가 있다. 제주 사람은 태어나면, 어머니가 생명의 수인 삼三과 칠七이 만나는 날 이후 태를 태운다. 이를 항아리에 담아서 세 갈래 길이 만나는 '삼도전거리' 비밀스러운 곳에 묻어둔다. 그러다 아이가 피부병에 걸리면 묻어두었던 탯줄을 태운 검정을 꺼내 아픈 데 발라주었다. 그러면 아이의 피부병은 감쪽같이 낫는다고 한다. 그래서 본향을 태슨땅(태 묻은 땅)이라 한다.

삼신인이 태어난 모인굴은 하늘, 땅, 인간의 삼줄[三繩]이 만나는 우주의 옴파로스(배꼽)라고 한다. 이는 하늘의 숭고함, 땅의 선량함, 인간의 곧바름을 하나로 잇는 곳으로서 모인굴이 삼신인 삼을나의 탄생과도 연을 갖는 본향이다. 모인굴에서 세 아이, 세 '얼라[乙那]'가 태어났다는 모인굴제[三聖誕降祭]는 어떤 축제였을까?

2014년 여름 미국 원주민보호구역을 답사한 적이 있다. 원주민 나바호족의 집에서 머물며 그곳의 젊은 아기엄마에게서 아기 엉덩이에 파란 몽골반점이 있다는 이야기를 들었다. 나는 아기엄마에게 기원전 1세기경에 그들의 조상이 시베리아에서 베링해를 건너온 한국인이며, 따라서 아기의 엉덩이에 있는 점은 '몽골반점'이 아니라 '조선반점'이라고 이야기했다. 이런 일이 있은 뒤 이어서 멕시코에 갔다.

멕시코에서는 원주민 마을에서 그들이 이방인 손님을 맞이하여 함께 땅굴을 파고 들어가 치르는 '한 배 형제가 되는 입사식[入社式]'에 참여했다. 원주민 추장과 마을에 남아 있는 원주민 30여 명은 우리 일행 15명과 함께 땅속으로 50미터쯤 파 내려간 땅굴에 모였다. 그들은 우리식 찜질방 같은 공간 가운데 넓적한 흑석들을 모아놓고 불로 구웠다. 굴속이 뜨거워지면 물을 부어 식히며 사람의 체온 정도를 유지하였다.

추장은 2100년 전, 그들의 조상이 베링해를 건너 멕시코에 정착할 때까지의 역사이자 신화인 '조상 이야기'를 두 시간쯤 노래하였다.

『구약성서』나 『몽골비사』처럼 그들이 살아온 역사를 노래하는 의식, 그것은 어머니의 자궁 안에서 한 형제가 되는 의식이라 하였다. 한국에서 온 형제와 땅속 어머니의 자궁 같은 굴속에서 역사와 조상신을 모시는 의식을 거행한 것이다. 이는 오래전 베링해를 건너온 원주민과 비슷한 시기인 기원후 65년에 탐라국을 열었던 동포가 "대지의 여신의 태 속에서 한 배 형제가 되는 의식"이었다.

나는 그때 한라산 기슭 모인굴제毛興穴祭가 그것이 아닌가 하며 혼자 흥분하고 감동했다. 이러한 멕시코의 동굴 의식은 탐라국 모인굴제나 성산읍 온평리 희죽 혼인지에서 열리는 "삼신인 삼을나와 벽랑국碧浪國에서 오곡의 종자와 송아지 망아지를 가지고 탐라에 온 삼공주의 결혼식"과 같았을 것이다. 그때부터 탐라국 개국 시절의 모인굴제는 원주민과 이주민이 동굴 속에서 치르는 "한 배 형제가 되는 동굴제"였을 거라 생각하게 되었다.

이런 상상을 하게 된 이유가 있다. 후대에 와서 변해버린 「삼을나 본풀이」를 개변·첨삭한 「삼성신화」에는 탐라국의 개국 당시 고양부 삼을나만 땅에서 솟아났고, 사람도 생물도 없던 때라 되어 있다. 그러니 어찌 나라를 이룰 수 있었겠는가. 조선 초에 완성된 「삼성신화」, 고씨 조상이 탐라국을 세웠다는 고득종의 「영주지」나 양씨 조상이 탐라국을 세웠다는 양성지의 『고려사』 「지리지」 '탐라현조'의 기록은 다시 비판적인 수정을 가해야 할 것이다. 새로 복원하는 「삼을나 본풀이」에는 탐라국이 세워진 시대의 사람들, 한라산을 떠돌며 사냥과 육식을 하던 사람들이 삼한과 무역을 하며 가축을 기르고 농사를 지으며 송당리, 금악리 같은 마을을 세우고, 오랜 시기를 지나 여러 마을, 적어도 '일도리, 이도리, 삼도리'가 모여 탐라국이라는 나라를 완성할 때까지의 이야기가 기록돼야 한다.

탐라국 개국신화로서 「삼을나 본풀이」를 복원하여 제주 큰굿의 굿본을 완성하는 작업은 하늘굿과 나라굿을 통하여 잃어버린 역사를 다시 쓰는 작업이다. 우리는 우리의 꿈과 희망을 가지고 새 시대의 제주사를 완성해 나가야 한다. 그러면 탐라국 나라굿인 광양당제는 얼마만큼 복원할 수 있을까?

광양당은 모인굴에서 태어난 탐라왕 삼을나가 나라굿을 하여 신정을 시작한 국사당國堂이며, 완성형 마을굿당 본향당이다. 때문에 '삼을나'가 태어난 모인굴과 신정을 시작한 광양당은 같은 곳을 둘로 이야기한 것이다. 광양당은 모인굴을 중심으로 고려조에 와서 삼성사지가 완성되기 이전의 국사당, 탐라국당耽羅國堂이다.

탐라 최초의 마을 신당인 송당리松堂里의 '웃손당 백주당, 셋손당 세명주, 알손당 소천국당'을 비롯해 지역 신당의 토대가 된 금악리의 '당동산 오일하르방당[午日堂]과 뜨신ᄆ들 축일할망당[丑日堂]', 중문이하 로산당을 비롯한 한라산 서남어깨 소못된밧에서 솟아난 아홉 산신의 '하로산당', 바람의 신 ᄇᆞ름웃도와 미녀 신 고산국과 지산국의 사랑싸움으로 이루어진 서귀포 'ᄇᆞ름웃도·지산국당', 한라산 동남밭에서 솟아난 백관님, 강남천자국(중국)서 솟아난 도원님, 칠오름서 솟아난 도병서 세 신들과 조노기본향이 바둑을 두어 좌정처를 가르던 예촌 '산신백관당', 옛 남제주, 지금의 서귀포시를 하나로 묶는 정의본향 '토산당 본풀이'는 탐라국 나라굿당[國祀堂]인 광양당과 어떤 관계가 있을까? 이 의문을 풀 수 있다면 탐라국 「삼을나 본풀이」를 완성할 수 있을 것이다.

'마을의 성소聖所'로서 완성된 최초이자 최고最古의 신당, 신당의 불휘공이라는 송당리 '웃손당 금백주당'을 통하여 모인굴에서 태어난 탐라왕이 혼인지에서 결혼을 하고 삼성지三聖址에 돌아와서 광양당에서 신정을 시작했다는 근거들을 찾아보자.

제주의 어른들은 제주시 구좌읍 송당리의 본향당 신인 남편신 '소로소천국'과 처신 '금백주'를 당신의 원조이며 당 신앙의 뿌리라고 한다. 그런 의미에서 "손당[松堂里]은 제주도 본향당의 불휘공[本]이주." 하며 설명을 시작한다. 이 '손당'이 구좌읍 송당리이며, 송당리 당오름 기슭에는 '금백주할망' 또는 '백주또'라고 부르는 여신이 마을 본향당신으로 좌정하고 있다. 이 여신은 오곡의 종자와 송아지 망아지를 가지고 서울에서 제주에 내려온 '농경신'이다. 이 여신이 한라산을 떠돌아다니던 사냥꾼 '소로소천국'과 부부의 연을 맺고 살림을 시작하면서부터 송당리라는 마을이 생겨났다고 한다.

송당리 웃손당 금백주당이 탐라국 나라굿당[國祀堂] 광양당의 원래 모습이고 현재까지 송당 금백주당에 그 모습이 남아 있다면, 탐라국 「삼을나 본풀이」에 나오는 3三의 수수께끼를 풀 수 있을 것이다. 송당 당 본풀이 웃손당 금백주당의 구조 속에서 찾을 수 있는 흔적은 다음과 같다. 당에는 당오름과 당올레가 있고 신을 모신 신당에는 돌울타리[石垣]가 있다. 울타리 안 당의 중심에는 신목, 신석, 또는 신을 모신 신상이나 위패를 모신 신궤神櫃가 있다. 그 앞에는 단골들이 제물을 올리는 제단이 상중하 세 단으로 돼 있다. 제단 밑에는 신을 모신 '세 개의 구멍' 상궤, 중궤, 하궤[三穴]가 있다. 단궐은 상중하 마흔여덟 상단궐, 서른여덟 중단궐, 스물여덟 하단궐로 나뉘어 있다. 금백주당에는 신을 모시고 있는 삼혈三穴, 삼단三段, 삼단궐 등을 갖추어 마을 신당의 기본형을 현재까지 전승하고 있다. 나라굿을 하는 국사당인 광양당도 웃손당 백주당과 유사한 형태였을 것이라고 미루어 알 수 있다.

모인굴의 품자형 삼혈, 혼인지의 품자형 삼혈, 삼을나의 3이란 수에는 우리 민족의 수 철학이 내재해 있다. 그것은 하늘[天]과 땅[地]과 사람[人]을 잇는 우주의 옴파로스(배꼽), 우주 삼성三聖인 높은 이[高], 어진 이[良], 밝은 이[夫]를 왕으로 모셨다는 탐라국 개국신화 「삼을나 본풀이」가 담고 있는 가치 체계라 생각한다. 후대에 와서 고양부 삼성을 조상신으로 숭앙하고 동시에 이들을 국가의 왕족으로 변형시켜 탐라국 개국신화로 만들어 나갔던 탐라현의 성씨 족보는 어떻게 설명해야 할까?

신화시대의 신명 '소천국' '백주또'가 고려나 조선 시대에 성씨 '고씨' '양씨' '부씨'라는 왕족의 족보로 개변 첨삭된 삼성신화를 탐라국 건국신화로 생각하기에는 많은 문제가 있어 보인다.

한라산 기슭 모인굴에서 태어난 삼신인 삼을나와 벽랑국(주년국 또는 금관국)에서 온 삼공주三公主가 혼인하였다는 이야기는 어떤 의미를 가질까? 「삼을나 본풀이」에서 모인굴에서 태어난 탐라왕이 바다를 건너온 벽랑국 세 공주와 혼인을 하였다는 이야기는 개국의 의미를 가진다. 그러므로 조선 초에 완성된 것으로 보이는 삼성신화, 고씨, 양씨, 부씨가 탐라국을 세웠다는 이야기는 잘못된 것이다. 이러한 「삼성신화」를 「광양당 본풀이」 수준으로 복원하여 탐라국 시대의 살아 있는 신화 「삼을나 본풀이」로 복원하지 못하고 씨족의 족보 맨 처음에

　　　　　　　　　　　미여지벵뒤에 서서

탐라왕을 기록하는 탐라군지를 만들어서는 안 된다.

현용준의 연구를 보면, 탐라국 개국신화이자 삼성의 시조신화인 삼성신화는 "땅에서 솟아났다從地湧出"는 점에서 한라산 출생계 당신화와 같다. "사냥을 하여 육식을 했다遊獵荒僻肉食"는 것은 송당계나 한라산 출생계 당신들의 수렵 생활과 비슷하다. "돌궤가 떠내려왔다石函孚來"는 대목 또한 용왕국의 막내딸 일뤠당신[七日神]들의 용왕국 왕래 방법과 같다. 따라서 삼성신화는 산신계의 본향당신과 같은 계통이며, 수렵시대에서 농경문화로 넘어가는 시대, 씨족연합의 부족사회 단계에 산신, 지신, 풍신, 씨조신, 촌신 등 다양한 신앙이 통합되어가는 시대의 당신화였다. 그런데 씨조신을 숭배하는 면이 유교와 도덕의 영향을 받아 관의 보호를 받게 되면서 이러한 다양한 성격이 가려졌다. 또한 그 제의도 유교화되었다.

현용준은 『삼성신화 연구』에서 삼성신화의 이본을 검토하고, 제주도 내의 설화에서 이와 비슷한 유형의 것들을 비교하여 그 성격을 밝힌 후, 전파론적 측면에서 계통과 형성 과정을 살펴보았다. 그에 따르면 삼성신화는 지중용출地中湧出 시조신화와 상주표착箱舟漂着 시조신화가 결합되고, 거기에 삼신인의 신분서열 화소가 복합적으로 융해되어 이루어진 것이다. 그리고 삼성신화를 형성시킨 문화 배경은 수렵문화에서 농경문화로 넘어오는 단계, 씨족사회에서 부족국가사회로 넘어오는 단계의, 일부일처 외혼제外婚制 부방거주夫方居住 혼인 형태의 사회, 지모신신앙地母神信仰과 해양타계신앙海洋他界信仰이라 하였다.

우리는 후대에 만들어진 삼성시조신화에 많은 의미를 덧씌워 「삼을나 본풀이」를 탐라국 지배계급의 왕조사로 만드는 오류를 수정하여야 한다. 가죽옷 입은 원시인들이 돌도끼를 들고 살다가 문명한 농경문화를 가지고 들어온 벽랑국의 공주와 결혼하여 마소를 기르고 농사를 짓는 탐라국이 되었다는 진화론의 구조 속에 모든 가치를 구조화하는 신화 연구의 맹점을 극복해야 할 것이다.

미여지벵뒤에 서서

2° 「삼을나 본풀이」의 여러 함의

탐라왕의 탄생

탐라국 개국신화의 함의 중 하나는 삼신인, 삼을나는 삼성三姓이 아니라 삼성三乭이라는 것이다. 큰굿, 신과 인간이 함께하는 제의(큰굿)의 공간에서는 신들의 시간[神曆]과 인간의 시간[日曆]이 함께 존재한다. 큰굿 초감제는 또 신들의 시간인 자시子時에 하늘에서 내려오신[生天] 높으신[高] 왕, 축시丑時에 하늘에서 내려오신 어지신[良] 왕, 인시寅時에 내려오신 밝으신[夫] 왕을 모시는 굿이다. 인간의 시간으로 말하면, 하루는 열두 시이고 1년은 열두 달이니, 자시에는 높으신 분, 한 달 뒤에는 어지신 분, 두 달 뒤에는 밝으신 분이 하늘에서 내려왔다는 것이다. 또 하늘에서 내려왔다는 '생천生天'이 '땅에서 솟아났다從地涌出'로 바뀌었다. 「차사 본풀이」를 보면, 이승 사람 강림차사가 염라

대왕을 잡으러 저승 갔다 '저승 시간 사흘'을 보내고 이승에 돌아온다. 그런데 이승에서는 부인이 강림차사가 돌아가신 날에 초상, 1년 뒤에 소상, 2년 뒤에 대상, 3년 되는 해에 첫 제사를 지냈다. 저승 시간 사흘이 '이승 시간 3년'인 것이다.

삼을나가 태어나 나라를 열었다는 것은 다시 말하면, 세 개의 성씨 시조가 아니라 왕다운 품격을 갖춘 '을나[王]'들이 차례로 내려와 천지인天地人의 세상을 세웠다는 것을 의미한다. 천(자청비)·지(고양부)· 인(원주민과 이주민)이 모여 탐라국의 우주를 개벽한 이야기인 것이다. 그들 '을나'는 누구인가? 원래 '을나乙那'는 '새로 난 왕' '어린이'란 뜻 이다. 여기 새로 난 아이들은 "용모가 의젓하고 기품과 도량이 넉넉하고 활달하여 보통 사람들과는 달랐다." 그러한 '삼을나'가 바다를 건너 다른 나라, 벽랑국 또는 금관국(가야) 또는 주년국(일본)에서 온 세 공주를 모시고 온평리 '훤죽[婚姻池]'의 동굴에서 혼인을 하였다. 이렇게 삼성 삼신인의 신화「삼을나 본풀이」는 탐라국 건국의 함의를 담아야 한다.

신화에서 '삼을나'와 '삼공주'의 결혼은 "한라산을 떠돌아다니며 사냥을 하고 포획한 사냥물의 고기를 먹고 살던 '미개한[原始]', '부정한 [不淨]', '가축을 기르고 농사를 지을 줄 모르는' 삼을나"가 "문명한 나라에서 오곡의 씨앗과 송아지 망아지를 싣고 온 '개화한[文明]', '깨끗한[淨]' 삼공주"와 결혼했다는 이야기로 변하였다. 이로써 삼성신화는 한 집안의 시조신화가 되어버린 것이다. 이를 살아 있는 신화, 거짓말이 아닌 '그럴듯한 진짜 이야기'로 다시 고쳐 써야 한다.

제주시 삼성사지(광양당[廣壤堂])에서 5리쯤 북쪽에 위치한 제주시청

건물 본관 서쪽 벽면에는 "삼을나와 삼공주의 혼인"을 그린 탐라 건국 벽화가 있다. 탐라의 기적, 원시인과 문명인의 결혼을 르네상스 시대의 그림처럼 자랑하고 있지만 이는 역사를 왜곡하는 그림이다. 가죽옷을 입은 우리의 조상을 크로마뇽인처럼 그려놓은 것이다. 활 잘 쏘는 동이족東夷族의 장군, 밥도 장군, 떡도 장군, 힘도 장군 하는 나라를 세운 높고[高], 어질고[良], 밝은[夫] 고량부 삼성을 원시인으로 그리는 진화론자들의 벽화를 역사화로 다시 그리는 작업 또한 새 탐라 역사 「삼을나 본풀이」를 완성하는 작업이다.

신들의 혼인

「삼을나 본풀이」의 혼인 이야기는 건국 이전의 설촌신화 「송당 본풀이」의 "웃손당의 본향당신 금백주[女神]와 알손당의 본향당신 소천국[男神]이 혼인을 하여 한 마을이 생겨났다는 이야기"를 토대로 한 것이다. 마을 설촌신화가 발전하여 탐라왕이 집전하는 나라굿의 굿본 「광양당 본풀이」가 되었고, 탐라국 개국신화 「삼을라 본풀이」로 완성된 것이다. 이후 탐라국이 멸망하고 고려 말부터 육지 나라에 예속돼 탐라현이 되면서, 탐라국 개국신화는 씨족의 시조신화 형태로 전해오고 있다. "태초에 사람과 생물은 없고 왕만 있는" 삼성신화를 고쳐 사람들이 사는 세상 탐라국의 생활사를 큰굿의 굿본으로 다시 쓰는 작업이 「삼을나 본풀이」 복원 작업이다.

우리의 「삼을나 본풀이」는 '나무꾼과 선녀 이야기'나 '바보 온달과 평강공주 이야기'처럼 재밌는 이야기가 돼야 한다. 가난한 나무꾼이 선녀와 결혼한 이야기나 낙랑의 평강공주가 고구려의 바보 온달을 가르쳐 훌륭한 부마로 만드는 애기는 가난한 사람이나 바보가 아름답고 지혜로운 여자와 결혼하여 성공한다는 이야기다. 왕이 되거나 부자가 된다는 이야기도 그렇다. 거기에는 미개인이 농경과 목축문화를 가지고 다른 문명국에서 온 공주를 만나 문명한 나라를 세운다는 20세기 서양의 진화론이나 전파론 학자들의 이론의 잔영이 담겨 있다. 중요한 인간의 삶을 생략해 버린 이야기의 왜곡이 고조선 단군신화와 같은 시대 같은 공간에 산 사람들의 이야기를 생략해 버린 것이다.

신화는 잃어버린 역사 이야기다. 일제 강점기 식민지 학자들은 우리의 고대사를 유린하고 환인 천제의 환국, 환웅 천제의 배달, 단군 왕검의 조선 시대 이전 5,000년 역사를 지워버렸다. 그리고 지금도 단군신화를 곰과 인간이 결혼한 신화로 이야기한다. "환인은 환웅을 낳고, 환웅은 곰과 결혼하여 단군을 낳았다." 천신족인 환인 천제의 아들 환웅은 곰 토템 부족의 여자와 결혼하여 단군 왕검을 낳았다고 해야 인간의 잃어버린 역사를 다시 찾을 수 있을 것이다.

옛 기록에 의하면, 천제의 나라 환국은 7세 환인 천제까지 총 3,301년 (기원전 7197~기원전 3897) 동안 존속한 나라였다. 이어서 천제의 나라 배달은 초대 환웅이 개국한 지 1,500여 년, 마지막 18세 거불단 환웅에 이르러 망하고, 단군 왕검이 38세에 천제의 아들로 추대되어 제위에 올랐다. 이때는 신시개천 1,565년(기원전 2333)이었다. 단군 왕검은 14세 때부터 24년간 웅씨족 나라의 비왕裨王으로 있으면서 이미 제왕 수업을 받아, 배달 말기의 혼란을 잠재우고 구환족 전체를 하나로 통일하여 조선을 열었다. 단군 왕검은 고조선 개국 시조로 송화강 유역(지금의 하얼빈) '아침 태양이 빛을 비추는 땅'인 '아사달'에 도읍을 정하였다. 고조선은 도읍지의 이동에 따라 세 왕조의 변천을 거치며 47명 단군이 2,096년 동안 다스렸다. 18대 한웅까지 1,500여 년과 47대 단군까지 2,096년간 지속되었다. 3,600년 역사를 없애버리고 아버지 환웅이 아들 단군 왕검에게 고조선을 물려줬다는 단군신화는 어떻게 이해해야 할 것인가.

「혼인지」에 전하는 삼성신화를 보자. 지금의 온평리 화성개라는 포구 앞에 옥함을 실은 배가 떠내려왔다. 삼신인이 산에서 내려와 상자를 여니, 그 안에는 새의 알 모양의 옥함이 있고, 관대를 갖추고 자주색 옷을 입은 사자가 옥함을 지키고 있었다. 옥함을 여니, 그 속에는 푸른 옷을 입은 처녀 셋이 있었는데, 나이는 15~16세쯤 돼 보였다. 처녀들은 얼굴과 태도가 범속하지 않았고, 기품은 그윽하고 얌전한데, 각자 화장을 하고 나란히 앉아 있었다. 옥함에는 송아지, 망아지, 오곡의 종자도 있었다. 포구 이름인 화성개는 이 여인들이 꽃상자 '화상花箱'에서 나왔다 하여 붙여진 것이다.

삼신인은 "이 세 공주는 하늘이 우리 세 사람에게 내린 것"이라 하며 기뻐하였다. 사자는 고개를 두 번 숙여 절하며 말을 했다. "저는 동해 벽랑국의 사자입니다. 저희 임금님께서는 세 딸을 두셨는데 시집갈 나이가 되었으나 배필을 구하지 못하여 탄식하며 여러 해를 보내던 중에 임금님께서 자소각에 올라 서쪽 바다를 바라보니, 보랏빛 기운이 하늘로 이어지고 찬란한 서광이 한라산 높은 봉우리에 서려 있었습니다. 그곳에 고량부 삼신인이 솟아나 나라를 세우려 하지만, 배필이 없는지라 저에게 세 공주님을 모시고 가라고 명命하기에 여기에 왔습니다. 마땅히 혼례를 치르시고 대업을 이루소서." 말을 마친 사자는 하얀 백마를 타고 하늘로 올라갔다. 사자가 백마를 타고 하늘로 오를 때 생긴 말의 발자국이 지금도 남아 있는데, 이곳이 온평리 바닷가 '황노알'이라는 곳이다.

삼신인은 곧 깨끗한 희생을 바쳐 하늘에 제사 지내고, 나이 차례대로 나누어 장가를 들어 '횐죽'이라는 굴에서 살았다. 이 동굴 옆에는 못이 있다. 사람들은 고량부 삼신인이 결혼을 하여 살았던 동굴에 있는 연못이라 하여 '혼인지'라 불렀다.

사시복지 삼도분치의 의미

「삼을나 본풀이」에서 활을 쏘아 1내(徒), 2내(徒), 3내(徒)로 땅을 가르고, 세 마을을 하나의 읍邑으로 하고, 다시 세 읍(1목 2현)을 한 나라로 하여 완성된 나라가 탐라국이다. 삼성신화에 의하면, "결혼을 하여 동굴에서 살던 고량부 '삼을나'와 '삼공주'가 나라를 세우기 위하여 '맑은 샘물과 비옥한 땅'을 구하였고, 땅을 구하자 활을 쏘아 화살이 가는 방향의 땅을 나누어 가졌다." 고량부 삼성이 활을 쏜 곳을 '활쏜디왓'이라 한다. 제주시 화북동에 있는 지방기념물 '삼사석'이 그곳이다. 활을 쏘아 고을나가 좌정처로 정한 곳을 1내(일도동), 양을나가 정한 곳을 2내(이도동), 부을나가 정한 곳을 3내(삼도동)라 하였다. 그로부터 살림을 차려 오곡의 씨를 뿌리고 농사를 지었으며, 가축을 기르니 날로 풍요를 얻어 마침내 인간 세상 '탐라국'을 이루었다.

　옛 기록에 의하면, 탐라는 고조선 삼한(진한 · 번한 · 마한)의 옛땅처럼 삼도三徒로 나뉘었고, 『삼국지』 '동이전'에 따르면 탐라(주호[洲胡])는 중한中韓과 교역을 하였으며 그 영역은 마한은 전라도와 중국의 동의, 변한은 평안도와 만주, 진한은 반도의 함경도와 경상도에 속한다. 우리 한민족의 옛 땅 고조선 삼한의 분치를 탐라국의 삽읍(1목 2현)에 대입하면, '땅에서 솟았다'는 탐라의 원주민은 우리 민족의 옛 땅 고조선 삼한 또는 시베리아의 바이칼이나 북두칠성의 나라에서 내려온 삼한족三韓族이었다고 추정할 수도 있다. 이처럼 제주에 마을이 생기고, 이것이 셋으로 나뉜 것은 "활을 쏘아 땅을 가르다射矢卜地"는 화소나 "땅 가르고 물 가르고 살림 분산하자"는 이혼 모티프로 「본향당 본풀이」 속에 남아 전해 오고 있다.

　송당리 「웃손당 금백백당 본풀이」나 「광양당 본풀이」를 개변 · 첨삭하여 고양부 삼성친이 탐라 왕이 되었다는 삼성신화에도 적어도 세 마을(삼도리)이 되어야 하나의 읍이 된다는 이치로 '땅을 가르다'가 "화살을 쏘아 땅을 가른다."로 된 것이다. 그것은 탐라인은 동이족이라는 의미를 품고 있다. '동이東夷'는 식민지 학자가 풀이하는 '동쪽 오랑캐'가 아니라 '큰활 잘 쏘는 사람들이 사는 해 뜨는 동방의 나라'를 뜻한다. 그렇다면, 기질로 보나 '활을 쏘아 땅을 나누는 풍속'으로 보나, 큰굿의 초감제에서 마을의 본향당신이 제장에 들어오는 '본향듦'에서 구송하는 "본향당신이 큰활을 쏘며 굿청에 들어오는 모습"이라는 대목을 보아도 원래 탐라인은 동이의 후손이며, 고조선의 후손들이 살면서 탐라국을 세웠다고 생각할 수도 있겠다.

큰굿은 아니지만 마을의 할머니들이 심방에게 들었다고 들려주는 「당 본풀이」에는 삼신인 삼을나가 한라산에서 사냥할 때 "산으로 오르실 때, 작은뿔사슴(암사슴) 일천 마리第一千, 산을 내리실 때 큰뿔사슴(숫사슴) 일천 마리 잡아, 희생을 바치오니, 한집님은 자소주에 먹엉 갑서." 하며 혼례의 축제를 하였다는 얘기가 있다. 이를 보면 왕도 범도 나지 않는 탐라국은 몽골의 홉스굴 샤먼들이 순록과 공생하는 것처럼, 사슴을 토템 조상으로 모시고 살면서 벽랑국에서 온 삼공주와의 혼례식을 치른 것이다. 사슴을 잡아 잔치를 치른 고대의 하늘굿, 광양당의 본향당제들이 어떠하였는가를 알 수 있다. 그렇다면, 새로 쓰는 나라굿의 굿본 「삼을나 본풀이」는 일천 마리의 사슴을 희생으로 올려 치르던 하늘굿, 사슴을 조상으로 생각하는 토템 의식까지 생각할 수 있는 본풀이인 것이다.

삼도분치의 의식이 행해졌던 '살쏜디왓'의 삼을나의 땅 가르는 싸움은 피 흘리는 아비규환의 싸움이 아니라 땅 가르고, 물 가르는 평화의 싸움, 땅 가르고 물 가르고 마을을 가르는 하늘굿이다. 여기서 탐라국의 나라굿을 그려볼 수 있다.

미여지벵뒤에 서서

3° 제주의 무속신화와 삼성신화

「삼을나 본풀이」에는 아직 밝혀지지 않은 한류의 역사가 남아 있다. 북두칠성 별자리를 향해 소원을 빌던 고조선 시대의 하늘굿[天祭]이 15일 동안 계속하는 제주 큰굿에 남아 전승되고 있다. 제주의 큰굿 초감제에 의하면, 태초에 세상은 '왁왁한 어둠' 바로 혼돈混沌이었다. 캄캄한 암흑은 하늘과 땅으로 금이 생겨 갈라지기 시작했다. 이때 하늘에서는 청이슬이 내리고, 땅에서는 흑이슬이 솟아났다. 하늘의 푸른 물과 땅의 검은 물이 만나 음양이 통하자 만물이 생겨났다. 세상은 물에 의해 만들어진 것이다.

큰굿의 초감제 15성인聖人 도업에서 신화가 그리고 있는 인간 세상 이야기에는 우리 한류의 잃어버린 역사가 담겨 있다. "천황씨天皇氏가 하늘을 열고, 지황씨地皇氏는 땅을 열고, 인황씨人皇氏가 인간 세상을 여니, 이어서 수인씨燧人氏는 나무를 세워서 집을 짓는 법 가르치고, 유소씨는 나무를 깨어 불을 얻는 법, 여와씨女媧氏는 옷을 지어 입는 법을 마련하였습니다. 뒤에 태호복희씨太昊伏羲氏는 팔괘八卦를 그려 태극기를 만들었고, 그물을 놓아 사냥하는 법을 마련했으며, 염제신농씨炎帝神農氏는 따비와 쟁기를 만들어 농사農事 짓는 법을 가르쳤으며, 백가지 풀을 맛보아 약초를 찾아냈고, 황제헌원씨黃帝軒轅氏는 방패防牌로 싸움을 막고, 활을 만들어 난리亂離를 막고, 배를 지어 바다를 넘나들게 하였습니다." 여기서 삼황오제 이야기는 중국의 신화가 아니라 바로 환국-배달-고조선으로 이어온 잃어버린 한류 9,000년 역사이다. 이 역사가 제주의 창세신화로 전승되는 것이다.

제주도 굿의 초감제 '본향듦'에서 마을을 지키는 본향당신은 큰 화살을 들고 사냥을 하는 모습으로 그려진다. 이 본향당신의 모습은 우리 민족, '큰 대大와 활 궁弓'이 결합하여 만들어진 '큰활 쏘는 사람 이夷'를 쓰는 동이족東夷族의 장군을 나타내는 것은 아닐까? 그렇다면, 큰굿을 할 때, 본향당신의 활 쏘는 모습에서 한류의 배꼽인 광양당이나 삼성혈이 한류의 옴파로스(배꼽)이며, 삼을나를 한라산에서 말을 달리며 활을 쏘는 동이족의 장수로 그려보는 것은 얼마나 아름다운 광경일까? 제주 큰굿의 초감제 베포도업 제차에서 탐라국은 삼신인이 모인굴에서 솟아나 탐라국을 건국했다 하였다. 그러나 1만 년도 전에 설문대할망이 세상을 열었다면, 삼을나는 탐라 땅에서 솟아난 원주민이 아니라 그보다 전 시대인 고조선이나 북부여에서 도래한 한류의 이주민이었을 것이다.

삼성혈은 둥그렇게 파여 있는 땅에 세 개의 작은 굴이 배치된 형태를 띠고 있다. 마치 인간 탯줄의 절단면을 보는 듯하다. 사람으로 따지면, 탯줄을 절단한 후에 남는 배꼽이다. 삼성혈은 우주의 '옴파로스(배꼽)'인 것이다. 중국의 진시황제가 신들의 땅 탐라에 불로초를 캐러 서복을 보냈다는 이야기를 보면, 탐라의 역사는 훨씬 이전으로 거슬러 올라가며, 제주도가 한류의 중심이었음을 알 수 있다. 그러므로 제주 신화를 보전하는 것은 제주의 신화 속에서 고대 한류의 잃어버린 역사를 찾아내는 것과 같다. 세계의 배꼽 삼성혈에서 한류의 바닷길, 바다로 가는 올레길을 그려낼 수 있을 것이다.

북두칠성과 바이칼과 훕스글의 일뤠당

바이칼의 하늘칠성 북두칠성[칠원성군]

크고 웅장한 호수 바이칼을 본 적이 없었던 제주의 샤먼, 큰심방 어른들도 저승이라 부르는 하늘 아래 있다는 너무 멀고 아득한 바이칼에 온몸을 던져 영혼을 헹궈야 저승 가는 길, 하늘올레가 보인다 하였다. 하늘올레를 안내하는 질토래비 신소미[少巫]들은 그곳을 이승이 끝나고 저승이 시작하는 황량한 벌판, '미여지뱅뒤'라 한다. 그 끝에 있는 송곳같이 뾰족한 곳, 왁왁한 흑수 바다에 풍덩 하고 빠지면, 그곳이 바이칼의 미여지뱅뒤, 저승마차 우아직을 타야 갈 수 있다는 바이칼의 하늘올레이다. 바이칼은 1만 년의 역사를 담고 흘러온 '민족의 시원'이며 하늘옥황 삼천천제석궁을 위한 하늘굿을 벌이는 제사터다.

하늘바다, 천해天海가 바이칼이라는 것을 나는 오늘도 기적처럼 꿈꾸며, 바이칼 호수에서 제일 큰 섬, 제주도만큼 크고 아름답고 황량한 알혼섬에서 이틀을 보냈다. 샤머니즘의 거룩한 성소 바이칼, 원시의 바다, 하늘올레 바이칼을 생각하였다.

바이칼의 '바이'에는 '샤먼'이라는 뜻이 있다. 샤먼이 자기 자신을 지칭하거나 사람들이 샤먼을 부르는 'Bo'에 호격 접미사 'i' 또는 'ai' 등을 붙인 것이다. 만년의 신비를 담은 영적인 말 '바이Bai'에 '물을 담고 있는 골짜기'란 뜻의 '칼'을 붙여 완성된 단어다. 시베리아의 바이칼 사람, 부리야트 사람들이 붙인 호수의 이름에 샤먼을 뜻하는 바이Bai를 붙였다. 바이칼은 샤머니즘 신앙의 대상이자 주체가 되어 원시의 바다, 낭만의 바다, 풍요의 바다라는 영적인 지위를 획득한 것이다. 결국 바이칼은 샤머니즘이 만들어진 샤먼의 땅, 신도 인간도 범할 수 없는 샤먼의 호수가 되었다.

몽골인들이나 바이칼 주변의 바이칼인들에게 바이칼의 의미를 물으면, 그들은 '풍부한 바다', '풍요로운 호수', '부자 호수'라는 새로운 답을 한다. 샤먼의 '바이'는 또 '풍부'를 뜻하는 형용사이니, 의미의 근저에 '위대함'과 '신성함'으로서의 '풍부'가 서려 있을 것이다. 이처럼 '바이'에는 단순히 자연 조건의 풍성함을 넘어서 샤먼적인 신비가 포함되어 있다. 샤먼을 의미하는 뵈Bö가 '베푸는', '위대한', '높은', '큰' 등의 종교적인 의미를 지닌 바이Bai로 바뀌고, '풍부성'이란 표상적 의미가 되어 아름다운 일상어 '바이칼'이 완성된 것이다.

미여지벵뒤에 서서

바이칼호.

알혼섬 부리야트의 천지창조 신화

태초에 조물주가 만물을 창조했다. 처음에는 어둠의 세계였고, 혼돈의 세계였다. 조물주는 혼돈 속을 돌아다녔다. 아주 높이 올라 갔다 가장 깊은 곳으로 내려가며 아주 조그만 씨앗을 만들었다. 그리고 우주 만물을 창조해 나갔다. 하늘은 아버지이며, 땅은 어머니이다.

세계는 아홉 단계로 나뉘었다. 우리가 사는 세계는 중간으로, 물질세계라 했다. 아래는 지옥의 세계이며 일곱 개로 나뉘었다. 7은 나쁜 숫자이고, 9는 좋은 숫자이다. 처음에 에벤키족, 몽골족, 야쿠트족 삼형제가 있었다. 그중 하나가 다른 형제들과 싸우고 집을 떠났다. 그는 바이칼 호수를 지나다가 백조가 물속에서 나오면서 인간으로 변하는 것을 보았다. 벗어놓은 옷을 감추고, 백조 중 하나를 차지해 결혼해 살았다.

아내가 옷 한 번만 입게 해달라고 간청해 들어주었더니, 이내 백조로 변해서 날아가 버렸다. 그 후로 샤먼은 백조를 숭상하여 옷에 깃털 장식을 하게 됐고, 사람들은 백조를 죽이면 자손이 끊긴다고 믿게 되었다.

바이칼의 백조 이야기는 우리의 '나무꾼과 선녀' 이야기와 너무 닮았다. 한 무리의 백조가 바이칼 호수에 내려와 깃털 옷을 벗어놓고 목욕을 하는데 사냥꾼 총각이 깃털 하나를 몰래 숨겨버렸다. 하늘로 돌아가지 못하게 된 백조는 결국 사냥꾼 총각과 결혼하여 아이를 낳고 행복하게 살았다. 어느 날 아내의 간청에 못 이겨 남편은 깃털을 내주었는데, 그 길로 아내는 다시 백조가 되어 하늘로 날아가 다시는 돌아오지 않았다.

몽골 '흡스굴 호수'의 하늘칠성

하트칼 하늘올레

흡스굴 호수 인근 하트갈Khatgal 마을에는 순록을 기르는 차탕족의 샤먼, 제주의 큰심방보다 크고 오랜 태초의 큰심방인 보우Buu가 제주에서 찾아온 소무小쯔들을 기다리는 하늘올레가 있다. 샤먼의 본산인 몽골에 가면 무언가를 얻을 수 있으리라 꿈꾸었다. 흡스굴에 다가갈

미여지벵뒤에 서서

수록 거꾸로 가는 시간의 버스를 탄 것 같아 놀랐고, 주위에 소리치며 반은 미쳐버렸다. 신병이 든 것이었다. 뒷날 16시간의 지옥 여행이 없었다면, 미친 게 분명했다.

하늘 가는 길, 홉스굴 입구, 샤먼의 땅 하트갈에는 차탕족의 샤먼이 순록과 함께 우리들의 적선을 기다리고 있었다. 그곳의 작은 시장에서는 사람들이 순록의 뿔로 만든 공예품들을 팔고, 관광객에게서 생필품을 구하고 있었다. 시간과 공간이 한꺼번에 옛날로 와버린 듯했다. 신과 인간과 샤먼이 만나는 하트갈은 신시神市였던 것이다.

차탕족의 순록

홉스굴 호수 하트갈 마을에는 '차탕족'이라는 순록 치는 샤먼들이 살고 있었다. 고대에 홉스굴 산 속 타이가 지대에서 홉스굴의 남쪽 끝 하트갈 마을에 내려왔다. 굿도 하고 병도 고치는 차탕족의 샤먼은 오로지 순록을 길러서 생계를 이어왔다. 순록의 젖을 짜서 치즈를 만들고, 뿔은 조각품을 만들거나 약으로 썼다. 순록 수컷은 90킬로그램까지 짐을 실을 수 있으며, 매우 드물긴 하지만 그 고기를 먹기도 한다. 차탕족은 현재 230명, 몽골에서 가장 적게 남아 있는 순록과 함께 사는 슬픈 민족이다. 그들은 진정한 유목민으로서 순록이 좋아하는 특별한 풀과 이끼를 찾아 작은 야영지 '아일'을 자주 옮겨 다닌다.

차탕족은 게르를 사용하지 않는 대신, 북아메리카 원주민의 티피와 비슷한 오르츠orts에 산다. 오르츠는 전통적으로 자작나무 껍질로 만들

홉스굴의 차탕족 샤먼의 오르츠.

지만, 이제는 상점에서 산 캔버스 천으로 만들고 있었다. 샤머니즘은 차탕족에게 중요한 삶의 일부다. 샤먼은 전통적 방식으로 질병을 고치는 치유자의 역할도 한다.

차탕족은 가구마다 충분한 순록을 보유하며 완전한 자급자족 생활을 한다. 가을이 되면 딸기류, 잣, 야생 감자를 따고, 생계수단으로 가능할 때 낚시와 사냥을 한다. 홉스굴이란 '푸른 물'이란 뜻이다. 푸른 물의 홉스굴을 그냥 '달라이'라고 부르기도 한다. '달라이'는 '바다'라는 뜻의 몽골 말이다. 길이 134킬로미터에 폭 39킬로미터, 수심이 238미터나 되며 면적이 2,612제곱킬로미터나 되는 홉스굴은 제주도가 잠길 만큼 크다. 어머니의 바다라 불리는 홉스굴은 99개의 강이 흘러들어와 호수가 되었고, 에끄인골Egiin gol이라는 강만이 빠져나가 바이칼로

미여지뱅뒤에 서서

흡스굴의 순록.

흘러간다. 세상의 모든 물을 받아들인 바이칼은 다시 하나의 강으로
흘러나가 바다로 향한다.

홉스굴에 사는 차탕족은 고비의 유목민들과 달리 양이 아닌 순록을
기른다. 추운 삼림 지대에서 이끼를 먹고 사는 순록을 따라 이동하며
사는 차탕족은 어째서 따뜻한 초원이 아닌 험한 곳에서 고생을 하며
살까? 그것은 순록 때문이다. 차탕족이 순록을 길들인 것은 소금이었
고, 염분이 부족한 순록들은 차탕족이 주는 소금을 얻어먹기 위해 그
주변을 떠나지 않는다.

홉스굴에는 더는 유목을 하지 않고, 한 자리에 정주하여 관광객들
을 상대로 장사를 하며 살아가는 차탕족들도 있다. 차탕족의 생활은
몽골의 다른 유목민들에 비해 훨씬 원시적이다. 나무를 얽어서 지은

어머니의 바다 흡스굴 호수.

오르츠며, 땅바닥에 피운 모닥불은 고대의 생활에서 크게 달라진 것
이 없어 보였다. 순록을 타고 다니며, 순록의 고기와 가죽으로 생활하
는 그들은 순록의 곁을 떠날 수 없다. 흡스굴에 사는 차탕족은 아이가
태어나면 흡스굴 호수의 물부터 떠먹였다. 그리하면 아이들은 모친을
기억하는 연어처럼 평생 흡스굴을 잊지 않는다. 그것이 바로 흡스굴
을 떠날 수 없는 순록과 차탕족의 운명이다.

몽골 엘센-타사르하이 사막의 북두칠성

엘센-타사르하이는 '모래(사막) 언덕'이란 뜻이다. 몽골에는 크고

미여지벵뒤에 서서

엘센-타사르하이 모래언덕.

작은 모래사막이 33개가 있다. 그중 남고비의 모래 산은 중간에 끊기고 중부지방까지 이어지는데 그 모래 산의 일부분이 고운 모래로 유명하다. 엘센-타사르하이 모래사막에도 밤이 왔고, 모두들 밤의 별 잔치를 기다리고 있었다. 별은 얼마나 뜰까, 바이칼 알혼섬의 별과는 어떻게 다를까? 하늘에 펼쳐지는 밤의 보석은 얼마나 크고 많을까? 별에 관한 몽골의 설화에 이런 것이 있다.

하늘에는 엄청나게 넓은 초원이 있다. 그곳에도 양 떼가 있고, 그를 지키는 목동이 있다. 밤이 되면 하늘 초원의 목동은 모닥불을 피운다. 그리고 잠을 잘 때 몸에 덮는 가죽 덮개를 펼친다. 오래된 가죽 덮개는 여기저기 구멍이 나 있는데 그 사이로 모닥불 빛이 새어나오는 것이 별빛이다.

몽골의 하늘은 180도 반구로 펼쳐졌다. 상상해 보라. 동서남북으로 끝없이 펼쳐진 반구의 하늘에 가득 들어찬 별의 무리를. 발이 닿는 땅 끝부터 반짝이는 별들을 상상하는 것만으로도 숨이 탁 막혀 왔다. 엘센-타사르하이에서 새벽 2시에 만난 별들을 말로 설명할 수 없었다. 그 몽골의 밤하늘을 나는 지금도 잊을 수 없다. 거짓말을 조금 보태면, 밤하늘의 검은 공간보다 반짝거리는 별들이 더 많았다. 저 하늘 초원의 목동이 덮고 자는 가죽 덮개는 너무 낡고 좀이 슬어서 온통 구멍투성이임이 틀림없을 것이다. 그 많은 별이 땅과 하늘이 맞닿은 지평선부터 반구를 채우고 있었다. 도처에서 별똥별이 폭죽처럼 터지는 바람에 미처 탄성을 내지를 틈조차 없었다. 초원의 여름밤은 구름 한 점 없이 공활하다. 진주를 빻은 듯한 별들이 검은 벨벳 위에 흩뿌려져 있었다. 손을 뻗으면 닿을 듯 머리 위에서 반짝이는 별들. 조금만 발을 잘못 디뎠다가는 쨍그렁 소리를 내며 별에 머리를 부딪칠 것 같았다.

여드렛당과 크레타 섬의 사신칠성

제주의 신들은 '환인-환웅-단군'이라는 조선의 신맥을 잇는다. 제주는 하늘의 산[天山]과 하늘호수 바이칼에서 태어난 하늘과 땅의 신들이 모여든 곳이다. 제주의 신화 「열두 본풀이」에는 하늘옥황인 천지왕부터 땅의 조상신인 군웅까지 이어지는 동이족의 삶이 담겨 있다.

당신은 마을의 땅을 지키는 신[土地官]이다. 한라산에서 태어난 산신山神 '하로산또'와 그의 처인 이레할망[七日神] 혹은 여드레할망[八日神]이 있다. 여드레할망은 시집가기 전 여인의 순결을 지켜주는 정조의 신이며 아름다운 미美의 신인 뱀신이다. 제주의 거의 모든 마을에서 모시고 있는 이레할망은 어머니의 태를 끊어 아기를 받고, 아이를 15세까지 키워준다 하여 태할망, 넋할망, 삼승할망이라고도 불리는 치병신治病神이다. 동시에 제주의 한라산 남쪽 전 지역에서는 '정의할망', '토산여드레또', '여드레할망'이라 불리며 모셔지기도 한다. 미와 처녀의 정조를 지켜주는 뱀신을 중심으로 제주의 여신과 그리스 크레타의 여신을 비교해 보겠다.

그리스의 크레타 섬은 북위 33도 지중해에 위치한 섬이다. 한국의 제주도 역시 북위 33도 제주해에 위치한 온대의 섬이다. 그리스인들은 델포이 신전이 우주의 중심에 있다 생각했다. 크레타 섬은 제주와는 전혀 다른 지중해의 섬인데도 비슷한 게 많다. 우선 그리스의 델포이 신전이 우주의 배꼽, 세계의 옴파로스라 생각한다. 제주의 삼성혈, 品자 형 동굴 모흥혈 역시 세계의 배꼽, 옴파로스이다. 삼성혈은 한류의 중심이자 하늘과 땅을 잇는 우주의 배꼽이다. 배꼽은 어머니와 아이를 잇는 태의 흔적이다. 제주의 삼성혈은 어머니인 땅에서 제주인이 태어난 흔적인 것이다.

삼승할망은 아이를 포태, 출산, 생장, 치료해 주는 신으로, 의사이며, 심방巫이다. 삼승할망은 탯줄을 끊어주는 '태胎할망', 넋 나간 아이의 넋을 들이는 '넋할망'이라 한다. 삼승할망은 예로부터 의사가 없는 마을마다 동네마다 있어 아이의 넋을 들이고, 아이를 가진 임산부의 해산을 도와주며, 탯줄을 끊어주는 산파 역을 했다. 마을 본향당本鄕堂을 매고 있는 '당을 관리하는堂漢 당하니'이자 '당 맨 심방世襲巫'

이기도 했다. 지금도 사람들은 병원에 가듯 당에 가서 정성을 다해 빈다. "이렛당에 강 할마님안티 빌민, 아기 아픈 거 다 낫나.(이렛당에 가서 할머니께 빌면, 아기 아픈 거 다 낫는다.)" 하며, 심방(삼승할망)을 데리고 당에 가서 신에게 정성을 다해 빈다.

그리스 사람들은 델포이가 세계의 중심이며, 델포이의 중앙에 있는 아폴로 신전은 우주의 중심이자 배꼽, '가장 신성한 장소'라고 생각한다. 그리스인들에게 이곳은 '우주의 중심' 옴파로스이다. 그리고 나는 지금 한류의 중심이며, 세계의 중심은 탐라국의 광양당이라고 이야기한다. 그곳은 삼신인三神人의 땅, 하늘과 땅을 잇는 우주의 중심인 삼성혈이 있는 곳이다. 한류의 배꼽인 모인굴〔毛興穴〕, 옴파로스인 것이다. 아이의 탯줄을 자른 자국, 배꼽은 성스러운 돌이며, 이곳으로부터 우주나무가 자란다. 이는 천상의 세계와 연결되는 땅의 뿌리일 것이다. 탯줄은 천지를 잇는 끈이며, 우주나무로서 세계의 축이다. 탯줄이 절단되고 남은 부위는 배꼽이 되고, 이 배꼽은 우주의 중심에 있는 '세 개의 구멍', 탐라의 배꼽 옴파로스다.

고대인들은 탯줄이 뱀의 형상과 닮았으므로, 뱀의 생물학적 특성과 생태를 탯줄에 투영하였다. 고대인들이 뱀을 통해 본능적으로 느낀 공포는 결국 죽음에 대한 공포였으며, 이는 재생과 영생의 소망을 불러일으켰다. 뱀의 탈피脫皮 과정은 재생을 상징하며, 뱀은 생명이자 부활의 이미지를 얻게 되었다. 새끼줄처럼 꼬인 뱀과 탯줄, '탯줄-뱀-새끼줄'의 상징 체계는 메소포타미아 문명의 하나인 믹스테카 문명의 고문서에 잘 나타나 있다.

제주의 뱀 이야기를 해보자. 제주 땅의 반을 신화 영역으로 확보하고 있는 나주 금성산에서 들어온 뱀을 모시는 '여드레또 신앙'에는 고대 동이족의 천제신앙天祭信仰의 흔적이 남아 있다. 홍산문화의 용봉신앙龍鳳信仰이나 고구려의 동맹과 같은 제천의식의 흔적이다. 제주에 온 뱀은 족보를 따져보면, 전라도 나주 금성산의 산신으로 '천구아구대맹이'라는 구렁이[龍神]이다. 나주 금성산신은 제주에 들어와 토산당신 여드레또가 되었다. 제주 정의골[旌義縣] 토산리兎山里의 토산당은 당에 가는 날[祭日]이 6월과 11월 8일, 18일, 28일인 여드렛당[八日堂]을 말한다.

토산당신의 이름은 신의 존칭으로 '할망'[祖 또는 神]의 의미를 붙여 이레할망[七日神]과 여드레할망[八日神]이라 부른다. 또 신의 존칭 '-또(도)'를 붙여 이레또 또는 여드레또라 부르기도 한다. 더러 '동의할망', '토산서편한집', '방울할망', '사신도채비'와 같은 이름으로 불리기도 한다. 제주의 여드렛당[八日堂] 신앙은 조선 시대 정의현을 중심으로 이루어진 사신蛇神 신앙이다. 제주의 본향당 신앙이 중산간 밭농사 지역의 문화와 한라산 산신 신앙이 만나 탄생한 것이라면, 여드렛당 신앙은 육지에서 들어온 외래 신앙이다. 한반도 논농사 지역의 도작문화稻作文化가 제주의 뱀신앙과 만나 여드렛당 신앙권을 형성한 것이다. 이는 조선 중기의 역사적 사건, 임진왜란과 제주 천미포 왜란과 밀접한 관련이 있다.

여드렛당 신앙은 무엇보다 나주 금성산신이자 나주 고을의 곡창을 지키는 뱀신, 즉 용의 제주 입도가 중요한 신화적 의미를 지닌다. 금성산신은 두 개의 머리를 지닌 뱀[龍], 한 아가리는 하늘에 붙고, 다른 한 아가리는 땅에 놓인 '천구아구대맹이'라는 큰 뱀[龍]이다. 이 뱀신은 금바둑, 은바둑 돌의 형태로 토산리 출신 강씨, 오씨, 한씨 선주들이 진상 갔다 돌아오는 길에 붙어 왔다. 선주들이 제주에 도착하자 이 여신 여드렛또는 행보를 달리했다. 여드렛또는 뱀의 모습이 아니라 아름다운 여신으로 변신했다. 나주 금성산신의 제주 입도는 아름다운 여신의 입도였으며, 이 신이 좌정한 곳은 토산리 메뚜기ᄆ루였다.

어머니에게서 딸에게로 유전하는 사신蛇神 여드렛당 신앙은 어머니가 시집가는 딸에게 물려주는 내훈內訓과 같았다. 동남아시아 농경 사회 그것도 벼농사 지역에서 뱀은 풍요와 다산의 상징이며, 곡물의 수호신이자 부富의 신으로 숭배되었다. 뱀은 땅에 있고 습지를 좋아하기 때문에 토지신土地神, 수신水神으로 관념한다. 또 제주 사람들은 뱀을 마을의 수호신이라 생각하며, 민중의 저항을 상징하기도 한다.

제주 사람들은 한 아가리가 하늘에 붙고, 또 다른 아가리는 지하에 붙은 '천구아구대맹이'라는 나주 금성산의 뱀신이 아름다운 여인으로 변하여 토산리 당신이 되었다고 믿는다. 이 신이 강씨, 오씨, 한씨 선주를 따라 처음 제주에 왔을 때는 그 집안의 조상신으로 따라왔지만, 이 여인은 마을 수호신이 되고자 했다. 그러나 제주의 당신들은 외면했고 추잡한 수렵신이 그녀의 손목을 잡고 같이 살자고 했다. 여인은 부정한 남자에게 잡혔던 더러운 손목을 칼로 깎아내고 붕대를 감은 채 토산리에 왔다. 토산리 마을 사람들은 이 순결한 여신을 대접하지 않았다. 화가 난 여신은 바람을 일으켜 수평선에 떠 있는 왜구의 배를 불러들여 난파시키고, 난파당한 왜구들은 토산리 '메뚜기ᄆ루'로 올라와 강씨 선주의 딸을 겁탈하여 죽인다. 왜구에 겁탈당해 죽은 처녀의 원한은 마을 사람들에게 홀연 광증을 일으킨다. 그때에서야 신의 노여움을 알게 된 마을 사람들은 굿을 하여 신의 노여움을 풀어주었고, 처녀 원령의 한을 풀어주었다. 그때부터 이 토산리 여드렛당의 뱀신은 시집가기 전 처녀의 순결을 지켜주는 당신이 되었다.

이 신은 어머니로부터 딸에게 유전한다. 딸은 시집갈 때 이 신을 모시고 간다. 이 여신은 잘 모시면 집안에 부를 가져다주고 처녀의 순결을 지켜주지만, 잘 모시지 않으면 그 원한으로 뱀이 똬리를 틀고 '방울'로 맺혀 병을 일으킨다. 방울은 나주 금성산의 화신인 사신의 노여움이며, 이 사신의 노여움 때문에 토산리 강씨 처녀가 순결을 잃고 겁탈당해 '처녀 원령의 한'으로 맺히는 것이다. 굿을 하여 방울을 풀어야 병이 낫는다. 이 때문에 토산리의 뱀신은 처녀의 순결을 지켜주고 집안에 부를 가져다주는 긍정적인 면보다는 두려움과 병을 주는 부정적인 측면이 더 강조된다.

제주 사람들은 뱀을 집안과 마을을 수호해 주는 토지신, 처녀의 순결을 지켜주는 신이라 믿는다. 그러나 뱀 신앙에 대한 부정적 인식은 '정의 여자'와 결혼하면 뱀이 따라간다 하여 결혼을 꺼리는 풍속이 되기도 하였다. 어머니에서 딸에게 이어지는 내훈과 같은 신앙 속에 시집가기 전 여자가 지켜야 할 덕성을 가르치던 신화의 문법이 아키바 다카시秋葉隆 같은 일본 학자나 조선의 관료들에 의해 미신 취급을 받은 것이다.

여드레할망은 농경신이며 미모의 신으로 처녀의 순결과 정절을 지켜주는 처녀 수호신이다. 그러나 여드레할망이 토산리에 좌정하자, 누구 하나 신으로 대접해 주는 이가 없었다. 신은 화가 났다. 여드레할망은 바람을 일으켜 왜선을 난파시키고, 왜구로 하여금 토산리의 처녀, 오씨 아미를 왜구에게 강간당해 죽게 하고, 이 처녀의 원령이 강씨 아미, 한씨 아미에게 빙의憑依하여 병들게 만들어 버린다. 따라서 여드레할망은 재앙신災殃神으로 두려움의 대상이 되어 비로소 토산당 본향당신으로 모셔지게 되었다. 오씨, 강씨, 한씨 집안에서 조상신으로 모시고, 나아가 토산리 마을 사람 전부가 위하는 본향신이 되었기 때문에 마을의 단골 조직도 오씨, 강씨, 한씨 차례대로 상중하 단골로 삼게 되었다.

신화에 의하면, 나주는 목사가 부임하면 늘 첫날 죽었다. 어느 날 새로 부임한 목사가 신당 앞을 지나면서 말에서 내리지 않았을 뿐 아니라 금성산신에게 불경한 짓을 하였다. 또 굿을 하여 사신蛇神의 신체를 드러내게 하고 칼로 베어 죽이고 신당까지 불태웠다. 그러나 천구아구대맹이는 사멸하지 않고, 옥바둑 돌로 변신하여 하늘 멀리 날아갔다. 금성산신으로서 그 지역 당신의 자격을 포기한 것이기는 하지만, 결코 패배를 뜻하는 것은 아니다. 그것은 태워도 죽지 않는 신의 본질이다. 그리하여 금성산신은 진상을 바치러 한양에 갔다 오던 제주 토산리 사람 오씨, 강씨, 한씨의 조상신이 되고자 하였다. 이때는 제주에 대한 출륙 금지령이 있었기 때문에 진상進上을 하는 선주(=지방 관리)들을 통하여 제주에 입도하였던 것이다.

제주의 여신인 이레할망과 여드레할망, 우리의 탯줄을 묻은 땅에서 자매의 섬 그리스 크레타 섬의 여신들과 1만 8,000 신들의 나라 제주에서 열리는 세계의 두 배꼽, 옴파로스 축제 삼성 삼을나 축제를 그려본다.

제2부

당 본풀이

1° 들어가며

올레는 정낭〔문〕 밖을 나서면 맨 처음 만나는 아름다운 좁은 골목 돌담길이다. 제주어는 집으로 드나드는 아주 좁은 골목 비슷한 길이라 정의하고 있다. 그러나 굿에 쓰이는 올레는 신을 만나는 입구 또는 출발점을 말한다. 집으로 들어가는 문(정낭) 바깥이 집올레요, 신당으로 들어가는 당 입구가 당올레요, 무덤을 출입하는 묘지의 입구가 산올레요, 여러 집올레가 만나는 큰 올레가 한올레다. 민속적 의미, 신화적 의미, 공간적 의미를 지닌 '올레'는 손님(관광객)이 제주로 찾아오는 길이며, 또는 이 집으로 들어오기 전 잠시 머무는 장소란 의미를 지닌다. 미학적 의미에서 올레는 바람과 들꽃을 만나는 아름다운 제주의 옛길이다. 사전적 의미에다 역사적 의미까지 포함하여 말하면, 집과 집, 집과 자연, 마을과 마을을 잇는 아름다운 옛길이란 문화적 의미를 담은 '올레길'이 되는 것이다.

미여지뱅뒤에 서서

제주도에는 마을마다 신을 모시고 있는 성소聖所가 있는데, 이를 본향당이라 한다. 본향당으로 통하는 작은 길, 마을 사람들이 신을 만나러 가는 길을 당올레라 한다. 제주의 신화를 이해하기 위해서는 당올레를 알아야 한다. 하늘의 신들이 지상에 내려오면, 우주목이 당나무로 서 있는 본향당에 내려오고, 하늘에서 내려온 신은 심방이 본향당에 내린 신들을 굿하는 장소, 즉 집안으로 모셔온다. 제주의 본향당신 중에는 일뤠할망이라는 칠일신七日神이 많고, 칠일신은 아이를 낳고 길러주는 삼승할망이거나 삼승할망의 역할을 분담하고 있는 심방이다. 일뤠할망은 아이를 어머니의 태에서 내어주는 무의巫醫의 역할을 한다. 삼승할망은 아이를 포태, 출산, 생장, 치료해 주는 신神이며, 의사이며, 심방〔巫〕임을 알아야 한다. 그러므로 삼승할망을 탯줄을 끊어주는 '태胎할망', 넋 나간 아이의 넋을 들이는 '넋할망'이라 한다.

삼승할망은 예로부터 의사가 없는 마을에서 아이의 넋을 들이고, 아이를 가진 임산부의 해산을 도와주며, 탯줄을 끊어주는 산파였다. 마을 본향당을 매고 있는 '당을 관리하는〔堂漢〕 당하니'였으며, '당 맨 심방〔世襲巫〕'이었다. 삼승할망은 '아이를 받는 할망〔産婆〕'으로 오늘날의 조산원, 산부인과 의사의 역할을 하였다. 현대 과학을 맹신하는 사람들이 기계적으로 병원에 가서, "의사에게 진찰을 받고, 주사 맞고 약을 타다 먹으면 병이 치료된다."고 믿는 것과 같다. 마을의 성소인 본향당은 속화된 현실계에 존재하는 불교의 절이나 기독교의 교회나 천주교의 성당처럼 하늘과 통하는 영적이고 성스러운 공간이다. 이곳은 우주의 나무〔宇宙木〕인 당나무〔神木〕가 서 있는 곳이며, 동시에 치료도 이루어지는 마을의 심장이자 우주의 중심, 즉 옴파로스다.

태아는 탯줄이 절단되면서 빛의 세계에 사는 여느 인간과 같은 존재가 된다. 탯줄은 태아와 함께 어둠에서 빛을 보았으며, 두 세계를 경험하게 된다. 아이는 모태 자궁에서 인간 세계로 이행되어 가는 중간자이자 이 두 세계를 연결하는 매개자로, 생명을 얻었을 때는 '빛의 세계'로 나왔다가 죽어서는 '모태 자궁-땅'으로 돌아가는 '인간'이다. 탯줄은 천지를 잇는 끈이며, 우주나무로서 세계의 축이다. 탯줄이 절단되고 남은 부위는 배꼽이 되는데, 이 배꼽은 우주의 중심에 있는 '세 개의 구멍', 탐라의 배꼽 옴파로스다.

탐라국의 1번지, 광양당은 본향당이며 천제를 지내던 제단 삼성혈이었다. '세 개의 구멍' 그곳은 하늘과 땅을 연결하는 유일한 하늘길이며 신이 오르내리는 사다리 역할을 하게 되었다. 제주시 이도 1동에 있는 삼성혈은 아주 오랜 옛날 신화시대에 고을나·양을나·부을나라는 삼신인三神人이 태어난 곳이다. 삼성혈은 둥그렇게 패여 있는 땅에 세 개의 작은 굴이 배치된 형태를 띠고 있어, 마치 인간 탯줄의 해부 조직학적 절단면을 보는 듯하다. 이는 사람으로 따지면 탯줄을 절단한 후에 남은 배꼽이다.

삼성혈은 제주도 사람의 전설적인 발상지로, 신화시대로 따지자면 세상의 중심인 '옴파로스'라고 할 수 있다. 삼성혈은 인간의 원초적인 탯줄과 배꼽의 형상을 보여주고 있고, 세계 문명권 신화에서 공통적으로 나타나는 삼신三神의 구조를 갖추고 있으므로, 한반도의 옴파로스일 뿐 아니라 '세계의 배꼽navel of the world'으로 불려야 할 것이다.

미여지벵뒤에 서서

2° 미륵당 본풀이

　스무 살 때, 열심히 불경을 공부했다. 인도에서 배를 타고 중국에 건너와 '10년 동안 벽을 마주하고 앉아 도를 닦았다[十年面壁]'는 달마대사의 선禪 수행으로부터 육조 혜능대사까지의 '수수께끼' 같은 선禪의 화두를 좇아 한국 불교의 원류를 캤다. 서산대사의 선가귀감을 외고, 보조국사 지눌의 돈오점수敦悟漸修를 공부했다. 구산 스님의 '이 뭐꼬?'라는 화두를 붙들었고, 불佛은 '마른 똥막대기'라느니 하는 말도 많이 했다. 열심히 절간 법당에도 가고, 송광사로, 해인사로 여행도 많이 다녔다. 그러다 보니 당시 서옹 종정 스님으로부터 도근道根이라는 법명을 받기도 하였다. 그러나 결국 사람 냄새 나는 미혹한 중생이었기에 내 몸뚱이 자체가 '도의 뿌리'인데, 딴 세상에서 도를 구하다가 끝내 얻지 못하고 허송한 참으로 한심한 사람이다. 참으로 인간적인 사랑 하나 구하지 못하고 절망하여 출가 입산을 결심한 적도 있었지만,

절망한 사람이 출가하는 것은 아니라 깨닫고는 세속의 때 묻은 한 사람의 처사로 남아 살게 되었다.

그것도 인연이라면 인연인데, 『전통문화와 불교』라는 제목으로 제주인의 신앙 생활에 불교가 끼친 영향에 대한 글을 쓰게 되었으니, 전생의 업보가 있기는 있는 모양이다. 무속에서는 이 '전생의 업보'를 '전상'이라 한다. 술 마시는 것도, 글 쓰는 것도, 마누라 두들겨 패는 것도 '전상'이라 한다. 좋고 나쁜 버릇이 전생의 업보에서 비롯한다는 '전상풀이' 역시 무속과 불교의 깊은 관련을 암시하고 있다. 아무튼, 내 글을 쓰기 전에 내 글의 어떤 경향을 밝히고, 앞으로 써야 할 내 글에 대한 편견이나 오해를 불식시키기 위하여 내가 생각하는 불교에 대해 말해 보겠다.

『반야심경』이나 『금강경』보다 가장 인상에 남는 경전은 『유마경』이었다. 『유마경』에서 기억 나는 것은, 아난존자가 유마거사에게 병문안을 가서 병든 이유를 물었을 때, "중생이 괴로워하므로 나도 앓는다."는 말이었다. 남의 기쁨을 자신의 기쁨으로 받아들이는 것이 자慈이고, 남의 슬픔을 자신의 슬픔으로 아파하는 것이 비悲라는 것이었다. 중생의 기쁨과 슬픔을 나누는 것이 진실한 사랑이라는 자비의 깨달음이 불교이며, 뒤에 에리히 프롬 같은 서양의 학자도 불교의 영향을 받아 『사랑의 기술』이란 책을 썼다.

불교에는 아낌없이 주는 사랑, 자비의 실천철학이 있다. 그리고 그러한 사랑의 실천은 욕심을 버리는 '무소유'에 있다는 것을 어렴풋이 깨달으며, 나는 무의식적으로 세상일에 참여하고 있다. 아마 나의 생활 속에 불교의 영향이 있기는 있는 것 같다. 거기에는 마음의 움직임을 자유자재로 조절하고 걸림 없이 실천했던 참으로 뜨거운 사람들이 있다. 엿장사 효봉 스님, 문둥이의 고름을 빨아주던 경허 선사, 모든 지식과 영화를 버리고 미친 사람처럼 거지들과 어울려 걸림 없는 춤〔無㝵舞〕으로 중생을 끌어안고 사랑한 원효 스님. 그들의 행적을 통하여 사랑이야말로 진정한 자비임을 나는 깨닫고 있다. 이처럼 불교의 선지식들이 나에게 가르쳐준 불교란 어렵고 철학적인 지식이나 학문이 아니었다. 도는 편견을 버리고 진실로 중생을 이해하고 사랑을 실천하는 이타利他에 있었다. 나는 적어도 그렇게 불교를 이해하고자 한다.

진리는 부처님 손바닥 안에 있다. 사람의 일을 손바닥 안을 들여다보듯 훤히 아는 '깨달음'이 부처라면, 아무것도 모르는 무지렁이들이 살면서 체험하고 세상이 부처님 손바닥 안이라는 것을 깨달아 입으로 구전하며 전승해 가는 것이 무속이다. 그러므로 무속의 불교는 제주 사람들이 경험을 통하여 배우고 얻은 불교의 세계관이다. 불교가 제주에 들어와 아무리 철학적이고 어려운 포교를 했더라도 현실에 맞지 않으면 불필요한 사족이 되었을 것이다. 제주 사람들의 고통스러운 삶에 꽉 막힌 피를 흐르게 하는 '풀림'이 없다면 믿음이 될 수 없다. 불교가 제주에 들어와서 무속과 동전의 양면처럼 공존하게 된 이유는 거기에 있을 것이다. 그 때문에 불교가 언제 제주에 들어와서 어떤 영향을 미쳤는가를 문헌 기록을 통하여 살펴보는 것도 중요하지만, 먼저 제주도의 신화인 「열두 본풀이」나 「당 본풀이」에 나타나는 불교 관련 이야기에 주목하여 그 문화적 맥락을 살펴보는 것이 우선해야 할 것이다. 신화를 살펴보면, 민중에게 부처는 무병장수와 복을 가져다주는 미륵불이다. 미륵불은 어디에서 왔을까. 미륵은 바다를 건너왔다. 왜 바다를 건너왔을까? 이것이 나의 첫 번째 화두다. 북제주군 김녕리 서문하르방당의 본풀이를 보자.

어느 날 서문하르방이 고기를 낚으러 바다에 갔다. 얼마 있다가 건져보니 큰 돌멩이가 올라왔다. 웬 돌이 걸려왔냐고 투덜대며 바다에 던져버리고, 다른 곳에 가 낚시를 드리웠다. 다시 그 돌이 낚시에 걸려 올라왔다. 던져버리고 다시 다른 곳에 가 낚시를 드리웠다. 이번에도 여전히 그 돌이 걸려 올라왔다. 하는 수 없이 나와 인연이 있는 조상이라면 모시고 가겠다며 이 돌을 건져 돌아왔다. 꿈에 백발노인이 나타나 "나는 은진미륵이다. 제주에 있는 아무 절간에 모실 미륵불인데, 파선이 되어 제주 땅에 건너가지 못했구나. 나를 잘 모시면 부귀영화를 시켜주겠다."고 하였다. 어부가 미륵부처를 조상으로 모셨더니 큰 부자가 되었다. 이후 아기를 못 낳는 사람들이 찾아가 빌면, 사내아이를 낳게 하는 효험이 있었다 한다. 바다를 건너온 은진미륵은 어디선가 굴러온 돌이었다.

해신미륵 – 제주시 화북동 「윤동지 영감당 본풀이」

화북리의 경우 미륵돌은 집안의 조상신으로 모셔졌고, 이 미륵돌을 잘 모셨기 때문에 부자가 되었다. 그러던 중에 자손들의 정성이 부족해 돌부처는 불쌍하게 버려져 화북진성의 돌 틈에 끼워져 있었다. 그후 집안에는 피부병이 돌았고, 돌부처의 긁힌 피부처럼 살갗이 아프고 코가 헐었다. 이 돌을 다시 종이에 싸서 잘 모셨더니 그 집안은 그

미여지뱅뒤에 서서

후 평안하였다고 한다. 김녕리의 경우 미륵돌을 모신 김동지 집안은 크게 일어나 거부가 되었을 뿐 아니라 아이를 낳지 못하는 사람이 이곳에 가 빌면 득남한다는 소문이 퍼졌다. 서김녕 마을 사람들이 모두 미륵돌을 받들어 모시게 되었다. 그 후 이 미륵돌은 서김녕 마을 당신이 되었다. 함덕리 본향당신 '서물한집'은 마을 신당 안에 묻어놓고 있다. 그들은 모두 바다에서 주워온 '미륵돌'이었다.

바다에서 주워온 돌미륵은 미륵이라 하지만 '어떤 이상한 모양'을 지닌 돌이다. 무엇 같기도 하고 아무것도 아닌 것 같기도 하여 자세히 보면 '어떤 모양'을 지닌 그저 그런 돌이다. 꿈에 백발노인으로 나타나서 스스로 은진미륵이라 하였기에 이 돌미륵은 꿈을 통하여 사람과 인연을 맺게 되었다. 꿈의 백발노인은 가난한 어부에게 부귀영화를 안겨줄 미륵돌인 것이다. 어부가 미륵돌을 주워다가 조상으로 모시자 삽시에 부자가 되었다는 연기설화는 제주도 민중불교의 시작이다. 도깨비를 조상으로 모셔 삽시에 부자가 되었다는 이야기와 비슷하다. 그런데 이 미륵돌이 동네에 아기를 못 낳는 여인들이 찾아와 빌자 득남을 시켜주었고, 결국 마을 사람 모두가 다니는 마을의 당신이 되었다는 것이 「미륵당 본풀이」에 나오는 '은진미륵'이다.

미륵은 마을의 수호신이 되어 아이를 낳지 못하는 사람이 아들을 낳게 하고 가난한 어부와 해녀를 잘살게 한 '풍요와 다산'의 영험을 주는 마을 수호신이다. 마을 수호신으로서의 미륵은 가난한 사람을 부자로 만들어주고, 아기 못 낳는 여인에게 사내아이를 낳게 하는 강력한 생산ㆍ생식의 남성 신으로 존재하고 있다. 제주의 미륵 신앙은 육지에 있는 '촛대바위'나 '갓바위'처럼 남성형 돌이다. 생식의 돌이자

생산의 돌부처로 존재하기 때문에, 아이를 낳고 기르는 제주도 이렛
당 신앙과도 유사한 점이 있다.

제주는 어딜 가나 나무에 지전이 화려하게 걸려 있는 당들이 많이 있
다. 대부분 나무를 신체로 삼는 일뤠할망당이다. 음력으로 7일, 17일,
27일 당에 간다고 하여 이렛당이라고도 한다. 이렛당신은 아이를 낳
게 하고, 아이의 피부병을 고쳐주는 산육과 치병의 신이며, 별칭으로
'삼승할망'이라 부르기도 한다. 제주의 신당에 모신 미륵 하르방을 삼
승할망과 비교해 보면, 남성과 여성, 돌과 나무의 차이일 뿐 오히려
마을의 당신으로 자연스럽게 수용되고 있다. 이처럼 제주도의 민중불
교는 '은진미륵'이란 이름의 마을 수호신을 모시는 당 신앙으로 남아
있다. 마을 수호신이 된 미륵은 부자가 되거나 아이를 갖고 싶어하는
민중의 소박한 꿈을 이루어주기 위하여 도래한 것이다. 돌부처는 제
주 민중과 인연을 맺어 '나를 태운 조상'이라는 조상신으로, 풍요다산
의 해신으로 민중의 꿈을 이루어주는 '미륵'으로 마을에 모셔지게 된
것이다.

「미륵당 본풀이」는 백제 땅 어디선가 태어난 미륵이 제주에 왔다는
것과 본토의 미륵 신앙이 제주에 전래된 내용을 암시하는 이야기이기
도 하며, 고려 시대 민중불교가 제주에 파급되고, 그 후 무속 신앙의
한 부분을 구성하게 되었던 점을 시사한다. 그런데 이런 사실은 중요
하지 않다. 바다에서 건져 올린 미륵을 모시는 신앙으로 나타나는 민
중불교가 반도에서 바다를 건너온 것이라면, 한라산 남쪽 '불래오름
〔佛來岳〕' 존자암에 있는 '부처'는 어디에서 왔을까? 높은 산에 와 계신
부처는 어디 출신일까?

제주에는 여러 계통을 통하여 불교가 전래되었다. 예를 들면, 삼별초의 난을 통하여 수입된 불교, 몽고의 기왕후가 아이를 낳기 위해 빌었다는 원당사 오층석탑으로 남아 있는 불교, 수많은 사노를 거느리고 있었으며 엄청난 규모의 사찰 터가 발견된 법화사지, 수정사지 등으로 나타나는 고려시대의 불교, 장보고의 해상 활동과 관련이 있다는 불교, 해륜사나 만수사의 복신미륵으로 남아 있는 불교, '당오백, 절오백'으로 표현되는 불교, 이처럼 제주도의 불교는 무속이다.

　제주 사람들은 상하귀천을 막론하고 당에도 가고 절에도 갔다. 그런데 문화의 수수께끼로 남는 것은 '불래오름'과 같이 불교의 전래를 암시하는 지명이다. 어떻게 풀이할 수 있을까? 부처님은 하늘에서 산으로 내려왔을까? 한라산을 떠돌아다니며 사냥하던 선조들이 조상으로 모신 산신미륵일까? 그렇다면 해신미륵처럼 제주도의 산신 신앙과 불교는 어떤 관련이 있을까? 불교의 전래가 그보다 더 오래전에 있었던 것을 증거하는 '불래佛來'는 진짜 부처님이 오신 것일까?

　『장경藏經』의 「법주기」에는, 서기 250년 전 십육 아라한 가운데 여섯 번째인 "발타라 존자와 구백 아라한이 제각기 흩어져 살았는데 그곳이 '탐몰라주'다."라는 기록이 있다. 이 기록은 탐라가 신라나 백제와 조공 무역을 하기 훨씬 이전부터 불교가 수입되었다는 남방 전래설의 근거가 된다. 그리고 그곳은 존자암이 있는 한라산 영실 부근으로 추정한다. '구백 아라한'은 영실기암의 '오백라한'과 같은 돌부처였을까? 아무튼 이 기록에 의하면, 인도나 중국에서 건너온 남방불교는 산에서 내려온 불교다. 부처님이 산에 와서 한라산 아득한 남쪽을 바라보며 산 아래 사는 민중들을 바라보고 있는 모습은 아마 오백장군

오백라한과 같은 '산신미륵'이었을 것이다. 나를 조상으로 잘 모시면 노루도 잘 잡게 해주고, 소나 말을 잘 길러 육축을 번성케 하여 부자가 되게 해주겠다는 그런 미륵이 또 하나 있었다고 생각할 수 있겠다.

제주의 민중불교는 금박을 바른 세련된 불상으로 존재하지 않았다. 한라산 어딘가 혹은 바다에서 주워온 흔한 돌이었고, 그 흔한 돌이 '꿈에 현몽'하여 돌부처가 되고, 돌부처는 다시 조상으로 신으로 모셔지게 된 것이다. 제주의 미륵은 산에 지은 절간과 바닷가 신당에 모셔져 있다. 풍요와 다산의 신, 피부병을 고쳐주는 신, 남근을 깎아 걸어놓은 동해안 해신당의 신처럼 고기를 많이 잡게 해주고, 삼승할망처럼 아이를 잘 낳고 기르게 해주는 신으로 우리 인간 가까이에 있다. 민중의 염원을 너무나 잘 들어주는 신으로 존재한다. 깨달음이나 득도와는 거리가 멀지만, 중생들 가까이에 보살처럼 있다.

산신미륵 — 조천읍 와산리 「불돗당 본풀이」

제주도에는 하늘에서 내려온 미륵이 있다. 인간 세상이 그리워 하늘에서 내려왔거나 신의 노여움을 받아 거대한 바위로 굳어버린 '미륵바위'가 그것이다. 제주의 「당 본풀이」에는 하늘에서 죄를 지어 인간 세상에 귀양 온 별공주 또는 옥황상제의 막내딸이 이따금 등장한다. 죄의 내용은 나락을 까먹거나 아버지의 수염을 뽑은 것으로, 속세의 인간과 같은 행실 때문에 부모의 눈에 나서 이 세상으로 추방되었다. 하늘에서 쫓겨나 인간 세상에 내려온 신은 인간적인 신이며, 산신

山神이다. 단군신화에서도 할아버지인 환인은 초자연적인 존재인 하느님 옥황상제이지만, 그의 서자 환웅은 지상의 역사적 시간 속에 들어와 존재하는 산신이며, 그의 아들 단군도 왕이 되어 인간을 다스리다 죽어서 산신山神이 되었다.

신의 이야기로써 「당 본풀이」는 가난한 백성들에게 미륵의 출현을 예고하는 산신 이야기이다. 바다에서 건져 올린 미륵을 해신미륵海神彌勒이라 한다면, 하늘에서 내려온 미륵, 한라산에서 온 미륵을 산신미륵山神彌勒이라 한다. 산신미륵은 해신미륵처럼 '어떤 모양'을 지닌 '미륵돌'을 가져다 모신 것이 아니라 높은 곳에 자연 그대로 있는 큰 바위이다. 거대한 바위, 크고 우뚝하거나(남신), 크고 넓적한(여신) 반석에 불과하다. 여기에 아이를 낳게 하거나 부자가 되게 하는 신의 영험과 신통력이 있어 '미륵'이 됐고 마을의 당신이 되었다.

북제주군 조천읍 와산리 불돗당[佛道堂]의 크고 넓적한 반석은 당오름 상상봉에서 굴러와 지금 자리에 좌정坐定하였다. 고내오름 '큰신머들'에 있는 북제주군 애월읍 상가리 새당의 당신은 다섯 개의 바위로, 그중 가장 큰 바위는 산신이다. 이 바위에는 모두 미륵의 신격이 부여되고 있다. 산에 있는 '거대한 바위'를 미륵으로 믿는 산신미륵 신앙은 여러 곳에서 살필 수 있다.

천지를 창조한 설문대할망의 아들 오백장군은 한라산신漢拏山神이며 장수신將帥神이기도 하지만 실상은 높은 산의 '기이한 바위'[奇巖]이다. 예로부터 아기를 낳기 위해 기자불공祈子佛供을 하거나 산신 기도를 하려면 한라산 영실당靈室堂에 와서 빌면 효험이 있다고 한다. 옛날에는 이곳 영실당에 절이 있었다. 존자암이 있었다는 것도 그와 관련지을 수 있는 근거가 된다. 제주의 민중들은 아들 오백을 낳은 설문대할망의 생식력에 기대어 아이(生佛)를 얻으려 하였다. 신의 노여움을 받아 크고 우뚝한 바위로 굳어버린 수많은 장군석들이 모두 미륵부처이니 여기에 빌면 아이를 생산한다는 믿음 속에는 민중의 소박한 '미륵신앙'이 자리 잡고 있다. 한라산에는 아이를 주는 미륵불이 하늘에서 인간 세상에 내려와 미륵의 세상을 이루고 있기 때문이다. 아마 '불래오름'의 불래佛來도 그런 의미일 것이다.

　와산리 당오름에는 크고 넓적한 바위를 신체神體로 모시고 있는 불돗당이 있다. 제주도에서는 아이를 생불生佛이라 하며, 아이를 점지해 주는 신은 '생불할망', '불도할망', '삼싱할망'이라 한다. 그러므로 불돗당은 아이를 포태胞胎시켜 주는 '불도할망'을 모신 당이라는 뜻이다. 와산「불돗당 본풀이」에 의하면, 와산당의 당신은 옥황상제의 막내딸이었다. 하늘에서 쫓겨나 당오름 중허리에 내려와 앉아 인간 자손들을 살펴보니 와산리 김향장 집 딸이 마흔이 넘어도 대를 이을 아이가 없었다. 할머니는 따님의 꿈에 나타나 "김향장 집 따님아, 내일 아침 당오름 중허리에 올라가 보아라. 거기에 석상 미륵이 있을 터이니, 이곳에 제물을 차리고 와서 빌면, 석달 열흘 백일이 되기 전에 알 도리가 있을 거다." 하였다. 김향장 집 따님이 꿈에 들은 대로 제물을 차리고 당오름에 올라가 보니, 석상보살 은진미륵이 있었다. 그곳에 가서 정성을 다해 빌었더니 석 달 열흘이 채 못 되어 포태(姙娠)가 되었다. 임신한 몸으로 고맙다는 인사를 하러 제물을 차리고 올라가 기도를 하고는 "아이고 할마님아 산이 높아 간신히 기도를 하고 갑니다마는, 조금만 낮은 곳으로 내려와 계셨으면 좋겠습니다." 하고 내려왔다. 다음날 천둥벼락이 치고 억수같이 비가 내렸다. 그리고 할머니(미륵바위)는 굴러와 지금 당 있는 자리에 앉아 있었다. 그로부터 김향장 집 따님은 상단골이 되었고, 마을 사람 전부가 단골이 되어 이 당에 다니게 되었다. 가난한 자손이 아기가 없어 탄식하다가 할머님(미륵)에게 와서 성심성의껏 빌면, 자식 귀한 집에 아기를 낳게 해주었다.

본풀이에서 와산리 불돗당 당신의 신체는 크고 넓적한 반석으로 이를 '석상보살 은진미륵'이라 하고 있다. 이는 하늘의 여신이 인간 세상에 내려와 당신이 되었으며, 아기 없는 사람에 아이를 낳게 해주는 '불도할망'이라는 기자미륵祈子彌勒이 되었다는 이야기다.

상가리와 하가리의 하르방당인 새당이 있는 고내오름의 '큰신머들'은 '큰 신들이 있는 돌무더기'란 뜻이다. 선돌 형태의 다섯 개의 바위를 신이라 믿기 때문에 붙여진 이름일 것이다. 그중 제일 큰 것이 새당하르방이라 불리는 산신미륵이다. 상가리 「새당 본풀이」에 의하면, 이 하르방은 산신 하로백관또이다. 옛날 가난한 초립둥이〔草笠童〕가 살고 있었다. 정동 줄을 걸으러 산에 갔다가 점심을 먹고 있었다. 산신이 나타나 사람이 먹는 음식에 호기심이 나서 물었다. "네가 먹고 있는 게 뭐냐. 같이 나눠 먹자." "수수범벅입니다. 험한 음식이지만 한번 먹어보십시오." 산신은 음식을 먹어보고 맛이 좋다 하며, 너희들이 사는 곳에 가서 이런 음식을 먹을 수 있다면 따라가겠다며 초립둥이를 따라 왔다.

마을에 온 산신은 마을에서 좀 떨어진 당동산에 좌정을 했는데, 초립둥이를 빼고는 누구 하나 대접하는 이가 없었다. 산신은 화가 나 동서남북 동네 어귀에 화살을 쏘았다. 그때부터 마을에 불길한 일들이 벌어졌다. 하가리의 여신 오당 송씨 할망에게 들으니 산신이 좌정하고 있다고 알려줬다. 그로부터 산신을 마을 안 당 우영에 미륵당으로 모셨는데, 개 짖는 소리, 닭 우는 소리, 밥 짓는 끄렁내, 존경내(돼지 냄새)가 싫다며 '정결한 곳'을 찾으니 고내오름에 옮겨 모셨다고 한다. 이 신은 산신백관으로 한라산신이며 하늘에서 내려온 산신백관山神白官 미륵이기 때문에 마을을 내려다보는 고내봉 '큰신머들' 미륵바위로 옮겨와 좌정한 것이다.

산은 신들이 하늘에서 내려오는 통로다. 하늘에 있는 초자연적이며 불가사의한 세계의 신들이 땅에 내려오면, 크고 우뚝하게 보이는 선돌, 미륵바위의 형태로 나타난다. 사람들의 상상 속에는 바위와 나, 미륵과 인간이라는 인연의 끈이 이어진다. 그게 미륵당 본풀이다. 산에 있는 바위는 가난한 민중이 의지하는 기둥이며, 그리움이자 희망이다. 그리고 자식 없는 사람에게 아이를 포태시켜 주고 가난한 자에게 복을 주는 미륵이 되는 것이다. 그러므로 산신미륵은 하늘에서 인간 세상에 내려와 맑고 깨끗한 신으로, 아이를 낳게 해주는 신으로 가난한 민중들 가까이에 있는 것이다.

수신미륵 ─ 이도2동 외새미 「물할망 본풀이」

미륵은 어둠 속에 있다. 미륵은 병들고 고통받는 사람들의 희망이다. 그러므로 민중이 염원하는 미륵은 석가의 시대가 끝난 다음에 찾아오는 미래불未來佛로서의 미륵이 아니다. 끊임없이 소용돌이치는 험한 세상에서 "더는 못 살겠소. 엿 같은 세상 확 뒤집어엎고 새 세상을 만듭시다." 하는 새 시대, 새 세상, 새로운 지도자를 꿈꾸는 현실 속의 미륵이다. 고려의 궁예나 조선 시대의 여환이나 강증산이 "나는 미륵이다."고 주장하는 이면에는 절망하는 사람들의 희망이 있다. 가난하고 병든 자 다 내게로 오라던 예수나 석가처럼 거대한 인물은 아니지만 저들의 마음을 훤히 들여다보는 자, '같은 사람'으로 믿고 의지하며 미륵의 현신이라 믿었던 그들은 죽고 민중이 꿈꾸는 세상은 오지 않는다. 그들은 역적이나 폭군 반역자로 처형당하고, 민중들은 다시 실망하며 어둠 속에 남는다. 그때 어둠 속에, 어둠 같은 세상에 기댈 수 있는 희망이 미륵이다.

바다에서 주워온 돌이거나 전 시대에 버려진 돌부처 조각, 머리통은 머리통대로 몸통은 몸통대로 뒹굴고 버려진, 희한한 모습의 석상들이 미륵부처로 받들어 모셔지고 마을에 세워지는 것이다. 그때부터 돌미륵은 새로운 의미의 희망이 된다. 새 세상 새로운 변혁을 꿈꾸는 큰 기대를 담은 미륵은 아니지만 아이를 낳게 해주고, 부자가 되게 하고, 병을 고쳐주는 친근하고 가까운 조상과 같다. 그러므로 당에 있는 미륵은 미륵마다 다양한 의미와 영험을 가지게 된다. 제주도의 미륵은 제주 사람들의 꿈과 문화적 상상력을 담고 있다. 제주의 돌미륵 중에는 바다에서 건너왔거나 하늘에서 내려온 미륵 이외에도 샘물을 지키는 수신미륵水神彌勒이 있다.

제주도의 수신미륵은 이른 새벽 샘물을 뜨고 정화수에 보름달을 담아서 고운 아기를 점지해 달라며 빌었던 또 다른 미륵이다. 이러한 미륵은 생명을 잉태하게 하는 물과, 생명 창조의 원수源水에 대한 믿음,

그리고 이러한 믿음이 만들어낸 영험을 지닌 여신女神으로 존재한다. 삶의 조건에 절실하게 필요한 물은 생명을 유지하는 데 필수적인 요소이기도 하지만, 천지를 창조한 근원으로서의 원수이다. 부정을 씻어내는 정화수, 병을 고치는 약수라는 물의 성스러움을 바탕으로 하는 '원초의 물', '창조의 물', 바로 여기에 미륵이 존재한다.

이도2동 동광양에는 '외새미'라는 샘물이 있었다. 이 샘물은 우여천牛女泉이라고도 하는데 지금은 없어졌다. 이도지구 개발과 함께 지금은 아스팔트 속에 묻혀버렸다. 생명을 창조하는 근원적인 물, 어머니의 자궁과 같은 샘물이 아스팔트 속에 묻혀버리고, 이 샘물을 지켜주는 미륵은 누군가 훔쳐갔다. 샘물을 지켜주는 미륵이었을 때, 돌미륵은 마을의 수호신으로서 미륵이었겠지만 지금은 단순히 도난당한 돌이 돼버렸다.

우여천 동산 위에 작은 굴이 있고, 그 어두운 굴 안에 미륵이 있었다. 이곳이 동광양 본향당이며, 미륵 석상을 모신 '미륵당彌勒堂'이다. 이 당에 모신 미륵 석상은 '미륵보살 물할망'이라 했다. 이 미륵은 '외새미牛女泉'를 지켜주는 물할망[水神]이며 아기를 점지해 주는 생불할망[産神]이다. 그러므로 이 신은 창조의 물로서, 어머니의 자궁처럼 생명의 근원이 되는 샘물을 지키는 수신미륵이다. 물을 지키는 미륵, 어둠속의 작은 동굴, 이것도 아마 모태를 의미하는지 모른다. 이 미륵당에는 제일祭日이 따로 없다. 생산의 원력을 지닌 보름날에 자주 간다.

당에 가면, 해가 떠오르기 전에 몸을 깨끗이 한 뒤 정성을 다하여 생수를 뜨고, 보름달을 담은 물그릇과 제물을 올려 비념을 한다. 비념을 할 때는 "수덕 좋은 외새미 물할마님, 이 자손들 좋게 하여줍서. 없

미여지벵뒤에 서서

는 아기 낳게 해주고, 없는 명命도 이어줍서. 없는 복福도 생기게 해줍서." 하고 빈다. 특히 보름날을 택해 당에 가는 경우, 미륵 위에 송낙을 씌우고 명실을 감는다. 어쩌면 동굴 속 미륵 자체가 새로 태어날 아기이며, 고깔을 썼으니 미륵보살이다. 이 미륵보살 물할망은 샘을 지키는 수신미륵이며, 샘물을 떠놓고 보름날 아기를 얻기 위해 비는 산신産神이며, 명과 복을 이어주는 수복신壽福神이다.

샘물을 지키는 미륵은 동굴의 어둠 속에 있었다. 제주도의 천지창조 신화는 아기를 잉태하는 모태로 어둠을 풀이한다. 천지혼합의 어둠은 태초의 혼돈이다. 혼돈은 하늘과 땅이 금이 없이 맞붙고, 암흑과 혼합으로 휩싸여 한 덩어리가 되어 있는 상태다. 이 혼돈의 천지에 개벽의 기운이 돌기 시작했다. 생명의 창조는 어둠으로부터 새벽이 오는 것과 같다. 갑자년, 갑자월, 갑자일, 갑자시에 하늘의 머리가 자방子方으로 열리고, 을축년, 을축월, 을축일, 을축시에 땅의 머리가 축방丑方으로 열려 하늘과 땅 사이는 금이 생겼다. 이 금이 점점 벌어지면서 땅덩어리에는 산이 솟아오르고 물이 흘러내려서, 하늘과 땅의 경계가 점점 분명해져 갔다. 이때, 하늘에서는 청이슬이 내리고, 땅에서는 흑이슬이 솟아나 서로 합수되어 음양상통으로 만물이 생겨나기 시작했다. 이는 남녀간의 생식의 원리를 천부지모天父地母 사상으로 상상한 것이다.

물에 의한 우주 개벽 이야기는 인간적인 차원에서 그 자신의 대응물을 가지고 있는데, 그것은 인간은 물에서 태어났다는 믿음에서 비롯된 것이다. 그리고 천지혼합은 우주가 창조되기 이전의 혼돈이나 어둠을 뜻하기도 하지만, '싸움', '갈등', '난장판'을 뜻하기도 한다. 정신이 혼미할 때나, 상황 판단이 잘 서지 않는 미궁, 병을 얻어 육신이 뒤엉켜 병의 원인을 캐내지 못하는 상태, 서로 얽혀 뒤죽박죽된 싸움판에서 해결의 실마리를 얻지 못한 그야말로 '왁왁한 어둠, 깜깜한 상태'를 천지혼합의 난장이라 한다.

어둠 속에 존재하는 미륵은 새로운 생명으로서 아기이며, 아기를 낳게 하는 샘[母胎]을 지켜주는 수신미륵이다. 그러므로 어둠 속의 미륵은 민중의 고통, 즉 병, 난리, 광기, 부정, 죽음 등 속세의 혼란을 뒤집어엎는 새로운 희망으로써 새벽을 가져오는 자이다. 굿의 초감제 때 천지혼합에서 하늘과 땅이 나뉘고, 인간이 태어나고, 해와 달이 탄생하여 우주의 질서가 잡혀가는 과정을 보여주는 것은 인간 사회의 혼돈, 즉 갈등이나 질병을 화해하고 조정하여 새로운 질서의 세계, 거룩한 세계로 환원시키는 의미가 있다.

동광양 동굴의 어둠 속에 모신 미륵보살에게 아기 낳기를 비는 마음은 어둠에서 밝음으로의 전환을 가능케 하는 미륵이 존재한다는 믿음에서 나온 것이다. 따라서 '창조의 물', '원초의 물'로서 외세미[牛女衆]의 샘물에는 물은 생명의 원천, 창조의 모태라는 믿음이 있으며, 그러므로 아기 낳기를 비는 민중의 소박한 꿈은 샘물을 지키는 '미륵보살 물할망'에 투영되었다.

조상미륵 — 애월읍 광령리 「마씨미륵당 본풀이」

사람이 죽어서 미륵 조상으로 모셔진 경우가 있다. 그 사람은 1970년대에 70세 나이로 죽었다. 그의 죽음으로 백 년 안팎의 역사 속에서 하나의 미륵의 신화가 만들어지게 되었다. 광령리에는 옛날 길이 험할 때는 찾아가기 힘든 당이 하나 있다. 보통 사람들은 일렛당(七日堂)이라 하여, 어느 마을에서나 마찬가지로 음력 초이레, 열이레, 스무이렛날 아이가 아팠을 때 아이의 병을 낫게 해달라고 여인네들이 찾아가는 이렛당이었다. 그런데 그 당에는 사람처럼 생긴 돌에 복신미륵(福神彌勒)이나 돌하르방처럼 정교하게 만들어진 건 아니지만 음각으로 눈, 코, 입을 깎아 만든 미륵을 모시고 있다. 그리고 이 당에 갔다 오면, '사내아이'를 낳는 효험이 있다고 한다. 거기에는 미륵 석상이 세워져 있으므로 분명히 미륵당이다. 이 미륵당은 아이 못 낳는 여인이 이 당에 갔다만 오면 사내아이를 낳게 된다는 신당으로 바뀌게 되었다. 이 신당에는 은밀하게 바람처럼 떠도는 전설이 있다.

광령리 일렛당은 '마씨미륵당'이라 부른다. 이 당을 지키는 마씨 하르방이 죽어서 당신이 되었기 때문에 미륵 조상, 미륵 하르방의 성씨를 따라 마씨미륵당이라 한다. 그리고 마을 사람에게는 그가 살아 있었을 때 그의 강한 힘을 믿었고, 죽어서도 그 사람을 조상으로 믿고 모시면, 그 사람이 살아 있을 때의 신통력이 효력을 발생한다는 믿음이 있다.

제주시에서 1100도로를 타고 올라가 어승생 한밝 저수지에서 서쪽으로 뚫린 산록도로를 따라가다 보면 무수천 상류에 다리가 하나 있다. 무수천을 경계로 제주시와 애월읍 광령리가 나뉘는데, 여기서 광령리 쪽으로 시멘트 포장길이 나 있다. 이 길을 조금 들어가면 냇가 쪽 동녘 밭에 자그만 돌담을 두른 곳이 있다. 이 울타리 안에 비교적

형상을 알아볼 만큼 이목을 뚜렷하게 깎아 세운 미륵불을 모신 당이 있다. 광령이나 고성 등지의 아녀자들은 이곳 미륵불이 있는 곳까지 ᄇ람구덕(종이를 바른 댓구덕)에 제물을 지고 올라가 기도를 드린다. 지금도 가보면 미륵부처 앞에서 누군가 기도를 드리러 왔다 간 흔적이 있다.

등짐을 진 채 작은 산을 오르던 마씨 하르방은 살아 있는 산신령이었다. 촛농이 흐른 흔적, 향불을 피운 흔적, 과일과 술병 등 제祭를 지냈던 흔적을 보면, 냇가의 샘물을 떠서 새벽에 아이 낳기를 비는 미륵과 거의 유사한 신당임을 알 수 있다. 이 미륵당을 지키는 마씨 하르방은 심방이라기보다는 도사로 불렸다. 마씨는 키가 6척이며 기골이 장대하여 힘도 장사였을 뿐 아니라, 자칭 한라산신령이라 했다. "밥도 장군, 떡도 장군, 힘도 장군"이라는 송당 당신 소로소천국처럼 힘만 센 것이 아니었다. 마씨 하르방은 촐(꼴)을 등짐으로 져 나를 때 보면 한 눌(낟가리)만큼 져 작은 산 하나를 지고 나르는 것 같았고, 소를 잃어버렸을 때 마씨 하르방에게 찾아가 부탁하면 귀신같이 찾아주었다. 아무리 거칠게 구는 소일지라도 뿔을 잡고 쇠석으로 꽁꽁 묶어 주인에게 넘겨주었다고 한다. 한라산의 산신 중에는 테우리(목동)들이 찾아가 빌면 잃어버린 소를 찾아주는 신들이 많다. 마씨 하르방도 잃어버린 소를 신통하게 찾아주었던 걸 보면 살아 있는 한라산신임이 분명했다. 그는 살아 있는 광령리 이렛당 미륵불이요, 한라산신령이었다.

마씨 하르방은 심방이라는 소박한 사제자에서 자칭 도사, 살아 있는 미륵이 되고 있었다. 자신이 미륵임을 믿어, 스스로 한라산신령이라 하였다. 그 시기에 이상한 소문이 돌았다. 광령리 미륵당에 찾아가 미륵불에게 빌면, 아들을 낳지 못하는 여자는 누구나 아들을 낳게 된다는 것이다. 이 소문을 듣고 육지에서도 찾아 왔으며, 어느 법무부 장관의 아내도 이곳에서 기도하여 아들을 낳았다는 말이 전해진다. 어느 증언자의 말에 따르면, 아들을 낳기 위하여 기도하러 간 아녀자들이 마씨 하르방과 정을 통하여 아들을 낳게 되면서부터, 이곳에 가서 기도하면 아들을 낳을 수 있다는 말이 퍼져나갔다는 것이다. 증언자가 50여 년 전에 마씨 하르방에게, "지금까지 낳아준 아들을 전부 주민등록증에 올리잰 허민 몇 명이나 됨직허여? 한 400명은 될 테주?" 그러자 마씨 하르방은 "그것만 되어? 1000명도 넘주." 하더라는 것이다. 마씨 하르방은 70세쯤 된 1970년대에, 미륵당 있는 곳에 조그만 초가 암자를 짓고 살았는데, 어느 날 술을 먹고 잠을 자다 초가집에 불이 나는 바람에 숨졌다고 한다. 그의 많은 아들 중에 그의 성씨를 가진 아들 하나가 아버지가 하는 일이 못마땅하여 산에 올라가 스님이 되었는데, 그가 죽자 당을 부수었다 한다.

마씨 하르방은 미륵불의 정령이 되어 민중들의 소망을 들어주고 있을까? 당에는 대나무가 많았다. 하르방은 사람이 대나무를 잘라 가려고 하면 꼼짝 못하게 욕설을 퍼붓다가도 술 한 병 들고 오면, 필요한 양만큼 베어가도 좋다고 했다. 그가 죽은 뒤에도 사람들은 술을 올리고 나서 대나무를 베어간다.

제주도 마씨 조상미륵의 특징을 생각해 보자. 마씨 하르방은 제주도의 당신들과 마찬가지로 힘도 장군, 밥도 장군이며 강력한 정력을 가졌다. 그가 도사니, 한라산신령이니 하는 주장 속에는 소를 다루는 능력이나 비록 불륜이었어도 아들을 낳게 해주는 능력이 신화처럼 남아 있다. 은밀하기 때문에 더욱 신비화된 것이다. 마씨 하르방이 사내 아이를 낳게 하는 조상미륵으로 모셔지는 것은 생산과 생식의 힘을 믿는 민중 신앙의 주술성과 관련이 있다. 육지부에 있는 촛대바위, 좆바위, 갓바위를 찾아가 득남을 비는 것과도 같은 이치다. 미륵 신앙을 믿는 민중들은 득남뿐 아니라 입시를 위하여, 아이의 넋을 들이기 위하여도 마씨 하르방을 친근하게 찾아가고 있다.

석불미륵 ─ 제주시 동회천동 화천사 오석불

기자석祈子石으로서의 석불미륵은 제주시 동회천 화천사에 있다. 굳이 '미륵'이라 하지 않고 '석불'이라 부르는 점이 특이하다. 이 절을 찾아가는 신도들은 우선 석불 앞에 가 아기 낳기를 빈다. 입시를 앞둔 자식을 위한 기도도 물론이다. 불교 신자가 아닌 마을의 아녀자들도 이 석불을 만나기 위하여 절에 간다. 주위에는 '절동산'이란 지명이 남아 있어 옛날부터 이곳에 절이 있었음을 알 수 있다. 절에는 다섯 개의 부처가 있어 이 석불을 오석불이라 한다.

화천사에는 사람의 형상을 한 다섯 개의 자연석을 경내 뒤뜰에 마련된 제단에 모시고 있다. 형태로 보아서는 북제주군 구좌읍 서김녕 남당의 해신미륵과 비슷하며, 위치로 보아서는 제주시 이도동 우여천의 미럭당 '외새미 물할망' 수신미륵처럼 물가에 있다. 동회천 마을에서는 해마다 정월에 '오석불'을 모시고 마을제를 지낸다. 화천사 석불 제단 앞에서 말이다. 마을의 안녕과 아이를 무사하게 낳고 기르게 해

미여지벵뒤에 서서

달라는 '기자 신앙'과 '마을 공동체 신앙'이 고려 시대 제주 민중불교의 흔적을 남겨놓은 듯한 사례다.

동회천 마을에서 정월에 지내는 석불제는 형식상 유교식 마을제이며, 내용상으로나 (육류를 제외한 채식 위주의) 제물祭物을 보나 민간 신앙적 요소를 지닌 불교식 마을제임을 알 수 있다. 육류를 '부정한 음식'으로 보는 것은 불교적 영향이며, 마을의 안녕을 기원하는 마을제의 성격을 지닌 것은 여성 위주의 무속적 당굿이 남성 위주의 유교적 의식으로 바뀐 형태다. 모양은 비슷하지만 절에 남아 있는 석불이 아닌, '아이 낳기를 비는 기자석'으로서의 '미륵'은 마을의 당에는 여러 곳에 남아 있다. 그러나 당이 아닌 절간에 있기 때문에 미륵이 아니라 석불로 불리는 오석불은 고려 시대의 불교가 어떤 형태로든 오늘의 불교 속에 남아 있음을 보여주는 증거물임이 틀림없다.

고려 시대에 불교는 국교國敎였기 때문에 승려는 지방 호족이나 관료 등 지배 계급에 속했다. 그러므로 팔관회를 비롯해 불교적 색채의 집회나 종교 의식이 정기적으로 이루어졌으며, 많은 예술 작품이나 연행에도 그러한 영향을 두루 미쳤다. 그것이 소위 고려 귀족불교가 완성한 불교 문화이다. 그러나 건국 초기에는 백제의 유민들과 벼슬과 재산을 빼앗긴 호족들이 남몰래 저항 의식을 키우고 있다. 가슴속에 부서진 '미륵불'들을 하나씩 품고 있던 것이다. 미륵이 언제부터인가 저항의 상징물이 되자 고려 조정은 이들을 달래기 위하여 곳곳에 덩치 큰 미륵들을 세워주었다. 그것이 고려시대 사찰에 세워진 미륵불들이며, 제주의 동서 복신미륵도 그런 맥락에서 세워진 것으로 생각된다. 변방 소외 계층의 민간 신앙을 국가가 수용하여 절을 짓고 거기에 세워준 미륵세존이 그것이다.

제주시 회천동 화천사 경내에 있는 '오석불' 또는 '석불여래'라는 다섯 개의 석불과 그 신들을 보좌하는 산신 및 용왕까지 모두 일곱 개의 자연석이 있다. 이 석불들은 고려 시대 국가가 지정하고 보호한 사찰의 미륵이 아니다. 민간 신앙 속의 미륵이 절간 안에 들어오면서 석불여래로 변한 것이다. 이 석불들은 아들을 낳게 해준다는 속신으로 유명해졌으며, 이러한 기자불공祈子佛供을 드리는 신도들이 많은 관계로 화천사라는 사찰이 세워지게 된 것이다. 절에 모시고 있어 석불이라 하지만, 그 기능으로 보아 다른 지역의 미륵과 다름이 없다. 이곳은 400여 년 전 마을이 생기기 훨씬 이전인 고려 시대부터 절이 있었다고 한다. 그 '절동산'에 지금의 태고종 화천사가 있다.

절 바깥에는 아무리 가물어도 마르지 않는다는 '새미물'이 있고, 이 샘터를 중심으로 처음 마을이 만들어졌다. 또 회천동은 이 샘물 덕에 미인과 훌륭한 인재가 많이 배출된다는 전설이 있다. 고려 시대의 석불은 절에 있었고, 이형상 목사 시절 당오백 절오백이 불에 타며 없어진 절터에는 석불만이 남아 있었다. 이 석불을 중심으로 마을이 이루어졌다. 지금은 마을의 석불을 중심으로 태고종 화천사가 생겼다. 석불은 고려 민중불교의 역사와 내력의 증거인 셈이다.

오석불五石佛은 상반신의 좌상으로 보이는 신상들이며, 크기는 85센티미터 정도 된다. 좌우에 좌정하고 있는 산신상山神像과 용왕상龍王像은 그보다 조금 작다. 동회천동에서는 예로부터 마을제를 드리는 대신 화천사 석불단에서 석불제를 지내왔다. 석불제의 신명神名은 '석불열위지신石佛列位之神'이며, 정월 초정일初丁日에 제를 지내는데, 제관 이외에 아무도 석불제에 참석할 수 없다. 석불제를 지내면 무병無病 · 포태胞胎 · 득남得男의 효험이 있다고 한다. 효험 자체는 여느 마을의 미륵 신앙과 유사하지만, 이 미륵 오석불을 모시기 위하여 후대에 다시 사찰을 지었다는 것이 특이하다.

제주도의 대부분은 미륵불을 민간 신앙으로 삼아 모시고 있지만, 회천동은 민간 신앙으로서의 미륵 신앙을 다시 사찰의 경전으로 들여와 불교화하였다. 그리고 회천동은 이 미륵을 모신 사찰 안의 석불단에 들어가 불교식 마을제를 지내는 유일한 마을이다. 여성들은 정월에 동회천 '새미하로산당'에 가서 목축과 수렵의 신인 '새미하로산또'라는 산신을 모시고 농사의 풍등과 육축의 번성을 위하여 당굿을 하고, 남성들은 불교식으로 석불단에서 마을제를 하여 득남과 무병장수를 빌고 있는 셈이다.

회천동은 고려 시대부터 목축을 주업으로 했으므로 오석불을 모신 석불단에는 수렵 · 목축신에 해당하는 산신미륵, 잠수 · 어업신인 요왕미륵龍神彌勒을 모시고 생업의 풍등을 기원하고 있다. 그리고 오석불이 마을을 지켜주기 때문에 옛날 호열자가 창궐하던 때에도 이 마을 사람들은 모두 무사하였다고 전해진다. 그러므로 석불미륵은 민중의 병을 고쳐주고 외부로부터 들어오는 환난과 전염병을 막아주는 구실도 하는 것이다. 특히 석불제가 다른 마을 포제와 다른 것은 제를 지낼 때는 석불에 송낙을 씌우고 종이 옷을 입히고 실로 허리를 맨다. 마을 사람들에게 석불은 가사와 송낙을 쓰고 백팔 염주를 목에 건 스님이거나 심방으로 그려지고 있다. 석불제는 명과 복을 이어주고 아이의 무병장수를 빌고 아기生佛 낳기를 비는 무속의 기자의례, 불도맞이굿의 '원불수륙제顧佛水陸祭'를 굿이 아닌 불교식 마을제라는 형식 의례로 행하고 있는 셈이다.

복신미륵 — 제주시 건입동 미륵밭「복신미륵 본풀이」

복신미륵福神彌勒은 아이 낳기를 비는 기자 신앙이나 집안에 복을 불러들이고 화를 없애는 재제초복災除招福의 기복 신앙, 농사의 풍등과 어로의 풍어 그리고 해상 안전을 기원하는 공동체 신앙의 요소를 지니고 있다. 이는 고려 시대 민중불교가 조선 시대에 이르면 읍성 밖의 소외된 하층 민중 생활 집단의 무속 신앙으로 이어져 전승되고 있음을 보여준다.

건입동 '지장깍동산' 복신미륵이 있는 밭을 '미륵밧彌勒田'이라 하고, 그 부근을 '미륵밧동네'라고 한다. 건입포 동쪽 언덕 건입동 1275번지 부근은 고려 시대의 만수사萬壽寺 또는 동자복사東資福寺라는 절이 있던 터이며, 여기에 복신미륵이 있다. 이 '동자복'이라는 '복신미륵'은 돌하르방보다 크지만 꾸밈 없이 소박하게 생겼다. 정성을 다해 빌면 소원을 성취한다고 한다. 노사신盧思愼의『신증동국여지승람新增東國輿地勝覽』, 이원진의『탐라지耽羅誌』, 담수계淡水契의『증보탐라지增補耽羅誌』에 따르면, 예전에 만수사 또는 동자복사가 제주읍 건입포健入浦에 있고 해륜사海輪寺 또는 서자복사西資福寺가 용담리 한두기[大甕浦口]에 있었다고 한다. 건입동에는 이 미륵을 잘 모시지 못하여 패가망신한 집안이 많고, 미륵으로 인하여 부자가 되거나 득남한 사례도 많다.

미여지벵뒤에 서서

미륵 신앙은 민간 신앙인 무속 신앙과 밀접한 관계가 있을 뿐 아니라 한 집안의 조상신으로 숭배되기도 한다. 명절이나 제사 때마다 치제하며 가끔 스님을 모시고 불공을 드리기도 한다. 이 미륵과 인연을 맺고 조상으로 모시는 집안은 건입동 산지 김씨 집안, 고씨 집안, 이씨 집안 등이다. 제주도의 미륵 신앙은 자연석이거나 복신미륵과 같은 석불을 대상으로 하지만, 신들은 이재, 풍어, 득남 등을 가져다주는 무속신적 성격이 강하다.

제주시 용담동 향교 북서쪽의 지명은 '부러리'이며 그 아래 북쪽을 '절동산'이라 하는데, 고려 시대에 지어진 해륜사라는 사찰터의 동산이란 뜻에서 붙여진 이름이다. 용담동 395번지 부근 일대를 말한다. 지금은 용화사라는 절이 있고, 용화사 경내에 미륵이 있는데, 이를 '서자복', 또는 '복신미륵'이라 한다. 아주 소박하게 만들어진 미륵으로, 여기에 정성으로 빌면 아들을 얻는다 한다. 이곳 사람들은 절동산에 있는 복신미륵을 '한두기 미륵보살 할망'이라 하며, 건입동에 있는 것을 '미륵 하르방'이라 한다. 이 동자복과 서자복은 음양, 동서로 마주보고 있다.

미륵 하르방은 읍성 밖에 사는 가난한 촌민들의 꿈을 이루어주는 미륵불로, 이곳에서 기도를 드리면 아들 못 낳는 사람이 아들을 낳는다고 한다. 용담동 일대의 주민들은 또 이 미륵불을 '큰어른'이라 부르기도 하며, 그 자비와 영험에 대한 신앙은 절대적이다. "미륵 부처는 덕이 있어, 궂은 일을 막아주고 아기 못 낳을 때 가서 빌면 득남도 시켜 줍니다." 하고 이야기하는 것으로 보면, 제주도의 미륵 신앙은 기자의례와 관계된다. 더구나 주민들은 악질惡疾도 이 미륵불이 막아준다고 믿는다. 서자미륵 옆에 있는 작은 미륵상은 특히 동자불이라 불리고 부인들이 거기에 걸터앉아 아들 낳기를 빌면 효험이 있었다고 한다. 특히 용담동 동한두기〔獨浦〕 마을에서는 마을 포제를 지내기 전에 용화사 미륵상 앞에서 돼지 머리를 올리고 미륵제를 지낸다.

당신미륵 — 구좌읍 행원리 「남당중의또 본풀이」

북제주군 구좌읍 행원리 해신당에는 남당하르방·남당할망과 '중의또'라는 신들이 좌정하고 있다. 이들은 모두 행원리의 어부와 해녀들을 수호해 주는 신이다. '중의또'에서 '-또'는 신의 존칭이므로 '스님'이란 뜻이 된다. 즉 '신이 된 스님'이다. 육지에서 들어온 스님이 마을의 당신으로 모셔지고 있는 것이다. 본풀이에 의하면, 중의또는 "아버지는 강원도, 어머니는 철산서 태어났다. 당도 절도 파락되어 살 길이 없어 제주도에 들어왔는데, 어디서도 대접받지 못했다. 오던 길에 배가 고파 마을에서 돼지고기를 끓인 국수를 얻어먹었다. 행원 마을에 와서도 육식을 했기 때문에 부정하다 하여 대접을 받지 못했다. 중의또는 풍운 조화를 부려 흉년이 들게 했다. 마을 사람들이 의논하여 중의또를 신으로 맞아들이기로 했다. 중의또는 마을에 절이 없으니 당에 좌정하겠다고 했다. 그리하여 마을의 어부와 해녀를 차지하고 있는 남당하르방·남당할망에게 문안을 드렸다. 이들은 돼지고기를 먹었으니 부정하다며 당의 제단 한 계단 낮은 곳에 함께 좌정할 것을 허락하였다. 그리하여 중의또는 신의 서열은 낮아졌지만, 마을의 어장과 잠수를 차지한 신이 되었다."고 한다.

행원 마을에서는 이러한 본풀이를 굿본으로 하여 당굿을 할 때 '남당중놀이'를 한다. 남당중놀이는 음력 10월 보름날 구좌읍 행원리 당굿에서 연행되는 굿중 놀이로, 마을의 잠녀와 어부를 수호하는 행원 남당의 하위신下位神이 돼버린 스님 '중의또'가 어떻게 해서 마을의 당신으로 좌정하게 되었는가를 보여주는 연극적인 놀이굿이다. 굿놀이의 대본이 되는 「중의또 본풀이」는 중이 돼지고기를 먹음으로써 승려의 계율을 파기하고 당신이 되었다는 '신이 된 스님'의 이야기이며, 승려의 신분을 유지하며 육식을 삼가는 것보다 승려의 직분을 포기하고 마을의 당신이 되는 불교 세속화 과정의 신화이다.

스님이 고기를 먹는다는 것을 부정적으로 인식하는 경우가 많은데, 그것은 조선의 지배 이데올로기가 억지로 만들어낸 것이다. 공부를 하려면 건강해야 하고, 건강을 유지하기 위해서는 가끔 고기를 먹는 것이 자연스러운 일이다. 그런데, 계율이라는 것을 강조하면서 유독 고기를 먹는 파계승을 '땡초'라고 한다. 이 말 속에는 역사적 유래가 있다.

고려가 망하자 이성계는 불교와 무속을 탄압하고 유교를 숭상하는 숭유억불崇儒抑佛의 통치 이념을 표방하였다. 이때 뜻 있는 승려들은 산으로 들어가 무예를 연마하며, 불국토를 건설하려 하였다. 그들의 무리를 '당치'라고 하였으며, 그들은 돼지의 기름을 씹으며, "성계 육肉을 씹는다."고 하였다. 스님이 고기를 먹는 것은 이성계의 고기를 씹는 의식이었고, 지금은 '당치'가 '땡초'라는 식으로 음이 전이된 것이다. 따라서 승려 집단의 불승이 계율을 파기하고 고기를 먹어 해촌의 당신으로 좌정했다는 것은 불교의 세속화임은 틀림없다. '땡초'라는 말을 통하여 스님을 비화하려는 부정적 인식이 작용하고 있는 것이 아니라, '당치'라는 원관념이 지니는 스님을 민중의 생업신으로 수용하려는 불교에 대한 긍정적 인식이 작용하고 있는 것이다. 중의또는 계율을 파괴한 속화된 신이지만, 민간에 가까운 '신이 된 스님'인 것이다.

당신마륵 — 구좌읍 하도리 면수동 「여씨삼성불도 본풀이」

북제주군 하도리 면수동의 당신은 여래불도如來佛道 또는 여씨삼성불도〔呂氏産神佛道〕라 하며, 그래서 본향당의 명칭도 '여씨불돗당'이라 부른다. 이 당에는 '머리타래'라며 당신이 생전에 땋은 머리채를 상자에 고이 싸서 모셔두고, 그 상자를 신의 몸〔神體〕 또는 위패처럼 모시고 있다. 이 당은 하도리 본향당에서 가지 갈라 온 당이기 때문에 하도리 본향당에서 갈려 나온 과정에서 당신의 성격이 어떻게 변하였는지를 알려면 우선 하도리 당부터 살펴볼 필요가 있다.

하도리 당신의 명칭을 보자. 남편 신은 고구려 때 부산(또는 단군 할아버지 때부터)에서 태어난 '도걸로 도집사'라는 외래신이며, 부인 신은 삼진산에서 솟아난 여래불도삼신전如來佛道産神前 할머니이다. 남신 '도걸로 도집사'는 도관노 도집사都官奴 都執事의 음이 변한 듯하다. '도都'라는 뜻은 마을 본향이라는 뜻이다. 관노官奴나 집사執事는 평범한 민중 아니면 민중의 장두, 영웅, 나중에 신이 된 사람이란 의미를 내

포하고 있는 이름이다. 그리고 여래는 석가여래, 불도는 불도할망, 즉 기자불공祈子佛供의 효험을 지닌 삼싱할망이라는 뜻과 통한다.

이들 두 신의 결혼은 마을이 이루어지고 불교와 무속이 융합되는 과정을 설명한다. 하도리「당 본풀이」에 따르면, 남편신 도걸로 도집 사가 어느 날 밖에 나가려 하니 할머니가 조반상을 차려왔다. 그런데 차려온 음식에 티끌이 들어 있었다. 화가 난 남편이 부정하다, 괘씸하다 하여 "너는 '바람 아래' 좌정하여 마을을 떠나는 사람에겐 이별잔, 마을에 들어오는 사람에겐 입주잔을 얻어먹고 살아라." 하며 쫓아버렸다. 쫓겨난 부인은 바람 아래 '각시당'에 좌정하였다. 그리고 하도리 각시당은 어부 해녀를 수호해 주는 해신당으로 변했다. 따라서 도걸로 도집사는 혼자서 천막을 치고 좌정하여 마을 자손들에게 명과 복을 이어주고, 아이 못 낳는 자손들도 불공을 드리면 아이를 낳게 해주는 본향당신이 되었다.

본풀이를 보면, 남신은 명과 복을 이어주는 수복신壽福神이며, 아이를 낳기 위하여 기자불공을 하면 산모에게 포태를 주는 산육신産育神이다. 여신은 불교의 영향과 함께 여승을 신격화한 이름인 '여래삼싱 불도'로 불리지만, 이름만 그렇지 각시당에 따로 좌정하여 어부 해녀를 수호하는 하위신으로 바뀌었다. '여래불도'라 부르던 삼싱할망에서 생업 수호신으로 바뀌는 것은 구좌읍 행원리 남당의 중의또와 마찬가지로 불교의 토착화 과정의 하나다.

여기서 알 수 있는 것은 하도리 삼싱불돗당 신화는 남신과 여신의 결혼 모티프를 통하여, 남신은 무속신이지만 기능면에서는 생불(生佛=아이)을 주는 산육신, 여신은 불교적인 이름을 통하여 불교가 토착화하여 어부 해녀를 수호해 주는 생업신으로 변하였음을 보여준다. 그리고 육지에서 들어온 불교와 제주의 토착 신앙인 당 신앙이 융합되는 과정을 자연스럽게 보여준다.

불교가 토착화되면서, 불교는 마을 사람들의 명과 복을 이어주고, 제주도의 산육신이자 치병신인 이렛당신처럼 생불과 포태를 주는 '삼싱할망' 신앙으로 변하였다. 그와 동시에 남신이 고구려 때 부산 땅에서 태어난 것으로 출생 연대를 신화 속에 밝힘으로써 적어도 불교가 오래전에 제주에 들어와 민중불교로 토착화되었다는 사실을 입증하기도 한다. 그런데 하도리 삼싱불돗당을 하도리 면수동 사람들이 가지 갈라 가면서 여리불도[如來佛道]라는 여신만을 모셔가게 되고, 이 여신은 하도리의 남신과 여신의 기능을 동시에 갖춘 수복·산육 및 어부 해녀를 수호해 주는 기능까지도 두루 갖춘 '여씨삼신할망'이 되었다. 신들의 기능이 통합한 것이다. 그리고 할머니의 '머리타래'라는 신체 일부를 신의 징표로 삼아 정중하게 모시고 있다. 즉 할머니는 사람이 신으로 모셔진 것이며, 그러기 때문에 여래가 아니라 여씨呂氏인 것이다. 이분은 육지에서 들어온 여승이며, 삼싱할망의 기능을 지닌 신이 된 사람이다.

그러나 하도리 면수동 당신 '여씨삼싱불도할망'이란 이름은 '여래如來'가 '여씨呂氏'로 바뀌었지만 불교적 색채를 그대로 지니면서, '삼싱할망'이라는 산육신의 기능도 함께 지니고 있다. 그리고 하도리 면수동의 당굿에서는 당신이 여리불도 또는 '여씨삼싱불도'라고 불리는 삼싱할망, 불도할망이기 때문에 사가의 굿처럼, 당굿에서 불도맞이를 하여 길을 닦고, 아이를 저승으로 데려가는 구천왕 구불법 구삼싱할망을 잘 대접하여 모든 부정과 액을 막는다. 이를 '서천꽃놀이'라 한다.

서천꽃놀이는 가제家祭의 불도맞이에서 행해지는 '구삼싱냄'과 놀이의 내용은 같으나 규모와 성격이 다르다. 제주도의 굿에서 아이를 위해 비는 불도맞이 굿은 불교적 색채가 가장 짙은 굿이다. 때문에 신으로 추앙된 여승인 여씨삼싱불도를 당신으로 모신 면수동의 당굿에서, 불도맞이처럼 불도할망(삼싱할망)이 오는 길을 닦아 모시고, 아이를 저승으로 데려가는 구삼싱 할망을 대접하여 제장 밖으로 쫓아내는 서천꽃놀이가 놀이굿으로 연행되고 있는 것이다.

서천꽃놀이는 제주도의 몇 안 되는 종이탈굿놀이 중 하나다. 서천꽃놀이의 놀이 방법은 굿중 놀이의 완벽한 형식으로 짜여 있다. 수심방이 제장祭場으로 '구삼싱할망을 불러 청해 들이면, 창호지 탈을 쓰고, 헌 갈중이 치마, 저고리를 입고, 지팡이를 짚은 소무(구삼싱 역)가 구천낭차롱(아기 인형과 흑걸레, 흑기저귀 등이 있음)을 흑멜빵으로 지고 구할망춤(이 춤은 관객의 웃음을 자아낸다)을 추며 제장으로 들어온다. 구삼싱으로 차린 소무는 악신惡神이면서도 그 가난하고 초라한 행색은 구경꾼들의 동정과 연민을 자아내게 한다. 그러므로 극 중에서 선신과 악신의 대립은 '부↔가난'의 대립으로 대응되고, 불쌍한 신〔邪·貧〕을 달래어 쫓는 의례로서 서천꽃놀이의 풍부한 해학성을 보여준다.

하도리 면수동 당굿의 서천꽃놀이는 일반 사가집 큰굿의 불도맞이에서 하는 '구삼싱냄'과 비슷하다. 다만 당신이 '여씨삼신불도할망'이기 때문에 본향당신을 청하는 것이 맞이굿에서 할망 다리를 놓는 과정과 유사하며, 놀이적인 여흥을 살리기 위하여 악신 구삼싱 할망이 종이탈을 쓰고 등장하는 종이탈굿놀이로 발전한 것이다. 그리고 가장 불교적 색채가 강한 '불도맞이' 굿이 마을굿의 여흥과 놀이적 성격을 살린 당굿에서 서천꽃놀이라는 종이탈굿놀이가 된 것이다. 서천꽃놀이는 1982년 하도리 면수동 당굿에서 연행된 적이 있으나 지금은 없어졌다.

여래불도 – 제주시 노형동 너븐드르 「불도할망 본풀이」

민간 신앙 속의 불교는 본향당신의 이름인 '여래불법'에서 그 영향을 찾아볼 수 있지만, 종교적인 의례나 관습에서는 찾아볼 수 없다. 제주 사람들은 불교를 아이를 낳고 기르는 이렛당[七日堂] 신앙, 아기 낳기를 비는 기자 신앙[祈子信仰]과 같은 것으로 간주해 왔다. 제주 전 지역에 분포되어 있는 이렛당은 단골 신앙민들이 음력으로 매달 7일, 17일, 27일 중 택일하여 당에 가서 아이를 낳게 해달라고 빌거나, 아기가 아프지 않고 탈 없이 잘 자라라고 빌거나, 아이의 몸에 난 피부병을 고쳐달라고 비는 당이다. 그리고 이러한 당의 당신을 일뤠할망이라 한다. 그리고 일뤠할망을 보통 삼싱할망 또는 불도할망이라 부르고 있다. 그렇게 생각하면 제주도의 거의 모든 당에 불교의 영향이 미친 것임을 알 수 있다.

하도리 면수동의 '여래불도'처럼 스님을 신으로 모신 형태로 남아 있는 본향당은 제주시의 신당 중에서도 많이 찾을 수 있다. 제주시 노형동 너븐드르[廣坪]의 본향당신은 '오도롱으로 가지 갈라온 송씨 할머

니 석가여래 불법 할머니'라 부른다. 당신의 이름을 보면, 송씨 성을
가진 여인이 불자이며 당신임을 알 수 있다. 그리고 그 기능은 '일뤠
할망'과 같다.

제주시나 애월읍 지역의 칠일신 일뤠할망은 모두 송씨 성을 가진
'송씨 할망'이라 부른다. 신의 이름에 성씨를 붙인 경우는 마을 신앙
민들이 성씨 집단으로 구성되어 있고, 그들의 신을 조상으로 생각하
기 때문이다. 마을의 설촌 조상인 당신과 신앙민들의 인연을 혈연적
인 것으로 삼아 그 계보와 서열을 만들려는 후대 사람들의 사고가 작
용했기 때문이라 할 수 있겠다.

제주시 노형동 광평리, 속칭 너븐드르의 당신은 송씨이며, 불승이
면서 산육신이란 의미에서 붙여진 '여래불법 할머니'이다. 이 신을 모
신 당은 제주시 이호동 오도마을, 속칭 오도롱의 당신을 모셔다가 세
운 당이다. 그러니 오도롱당의 당신도 역시 여래불법 할머니이다.

기록에 의하면 고려 시대에는 국당國堂이었지만 지금은 없어진 삼
도동 과양당[廣壤堂]에 모셨던 당신들 중에는 '스님 제석', '서역국 대부
인'이 있다. 조선 철종 때 없어진 용담동 내왓당의 당신 중에는 서천
서역국에서 들어온 상사대왕의 본부인인 '중전대부인[中殿位]'과 후처
인 '정절상군농[軍雄位]'이 있다. 또 남아 있는 당 중에도 용담동 ᄀ스
락당의 '여래불도', 용담동 궁당의 '불도또[佛道位]', 오등동 ᄀ다싯당의
'천신불도', 도두동 '활썬동산 스님제석', 이호1동의 '붉은왕돌 스님제
석' 등이 있다. 이처럼 '불도', '스님', '제석'이란 명칭에다 신의 존칭
접미사 '또'를 붙여 만들어진 이름들이 많다.

이러한 신들의 명칭은 불교의 영향을 직접 나타내고 있지만, 그 직

능으로 보면 불교가 세속화하여 아이를 낳고 기르는 칠일신 신앙으로 바뀌었음을 알 수 있다. 그리고 송씨 할망과 같이 마을 형성 과정에서 신의 명칭을 지연 조상으로 계보화하여 설촌設村의 역사를 보여주기도 한다. 특히 주목할 만한 것은 제주시 내왓당의 무신도로 남아 있는 열두 신들의 명칭과 출신이다. 무신도의 열두 신위 중의 서천서역국에서 들어온 상사대왕의 두 부인 중전대부인과 정절상군농는 모두 불도마누라이다. 서천서역국은 지금 식으로 말하면 인도이겠고, 불도는 불교적 명칭이다. 때문에 무신도를 보면 불교적인 색채는 전혀 없는 것 같지만, 무신도의 신들의 명칭에 불교가 전래된 흔적이 남아 있다는 것이다. 「내왓당 본풀이」에 나타난 서천서역국과 불도마누라에 불교가 인도에서 들어왔다고 유추할 만한 내용이 있다는 것이다.

제주의 민간신앙에는 고려 시대부터 불교의 영향이 강하게 나타난다. 여러 본풀이에 따르면 고려 시대의 대표적인 국당 과양당의 당신 오위전五位前은 금자광록태광성, 문수무량, 고수고천, 신산태산, 고산태오이며, 동편 스님 제석마누라, 선녀국대부인, 감찰지방관 등이 나온다. 또 내왓당 무신도의 12신들 중 불도마누라 그리고 너븐드르 본향당의 당신들, 송씨 할망 석카여리불법 할마님, 얼굴차지 벨금상 마누라님, 허물 내우는 ㅂ젯도 등도 있다. 이러한 신들을 모시고 있는 제주시의 신당들은 여러 신을 함께 모신 다신합좌多神合坐의 신당이다. 이 신들은 한라산의 산신, 하늘의 천신, 외국의 마마신, 바다 용궁의 신, 서역에서 온 여래불법이다. 따라서 신당에 좌정하고 있는 신들을 통하여 제주 문화 복합성, 제주 민간 신앙의 다신론적 성격을 알 수 있다. 제주도의 민간 신앙은 불교를 비롯하여 도교와 무속까지 혼합된 다신론적 종교이다.

2° 태숫땅당본풀이

신과 인간이 모두 당오름에 내려와 물물교환하는 시장이 섰던 뿌리 마을 웃손당을 신앙의 성지라 한다. 제주시 구좌읍 송당리는 당 신앙의 메카이다. 예로부터 심방이나 마을 사람들은 송당리의 본향당신인 남편신 '소로소천국'과 처신 '금백주'를 당신의 원조이며 당 신앙의 뿌리라는 의미에서 "손당[松堂里]은 제주도 본향당의 불휘공[뿌리]이주." 하며 설명을 시작한다. 이 '손당'이 구좌읍 송당리이며, 송당리 당오름에는 금백주할망 또는 백주또라고 부르는 여신이 마을 본향당신으로 좌정하고 있다.

이 여신은 오곡의 종자와 송아지, 망아지를 가지고 서울에서 제주에 내려온 '농경신'이다. 이 여신이 한라산에서 사냥하며 떠돌아다니던 사냥꾼 소로소천국과 부부 인연을 맺고 살림을 시작하면서부터 제주 사람의 태를 묻은 태숫땅에 태초의 마을 송당리라는 마을이 생겼다.

미여지벵뒤에 서서

불휘공 — 송당리「금백주당 본풀이」

　서울 남산 송악산에서 태어난 금백주가 알손당 '고부니모를'에서 솟아난 소천국과 결혼하여, 아들 열여덟, 딸 스물여덟을 낳고 살았다. 옷, 밥, 젖을 달라 조르는 자식들을 기르기 위해 남편과 오봉이굴왓을 갈아 농사를 짓자고 약속하고, 남편 소천국에게 소 아홉 마리와 말 아홉 마리를 주어 밭을 갈게 하였다. 밭을 가는데 시주를 받으러 마을로 가던 스님이 소천국에게 점심밥을 달라고 하므로 밥을 주니 모두 먹고 달아나 버린다. 시장기가 난 소천국은 밭을 갈던 소를 때려죽여 구워 먹고 소 없이 쟁기로만 밭을 갈아 나간다. 소를 잡아먹고 몸으로 밭을 가는 남편을 보고 화가 난 금백주는 땅 가르고 물 갈라 살림을 가르자고 고함을 치며 이혼을 선포한다.

　쫓겨난 소천국은 고부니모를로 내려가 강진녕의 딸을 첩으로 얻고 농사를 포기한 채 사냥을 하며 살았다. 일곱째 아들이 자라서 일곱 살이 되니, 아버지 무릎에 앉아 수염을 잡아당기고 가슴팍을 치고 하니 불효하다고 무쇠설갑(鐵匣)에 담아 동쪽 바다에 띄워 버린다. 석함은 동쪽 바다 용왕국 산호수 가지에 걸렸고, 아들은 용왕의 셋째 딸과 결혼하여 용궁에 살게 되었는데, 밥을 너무 많이 먹었기 때문에 용궁에서 쫓겨나게 된다. 쫓겨난 아들은 강남국(중국)에 가서 난리를 막고 도원수(장수)가 되어 제주도에 돌아온다. 아들을 무쇠설갑에 넣어 쫓아버린 아버지는 달아나서 다른 마을의 당신이 되었다. 어머니는 아들에게 살 곳을 찾아가 인간 백성들에게 수명장수, 오곡풍성, 육축번성, 농사설비 시켜주라고 한다. 그리하여 자식들은 사방으로 가지를 뻗어 마을 단골들에게 낳는 날 생산, 죽는 날 물고 받는 당신이 되었다.

구좌읍 송당리 웃손당 「금백주할망당 본풀이」

백주할마님,

본산국[本鄕]이 어디이며, 시주낙향 어디이며,

본산국을 풀면(본풀이를 하면) 신산국으로 도내립서.

신산국을 풀면(신풀이를 하면) 본산국으로 도내립서.

본산국을 풀면 시주낙향으로 할마님 도내립서.

서울 송악산 남산서 할마님이 종금종금 설진 맘을 잠그듯

제주도 소천국님을 만나서, 아들 열여덟, 딸 스물여덟,

팔자 사주 몇 천 년 몇 만 년 도읍한다니, 드리[校來里] 와서 조련해서 종

금종금 내려와서, 이 손당 당머리에서 소천국님을 얻어 만나니,

아들 아기 열여덟, 딸 아기 스물여덟 태어나니 오망삭삭한 아기,

역은 아기는 옷 줍서, 두린 아긴 밥 줍서,

젖 먹는 아긴 젖 줍서, 오망삭삭한 아기들 위해,

남전북답 너른 밭, 이력대로 못하고, 소천국님이 백주할마님과 곰곰드

리 생각하되, 세경너븐드르[農土]를 돌아보니, 부지런한 사람은 농사가 천

하지대본이라. 어디를 돌아볼까 '오봉이굴왓' 돌아보니, 피씨도 석섬닷

말, 질새오리(보리씨)도 석섬닷 말 그 뒤로 좁씨도 석섬닷 말, 질새오리

지을 만하니, 오봉이굴왓 가니 별진 밭도 별이 송송하고. 달지는 밭도 달이 송송하였다. 아무렴 이 아기들 굶기지 않으려고, 황우로 밧갈쇠를 하는 염제신농씨가 낸 법으로서, 모락곳 농잠대(쟁기)를 차려 가지고, 밭을 갈아 농사를 지어, 이 가속 이 아기들 굶기지 않으려고, 어서 밭 갈러 가려고 백주할마님에게 점심밥이나 넉넉히 지어놓으라 하니, 예. 그걸랑 그리 하지요. 백주할머니는 나주 산 하얀 쌀을 씻어 점심밥을 짓고 생채를 마련하여 농잠대에 싣고 점심밥을 지어서 어리렁 떠리렁 오봉이굴왓 머세 위에 쉐질매까지 덮어두고, 점심밥 놓아두고,

　동쪽으로 한 쟁기 제치고, 서쪽으로 한 쟁기 엇 제치고 가노라니, 동개남 상저절[東觀音上佐寺] 삼베중이 당도 파락되고 절도 파락되니, 인간에 권재삼문(시주) 받아다가 헌 당 헌 절 수리하려고, 권재삼문 받으러 오다 보니, 밭 가는 거 구경은 아니 하고, 빠른 일이로구나. 한 쟁기만 갈고 가면 말주. 두 쟁기만 가는 걸 보고 가지, 어서 가야지 한게 밭 가는 걸 보니, 농사는 잘 못 할 것 같은 어른, 사람의 얼굴은 보니 관옥이요. 몸은 보니 어슥하고 풍성한 선관도사 같은 어른이, 밭을 가고 있으니, 았다. 이런 일도 있을까. 중의 대사님은 해를 보니 밤과 낮이 되었더라. 시장끼는 머져야 하니, 밭가는 선관도서님아. 권재삼문을 받으러 가려 해도 시장끼가 과히 나니 난 못가겠소. 점심밥이나 있으면 조금 주시오. 내 먹던 점심이라도 제반 삼술 거둬 제석할마님 위하고, 어서 삼시 숟가락으로 밥 한술이라도 뜨고 가시오. 쉐질매 가질 열어, 제반 삼술 거두고 제석할마님아, 남간 덴 어련죽 입간 덴 어련죽. 무쇠 정적궁 제겨줍서 하여, 제석할마님. 제반삼술 거둬 위해 두고 한 적 먹고 말지, 두 적 먹고 말지 한 게, 소천국님 먹을 점심을 몬딱 먹어버리니, 시장끼는 없어 시장끼는 멀렸으니 대서님은 할마

님한테 공에 목 걸리고 공은 공이라 등 걸리는 법이니, 이 밭에 먹을 이 대풍 열게 시켜줍서. 축원원정을 올려두고 스님 대서는 인간 세상으로 권재삼문 받으러 내려 와버리니, 이 밭 갈던 소천국님. 나올 때 쉐 세워 낮거리 되면 할망이랑 정출하러 올라오라고 해두고, 이리 보아도 헤뜩헤뜩하니, 시장끼는 점심참은 다 과히 난 쉐 세워두고 점심밥 먹자고, 쉐질매 가질 열어보니, 염치없고 염치없는 스님네 점심밥 모두 먹어버리니 곰곰드리 생각 생각하니, 앉아 생각 서서 생각, 아무리 생각해도 시장끼는 과히 나고, 이 밭은 갈아야 될 거고, 내 말 내 소 잡아먹은 거 쉐 도적놈 말 도적놈이라 하랴 밭 가는 베틀네 빼어내 모륵모륵 삼세번 때려 널름하게 죽여, 멩개낭 숯불 관관이 해다가 세베낭 가지 한 단 두 단 스물넉 단 받아 놓아, 익었는가 한 점, 설었는가 한 점 먹는 게 전부 먹고 이도 먹으니 큰창에 기별도 아니 간다. 어욱도 어욱머리 가서 보니, 배아래기, 등아래기, 감지뿌리, 달도로리, 황우 올라 밧갈쉐 있으니 이걸 채워 갈 듯 모락모락 그 쉐 대신 밧갈려고 몰았다 하나 막음이나 둘 먹음이나, 매치 일반이니 검은 쇠로 고울란 그거 가져다 먹고, 가죽 머리 둘이로다, 쇠머리도 둘이로다. 발톱 여덟 개 놓고 쇠 두 머리 먹은 장두는 피는 시내 방천해도 이밭 하나가 부치니, 양줓머리 뱃부기 대어 동쪽으로 한 쟁기 밀어 건다. 서쪽으로 한 쟁기 밀어 가노라 하니, 백주할마님은 청초를 하러 오라 하니, 가서 보니, 아따 밭 가는 소는 어디로 부려두고 설운 남편 더운 땀 단 땀, 한 땀 방울 땀, 흘리며 오그르르 더운 김 나게스리 밭을 밀어 간다 밀어 온다 하고 있으니 아따 설운 남편님아. 쇠는 어디로 부려두고 이 쇠를 갈고 있소. 그런 게 아니로다. 아까 신의 성방 말씀하듯 스님 대사 점심밥 먹어버려 조근조근 잃어지니 그 말 끝나자 말자 어염(구석)으로 바라보니 가죽 머리 둘이로다. 쇠머리도 둘이로다. 말 발톱 쇠 발톱 여덟 피로 시내방천되어서 아따 쇠도독놈, 말도둑놈인 줄 알았으면, 뭣 하러 아들 열여덟 나며 딸 스물여덟 나며 살리. 땅 갈라 가져, 물 갈라 가져, 어서 투 더럽다. 땅 가르라 물 가르라. 바람 아래로, 마바람 아래로 지나가 고부니ᄆ을, 알손당 고부니ᄆ를 가 좌정하여, 아차 네년은 난 쇠 잡아먹었다고 하고, 넌 잘 하는 게 뭐냐. 비루쟁이여, 당찬장이여, 옴쟁이여, 곰쟁이여, 물비리쟁이여, 당비리쟁이여, 너벅지시, 홍허물쟁이, 신이 눅어 갑니다. 신도 푼다. 석시로-

　　—고 박인주 옹 구송본(1982년)

북촌리 구지ᄆ를 「노ᄇ름한집당 본풀이」

　본산국(출생지)은 가릿당에서 솟아난 영산주 노산주 한라영산 금백주 세명주(송당 당신)의 아홉째 아들이다.

　밤에는 신불[神火]이요, 낮에는 연불[煙火]이요, 밤낮 주야를 막론하고 옥통수 소리, 글 읽는 소리, 비비둥둥 비비둥둥 피리, 날라리 부는 소리, 청천백일에도 노진벽력怒震霹靂 소리가 그칠 날이 없었다. 동복리 함덕리는 파도가 잔잔해도 없었던 풍우가 들어오고, 없었던 비가 솟아지고, 산으로 마소를 내몰면 아무런 이유 없이 다 죽어 가고, 마을 어른들은 급성急性이 많고, 어린아이는 경증驚症이 많고, 마을에 난데없는 풍운조화風雲造化가 많아 갔다.

　하루는 향회를 열어, "함덕리 동복리는 볕이 나서 날씨가 맑은데 우리 마을은 어찌하여 이럽니까? 농사를 지어도 피해를 주니 이거 이상한 일이 아닙니까?" 마을 책임을 맡은 기찰(譏察; 마을의 방범 사항을 맡아보던 소임, 지금의 경찰), 존위(尊位; 마을의 일반 서무를 맡아보던 소임), 으뜸(단체의 최고 책임자)이 말하기를, "어디 산에 묘를 잘못 썼는지, 한라산이나 돌아봤으면 좋겠소. 우리 마을을 향해 묘를 쓰지 않았는지? 어디 밖에서 온 대사를 묻지 않았는지?" 마을 사람들이 "대사가 왔다고 그럴 필요까지야 있겠습니까?" "송도松都가 망하려니 불가사의한 일이 생겨 망했다 하더라. 노승은 부술符術이 많다 하더라. 그러니 중이 왔는지 찾아보자고 하는 거다." 젊은이들이 말하기를, "그런 게 아니고, 가릿당 쪽으로 노진벽력과 피리 단자[短笛] 옥단자[玉短笛] 소리와 거문고 악기 소리가 나고, 비가 와도 그쪽으로만 옵니다. 우리 마을 사람이면 누구 할 것 없이 종종 밤낮 듣고 있습니다." 웃어른이 말하기를, "그게 아니다. 비가 와도 하늘에서 오는 것인데 난리가 나니 그쪽으로 들리는 것이지." 젊은 사람들은 그 말끝에, "우리 청년들이 나서서 순력巡歷을 돌아보겠습니다." "그럼 그리 해보게" 가릿당을 향해 가는 길에 피리단자 옥단자 소리가 귀에 쟁쟁 들려왔다. 거문고 악기 소리가 들려왔다. 일천 기덕(모든 악기), 일만 제기祭器, 울북울정(북과 징) 소리가 나는데, 날은 마침 저물고 있었다. 연불, 신불, 초롱불이 등성燈盛한 곳을 찾아가 보니 백발노장이 앉아 있었다. 삼백도리 진서냥갓(삼백회선을 감아 정교하게 짠 갓양태) 외올망건, 겹상투, 구리쇠 당줄, 호박풍잠琥珀風簪, 풍모 있는 얼굴, 넓은 갓끈, 입은 복장은 직령도포直領道袍, 한쪽 손엔 오행팔괘五行八卦를 짚고, 한쪽 손엔 단수육갑을 짚고, 앞에 받아 앉은 것은 삼천 장 벼루, 일천 장 한줌 가득 붓 아름 가득한 금책을 앞에 받아 앉았더라. 사람들이 가서 기침 소리를 나니,

붕에눈[鳳眼]을 부릅뜨고 삼각수를 거스르며 구리빛 주먹을 부르쥐면서, "귀신이냐, 생인이냐?" 벌떡 일어나면서. "예. 생인입니다." "생인이라면 어디서 온 생인이냐?" "예, 북촌리에 사는 청년입니다." "뭣하러 여길 왔느냐?" "우리 마을에 풍운조화가 많아, 찾아오는 길입니다." "그렇다면 물러가라. 때는 이미 늦었다." 응감하여 대답을 하지 않았다. 가만히 엎드려 있었더니 영감이 나서서 말하기를, "내 자손에게 죄를 준 것은 내 잘못이다마는 내가 이곳에 며칠 동안 있었던 줄 아느냐?" "저희들은 모르는 일입니다." "그렇다면 마을로 내려가서 아픈 아이든 뭣이든 간에 죽어서 사흘만 된 송장까지 다 지고 오너라." 죽은 사람, 아픈 아이, 마을 사람 하나 없이 다 가릿당으로 갔다. "다 엎드려라." 영감이 말하기를, "너희 마을을 설비해 주고, 인간번성 시켜주고, 농사농업 잘 되게 해주려고 오고 오는 것이 여기까지 왔다만, 무지한 것은 인간이라. 연불 신불을 켜고 노진 벽력을 하여도 알지 못하는 건 너희들 인간들이다. 왜 환영하러 나오지 않았느냐?" "무쇠솥에 화식 먹는 인간이 사리분별을 알겠습니까? 밥을 먹으면 배부른 줄 알고, 옷을 입으면 등 따신 줄은 알지만 인간이 무슨 분별을 알 수 있겠습니까? 제발 살려주십서. 그리고 어찌 된 영문인지 내력이나 말씀해 주십시오." "나는 웃손당[上松堂里] 금백주의 아홉째 아들이다. 옥황상제의 명령을 받고, 한라산 오백장군의 명령을 받아, '뒷개(북촌리) 가서 설비하라'하니 오고 또 오는 것이 여기까지 왔는데 너희들은 무관심하더라. 그러기 때문에 모진 광풍을 불러주고, 어른은 급성, 아이들은 경증을 불러줬노라. 소와 말을 쓰러지게 했노라. 농사를 망치게 했노라. 죽은 인간들도 죽은 것이 아니다. 내가 잠에 떨어지게 했노라. 너희들 눈에는 그렇게 보일 뿐이다. 앞으로는 소와 말에 풍운조화를 준 것은 다 번성

시켜 줄 것이다. 내 좌정처가 마땅치 않다.""어딜 가겠습니까.""저기 구지무를로 가겠다. 그곳에 앉아 천리를 보고, 서서 만리를 보겠다. 이후부터는 열두시만곡(모든 곡식) 많이 짓게 할 테니, 오곡 농사를 많이 하라. 어물어장도 설비하라. 소와 말도 많이 길러라. 오곡풍성 만물번성 육축번성 입신양명 인간번성 시켜주마. 섣달 그믐날엔 1년 열두 달 무사하게 넘겼습니다하여 계탁제를 해 올려라. 정월 열나흘 날이면 금년 무사태평 시켜주십사고 과세열명을 올려라. 그리고 강남천자국에서 영등대왕, 영등우장, 영등호장, 영등별감, 영등좌수 영등할망, 영등하르방이 제주에 산구경 물구경 올 것이다. 이월 열사흘날 영등대제일로 나를 찾아올테니 그건 별도로 손님 대접을 하여 일만 잠수들 영등신에게 사정을 해서 고동, 전복, 우무, 전각, 천초, 미역씨나 많이 주고 가십서. 배 하나 만들고 굿을 하면 일만잠수들 먹을 만 쓸 만할 것이다. 제주도에 여자 벌이로는 우리 북촌리가 배가 되고 남자 벌이는 반밖에 안 된다. 그리고 나만을 위해도 안 된다. 인간의 목숨이라 하는 것은 칠성님에 달려 있고, 복이라 하는 것은 제석님에 달려 있으니 상정월달에는 인간 목숨을 차지한 열 시왕을 청하고 인간의 명 차지한 명전대왕을 청하여 거리도청제를 하면 명도 복도 이을 수 있다. 이 어른들이 다 인간의 생명문서를 가지고 있다. 칠월 열나흘날은 동경테우리, 서경테우리, 남경테우리, 북경테우리 정이웃인정수남이 정술댁이 잘 위하면 우리 북촌리에 있는 우마, 일소장, 이소장이 가까우니 그리 가게 하지 않고도, 테우리 신들을 잘 대접하면 우리 지경으로 몰아다 준다. 그리고 마지막엔 심야삼경 깊은 밤이 되거든 맑은 음식 깨끗하게 남방을 향해 칠일 정성한 제단으로 4배를 올리면 산신대왕이 응감할 것이다. 이리하여 상단골, 중단골, 하단골이 정성하면 온 북촌 마을에 만수무강을 시켜주리다." 하시던 한집님입니다.

교래리「ᄃ리하로산당 본풀이」

웃손당[上松堂]은 금백주, 셋손당[中松堂]은 세명주, 알손당[下松堂]은 소로
소천국, 아들 아기 열여덟, 딸 아기 스물여덟, 손자는 삼백이른여덟. 큰아
들은 거머(상덕천리) 문곡성, 둘째 아들은 대정 광정당, 셋째 아들은 웃냇
기(신풍리), 넷째 아들은 광양당 오위전(이도동), 다섯째 아들은 열두신
위 내왓당(용담동), 여섯째 아들은 서낭당(성읍리), 일곱째 아들은 궤로
본산국(한동리), 여덟째 아들은 걸머리 큰도안전(아라2동), 아홉째 아들
은 글도 활도 몰라서 삼천백마와 늬눙이반둥갱이(토종사냥견) 거느려, 한
라산 올라가 살 한 대를 어승생 단골머리로 쏘고, 살 한 대는 태역장오리
로 쏘고, 살 한 대는 감목관동산(성읍리 지명)으로 쏘고, 살 한 대는 흑불
긴오름(교래리의 오름명)으로 쏘고, 살 한 대는 태역장오리, 살 한 대는 물
장오리, 살 한 대는 헤구무니(덕천리), 살 한 대는 대나오름(교래리의 오
름명), 살 한 대는 돔배오름(교래리 오름명)에 쏘아, 돔배오름에 좌정하여
천기지기天機地氣를 짚어보니, ᄃ리교래리 마을은 땅을 차지한 이도 없어,
존위尊位, 경민장警民長 불러다 "낳는 날 생산, 죽는 날 물고 장적 호적 문
서 꾸며 들이라" 하여 꾸며 드리니, 돔배오름에 서안상書案床 받아 이 마을
차지하시던 본도지관 한집님.

굴묵낭(느티나무) 목에 좌정한 옥당부인님. 산굼부리(교래리) 좌정하
신 고씨 할마님. 서당국서 일뤠중저. 아기마을(아기의 신) 상마을, 업개내

청(업저지신들) 거느려 오시던 세 본향 한집님 전에 부룹나이다. 섣달 그 믐날 계탁제, 정월 나면 대제일, 칠월 열나흘날 백중제 받으시던 어지신 한집님 전에 축원 올립니다.

　　—김오생, 『무속자료사전』.

본풀이 2

ᄃᆞ릿당 산신또는 송당 당신의 아홉째 아들로 삼천백마 일만초깃발 거 느려 한라산으로부터 산혈山穴 물혈[水穴] 짚어 보아 교래리 돔배오름에 올 라가 좌정하였다. 앉아서 보니 굴묵낭목 서안상 받아오시던 서당국서 큰 부인 고씨할마님, 방이오름에 서안상 불러오던 큰도안전 님이 좌정하여 있으니, 명암을 드리니(통성명을 하니) "언관도사 같은 양반님이 우리 같 은 이런 아녀자에게 명함은 무슨 명함입니까?" "당신에게 명함을 드릴 때 는 뭣 땜에 드리겠소?" "어관도사 같은 어른님은 바람 위에 좌정헙서. 우 리는 바람 아래 좌정하겠습니다."

올래 군문으로 산신대왕 산신백관 석석양애胃 석석간내肝 더운 혈血 단 혈血 진홍염(염통) 태두(콩팥) 벌집 좋아하던 신당한집, 애기마을 상마을 물비리 당비리 너벅지시 홍허물 불러주지 맙서. 신당 한집전이외다.

　　—김오생, 『남국의 무가』

<u>조천읍 와흘리 노늘한거리 「하로산당 본풀이」</u>

「노늘 산신당 본풀이」에 의하면, 이 당의 당신은 송당 당신의 열 번째 아들이라 한다. 이 신화의 내용은 삼성 신화와 비슷하다. 어머니는 오곡의 종자와 마소를 싣고 제주에 들어온 서울 정승 집의 따님 '백주 또'이고, 아버지는 한라산에서 솟아난 '소천국'이다. 백주또와 금백주가 결혼을 하여 아들애기 열여덥, 똘애기 스물여덥, 일가방상 삼백육십 가지가지 송이송이 벌어진 신도본향 한집이라 한다.

이 당의 신 열 번째 아들 '백주 도령'은 무식만 피하여 옥황에 올라가 삼천장 벼룻돌 일천장 먹을 갈고 아름 가득 금책, 한 줌 가득 금붓으로 공부를 하고, 백주 도령이 인간 세상에 내려와 한라산으로 물장오리로 태역장오리로 민오름 굼부리(분화구)로 큰지거리 족은지거리를 지나 바농뱅듸에 앉아 천리를 보고, 차차 내려와 임춘이ᄆᆞ르에 와 앉아 천리 보고, 서서 만리 보고, 또 차차 내려와 웃노늘(상와홀리) 개머리동산에 앉아 좌우 쪽을 살펴보다가 기시내오름 상상 봉우리에 올라가 외대바지 현씨玄氏 하르방이 있으니, 그 하르방에게 말하기를, "노늘 한거리 만년폭낭 아래 좌정한 게 누구냐? 서울서 정승 따님애기 좌정하였습니다. 이 명암을 거기 가져다주라. 명함 한 장을 서 정승 따님애기에게 갖다 주니, 어서 가까이 들어 옵서 하니, 백조 도령은 말을 하되, 우리 서로 부부간 맺어 같이 살자. 그리하여 노늘 한거리 만년 폭낭 아래로 함께 좌정하여 동네 웃어른들 다 청하여 우리 이리로 좌정할 테니 정월 열나흘날 대제일 해달라. 칠월 열나흘 대제일 하여달라." 하여 이곳에 자리를 잡고 좌정하셨다.

이곳의 남신(남편)은 백주 도령, 여신(부인)은 서정승 따님 아기이다.

뱀신 토산여드레또—표선면 토산리 「여드렛당 본풀이」

제주도 당 신앙에서 하나의 큰 축을 이루고 있는 여드렛당(ᄋᆞ드렛당) 신앙은 조선시대 정의현을 중심으로 이루어진 사신蛇神 신앙권의 당 신앙이다. 제주의 본향당 신앙이 중산간 마을 밭농사 지역의 문화와 한라산 산신 신앙에서 비롯했다면, 여드렛당 신앙은 본향당 신앙과는 달리 육지에서 들어온 외래신 신앙이다. 한반도 논농사 지역의 문화와 곡물신穀物神이나 부신富神으로 모시는 뱀 신앙이 제주에 들어와 여드렛당 신앙권을 형성한 것이다. 이는 조선 중기의 역사적 사건, 크게는 임진왜란과 작게는 제주 천미포 왜란과 밀접한 관련이 있다.

여드렛당 신앙은 무엇보다도 나주 금성산신이자 나주 고을의 곡창을 지키는 사신蛇神의 제주 입도가 중요한 신화적 의미를 지닌다. 금성산신은 두 개의 머리를 지닌 뱀, 한 아가리는 하늘에 붙고, 다른 한 아가리는 땅에 놓인 '천구아구대맹이'라는 큰 뱀이다. 이 뱀신은 금바둑돌, 은바둑돌의 형태로 토산리 출신 강씨, 오씨, 한씨 선주들이 진상 갔다 돌아오는 길에 제주도에 붙어 왔다. 선주들이 제주에 도착하자 이 여신 여드렛또는 행보를 달리했다. 여드렛또는 금성산을 지킬 때의 뱀의 모습이 아니라 이미 변신하여 가장 아름다운 미모의 여신이 되었다. 나주 금성산신의 제주 입도는 아름다운 여신의 입도였으며, 이 신이 좌정한 곳은 토산리 메뚜기ᄆᆞ루였다.

토산당의 당신은 여드렛또 이외에도 남신 브ᄅᆞ못도와 처신 일뤳도, 작은 부인 요왕국의 말녀末女까지 네 신위를 모신다. 이 토산당신의 남편신의 계보는 제주시 송당리의 당신 웃손당 금백주와 알손당 소천국

미여지벵뒤에 서서

사이에 태어난 삼남 표선리 당신 브르못도의 작은아들 '토산 섯앞빌레 브르못도'이다. 그의 처신은 '서당팟 일뤠중저'이고, 첩신은 '요왕황제국 막내딸'이다. 토산 알당 여드렛또는 제주에 입도하여 메뚜기ᄆᆞ루에 좌정해 토산리 처녀들을 지켜주는 나주 금성산 사신이다.

토산당이 본향당과 다른 점은 제일祭日이 본향당처럼 정월이 아니라 6월과 11월이라는 점이다. 제주 본향당은 정월 '신년과세제'가 중심이 되지만, 토산당은 6월과 11월의 당제를 통해 신앙 행위가 이루어진다는 점에서 제주 특유의 여드렛당 신앙권을 형성했던 것이다. 다시 말하면, 토산 일뤳당은 6월과 11월 7일, 17일, 27일에 당에 다니고, 토산 여드렛당은 6월과 11월 8일, 18일, 28일에 당에 다니며, 최근에는 이레와 여드레 이틀에 나누어 당제를 지내기보다는 이레나 여드레 하루에 당제를 마치는 형태로 바뀌고 있다. 그러나 토산일뤠당과 여드렛당은 나누어 생각할 수 없다. 토산당 신앙은 굿을 할 때 일뤠할망을 위한 굿 아기놀림과 여드레할망을 위한 굿 '방울품'을 하여 '토산당신놀림'을 하는 것처럼 동전의 양면을 이루어 토산당의 신앙 의례가 굿을 통해 존속·전승되었다.

여드렛당蛇神堂 본풀이는 일종의 농경 신화이며 미식米食의 식성을 가진 곡물신, 부신富神의 신화다. 토산「여드렛당 본풀이」의 두 번째 무대가 되는 곳은 제주도와 육지에 걸쳐서 오씨·강씨·한씨가 서울을 왕래하는 항해 중의 일이다. 그리고「토산당 본풀이」의 세 번째 무대가 되는 곳은 제주도다. 나주 금성산의 사신蛇神은 제주에 입도하면서 아름다운 미모의 여신으로 변신하여 온평리 본향당신 '맹오부인'에게 현신 문안을 드리고 좌정할 곳을 문의하였으나, 땅도 내 땅 물도 내가 차지했으니, 토산리 '메뚜기모루'로 가라 한다. 그리하여 아름다운 여신 여드레할망은 토산리 메뚜기모루에 와서 좌정坐定하였는데, 누구 하나 신으로 대접해 주는 이가 없었다.

여기서 알 수 있는 것은 금성산 뱀신[蛇神]은 입도 후에 마을 토주관 (본향당신)으로 좌정하려 하였다는 점이다. 제주도에 입도한 금성산의 사신은 두 번째 무대인 진상선을 타고 왕래하던 도중의 이야기에서 나타나는 풍우신風雨神 · 무역신貿易神의 성격에서 농경신 격으로 변화하고 있는 것이다. 입도 후에 이 사신은 미식米食의 농경신으로 신의 기능과 역할이 변하고 있으며, 아름다운 미모의 여신으로 그려지고 있다. 제주도 표선면 토산리의 완성된 여신 여드레할망은 미식 농경신이며 미모의 신으로 처녀의 순결과 정절을 지켜주는 처녀 수호신이다.

여드레할망이 토산리에 좌정했으나 누구 하나 신으로 대접해 주는 이가 없자 신은 화가 났다. 여드레할망은 바람을 일으켜 왜선을 난파시키고, 왜구로 하여금 토산리의 처녀, 오씨 아미를 왜구에게 강간당해 죽게 하고, 이 처녀의 원령이 강씨 아미, 한씨 아미에게 빙의하여 병들게 만들어 버린다. 따라서 여드레할망은 재앙신災殃神으로 두려움의 대상이 되어 비로소 토산당 본향당신으로 모셔지게 되었다. 오씨 · 강씨 · 한씨 집안에서 조상신으로 모시고, 나아가 토산리 마을 사람 전부가 위하는 본향신이 되었기 때문에 마을의 단골 조직도 오씨, 강씨, 한씨 차례대로 상중하 단골로 삼게 되었다.

여드렛당 신앙은 어머니가 시집가는 딸에게 물려주는 내훈內訓과 같은 것이다. 동남아시아 농경 사회, 그것도 벼농사 지역에서 뱀은 풍요 다산의 신이며, 곡물의 수호신이며, 부의 신으로 숭배되었다. 뱀은 땅

　　　　　　　　　　　　　미여지벵뒤에 서서

에 있고 습지를 좋아하기 때문에 토지신土地神, 수신水神으로 관념한다. 그러나 제주 사람들은 뱀을 신성하고 두려운 존재로 여기며 집안에 부富를 가져다주는 '부군칠성'이라 하여 잘 모신다. 또 제주 사람들은 뱀을 마을의 수호신이라 생각하며, 민중의 저항을 상징하기도 한다.

『동국여지승람東國輿地勝覽』에는 한경면 고산리 차귀당의 뱀에 관한 기록이 있다.

봄과 가을에 광양당, 차귀당에 남녀가 모여 주육을 갖추어 신에게 제사하였다. 또 이곳은 뱀과 지네가 많은데, 그중에서도 회색 뱀만 나타나면 차귀신이라 하여 이를 죽이지 않는다. 차귀당에서는 사신을 모신다. 뱀들은 벽과 기둥에 또아리를 틀고 있다. 이 뱀들은 굿할 때 나타나지 않아야 길하다고 생각한다. '차귀遮歸'는 '사귀蛇鬼'의 잘못이다.

又於春秋 男女群聚 廣壤堂遮歸堂 具酒肉祭神 又地多蛇虺蜈蚣 若見灰色蛇 則以爲遮歸之神 禁不殺. 俗祀蛇鬼. 屋壁樑礎 群蛇盤結. 祭時以不現爲祥. 遮歸字卽蛇鬼字之誤.

『동국여지승람』에는 제주의 대표적인 신당으로 사신당蛇神堂인 차귀당遮歸堂과 산신당인 광양당을 들고, 해마다 남녀군취男女群聚하여 당굿을 한다고 이야기한다. 또 한라산 호국 신사神祠의 산신인 광양당신이 '물혈'을 끊고 달아나는 호종단胡宗旦을 죽였다는 이야기도 실려 있다. '귀 돋은 회색 뱀'을 차귀신이라 하여 죽이지 않으며, '차귀遮歸'는 '사귀蛇鬼'를 잘못 적은 것이라 하였다. 차귀당의 당신명은 지금도 '법서 용궁 유황용신'으로 용신龍神이라 하니 사귀蛇鬼임은 분명하지만, '차귀遮歸'는 현지 지명이 '자구내'이기 때문에 '자구'를 한자로 적어 '차귀遮

歸라 하였을 것이다.

　차귀당은 제일이 축일인 당이며, 축일당신은 한경면과 한림읍 등지에 분포된 목축 · 농경신이다. 그런데 차귀당은 『동국여지승람』을 보면, 한라산신을 모신 광양당과 함께 '귀 돋은 회색 뱀'을 모신 뱀당으로 제주도의 대표적인 신당이다. 그런데 '차귀遮歸'라는 지명에 대해 '사귀蛇鬼'를 잘못 적은 것이라 했는데, 이는 후대에 와서 차귀 신앙이 전도에 분포된 사귀 신앙이라는 커다란 오해를 가져왔다. 일본인 학자 아키바 다카시는 이를 토대로 차귀遮歸 · 지기知歸 · 서귀西歸 · 방의旌義도 모두 '사귀蛇鬼'의 와음訛音으로 보고, 제주도를 '사귀 신앙권', 즉 '차귀 문화권'이라 주장하기에 이르렀다.

　귀 돋은 뱀을 '차귀지신'이라 했다면, 차귀당의 신이 사신蛇神이라는 말이다. 그리고 '차귀遮歸'는 본디 이름인 '자구내'를 한자로 적은 것이며, '차귀포' 즉 '자구내'의 신이란 뜻이 되는데, '차귀遮歸'가 '사귀蛇鬼'라면, '차귀지신'은 '사귀蛇鬼'라는 신이 되어 "귀 돋은 뱀을 보면 사귀신蛇鬼神이라 여겼다."는 이상한 풀이가 된다.

축일할망 정좌수 따님애기 ― 금악리 거머들 「금악당 본풀이」

　한림읍 금악리의 「금악당 본풀이」는 사냥을 하던 수렵신 황서국서와 농경신인 정좌수 따님이 결혼하여 금악 마을의 당신이 된 유래를 설명하는 신화다. 본풀이에 따르면, 정좌수의 딸이 아버지와 함께 살다가 처녀로 아버지의 임종을 맞게 되었다. 아버지가 마지막 잡은 노루〔角鹿〕의 간을 약으로 쓰겠다고 했다. 딸이 횟감을 썰다가 한 점을 떨어뜨렸는데 줍지 않고 내버렸다. 아버지에게 횟감을 가져가니, 아까운 횟감을 버렸다고 욕을 하며 힘든 사냥으로 겨우 노루를 잡던 이야기를 들려주고 죽는다.

정좌수 따님아기는 아버지를 묻고, 아버지가 사냥하던 발자국을 따라 한라산으로 올라갔다. 한라산에 올라가다 길을 잃고 추위와 굶주림으로 사경을 헤매던 중 연기가 나는 바위굴(궤)을 발견하고, 거기서 사냥꾼 황서국서를 만나 그의 도움으로 목숨을 구하게 되었다. 황서국서가 그간의 사정을 물으니, 아기씨가 자초지종을 얘기하자, 황서국서는 정 좌수와 같이 사냥하던 얘기를 들려준다. 황서국서가 산 위에서 노루를 아래로 몰면 정 좌수가 쏘아 맞추고, 아랫목에서 못 맞추면 위로 몰아 황서국서가 이를 쏘아 맞추면서 함께 사냥을 했다는 것이었다.

둘은 눈이 맞아 결혼을 하고 한라산을 내려왔다. 산을 내려 금악오름에 와 좌정할 곳을 살펴보았다. 부부는 금악오름이 너무 높아 자손들의 제물 공연을 받기 어렵겠다고 생각하고 오름 아래 좌정하기로 하였다. 오일당午日堂 알당〔下堂〕 밭 '당동산'에 가보니 말뼈가 널려 있었다. 남편은 노루를 쏘았기 때문에 당동산에 남겨두고, 정좌수 따님아기는 '뜨신무들(＝지명)'에 축일丑日 한집으로 좌정하여, 아들, 딸 송이송이 벌어졌다 한다. 금악리 당신의 계보를 살펴보면, 아들 간 데 열여덟, 딸 간 데 스물여덟, 손자孫子 방상 일흔여덟으로 뻗어나가 이웃 마을의 당신으로 좌정하였다.

큰아들은 '종구슬 고완이', 둘째 아들은 '명월 하원당', 셋째 아들은

'널개', 큰딸은 '저지 허리궁전', 둘째 딸은 '느지리 캐인틈', 셋째 딸은 '매와지 삼대바지'에 좌정하여 마을의 당신이 되었다고 한다.

금악리의 「당 본풀이」는 당신의 계통을 설명해 준다. 아들 딸 손자가 마을을 떠나 좌정처座定處를 정하고, 다른 마을의 당신이 되었다는 것이다. 딸들이 마을을 떠나는 경우는 다른 지역의 남자와 결혼하여 출가하는 것이다. 당 신앙은 시어머니에게서 며느리로, 또는 어머니에게서 딸에게 계승되며, 결혼은 단일 성씨 집단이었던 초기에는 다른 마을로 떠나 사는 원인이 되었기 때문에 마을의 형성보다도 신앙과 문화의 전파 역할을 하였다. 이러한 아들, 딸들의 이동이 손자에게 이르면, 제주도의 상당한 지역에 금악리와 비슷한 생산 기반과 신앙을 토대로 한 신앙권, 경제권, 통혼권역이 형성되고 새로운 역사가 만들어지는 것이다.

금악계 신들의 좌정 계보도를 살피면 다음과 같다.

오일당(남편): 황서국서 = 정 좌수 뜨님: 축일당(妻)

　　↓

「아들」「딸」

첫째 종구슬 고완이, 첫째 저지 허리궁전

둘째 명월 하원당, 둘째 느지리 캐인틈

셋째 널개, 셋째 매와지 삼대바지

넷째 금악 갯거리 아미당

금악리 당 본풀이를 정리해 보면 다음과 같다. 첫째, 남편 신은 수

　　　　　　　　　　　　　　　미여지벵뒤에 서서

렵신이고, 처신은 농경신이다. 둘째, 신들의 결혼은 마을의 설촌과 농경 정착 생활의 시작이다. 셋째, 남편 신은 육식肉食의 신이며 처신은 미식米食의 신이다. 넷째, 부부 신은 결국 식성의 갈등으로 별거한다. 신들의 별거 또는 이혼은 "땅 가르고 물 갈라 살림 분산하자"는 것으로 생업에 따라 두 개의 신앙권으로 분리되는 결과를 초래하였다. 즉 목축을 하는 사람들은 오일당에 가며, 농사를 하는 사람들은 축일당의 당제를 한다. 다섯째, 신들의 자손은 송이송이 뻗어나가 새로운 마을의 당신이 되었다. 여섯째, 아들 간 데 열여덟, 딸 간 데 스물여덟, 손자 간 데 일흔여덟이다. 일곱째, 나는 날 생산 차지, 죽는 날 물고 · 호적 · 장적을 차지한 당신이 되었다.

피부병신 일뤠할망—서당국서 일뤠중저 송당리 금백주 할망의 「딸 본풀이」

송당 당신 '백주또'는 한라산에서 솟아나 사냥을 하며 사는 소천국과 결혼한 농경신이다. 이 여신은 육지에서 오곡의 종자와 송아지 망아지를 가지고 왔으며, 아이들을 키우기 위해 "농사를 짓자."고 남편 신에게 제의한다. 농사는 농경 문화의 시작이다. 수렵신인 남편 소천국이 밭을 가는 데 써야 할 소 아홉 마리, 말 아홉 마리를 다 잡아먹어 버렸기 때문에 화가 나서 남편과 살림분산〔離婚〕을 한다. 마을 사람들은 이 여신을 '맑고 맑은 조상', 육식을 하지 않고 '미식米食'을 하는 깨끗한 여인, 부정하지 않은 여인으로 관념화하고 있다. 따라서 제주인들의 미의식 속에서 백주또 여신은 육식을 부정하는 미식米食의 농경신, 부정하지 않은 '맑은 조상'이다. 이런 상징성을 통하여 '육식 금기肉食禁忌'라는 농경 사회의 규범을 만들어낸 것이다.

서당국서 일뤠중저 또는 간단히 일뤠또(할망)라는 여신은 아이를 낳고 길러주며, 아이의 피부병을 고쳐주는 요왕국의 셋째 딸이다. 이 여신이 좋아하는 음식은 생선, 달걀, 돌래떡, 미나리 청근채 등 미식, 채식이다. '삼싱할망'과 같이 산육·치병신이기 때문에 '깨끗한 여신'으로 마을 사람들은 생각한다. 특히 이 여신이 좋아하는 삶은 달걀을 신에게 바침으로써, 허물이나 옴이 붙은 아이의 병든 피부가 달걀 껍질 속과 같이 미끈한 피부를 재생시켜 준다는 주술적 의미를 지닌다.

축일할망—금악리 당신 '또신ᄆ들 축일할망'의 딸들

축일당과 오일당은 한림읍과 한경면 지역에 분포돼 있다. 이 신당들을 조천읍, 구좌읍 등 한라산 북쪽의 동부 지역과 비교해 보면, 오일당은 송당계 산신山神과 유사하며, 축일당은 송당계 여신 '서당국서 일뤠중저'라는 이렛당처럼 농경신이며 산육·치병신이다. 다시 말하면 축일당계丑日堂系는 한라산 북서쪽 지역의 한경면, 한림읍을 중심으로 대정읍 일부 지역과 애월읍, 제주시까지 분포된 농경신의 당이다.

금악계 당신의 아들 신은 대개 송당계 수렵·목축신과 유사한 오일당계의 당신이며, 이들이 좌정하고 있는 신당은 '물날(午日)'에 제를 지내는 '오일당'이다. 그리고 금악계 당신의 딸 신은 축일당계의 농경·목축신으로 이들이 좌정하고 있는 신당은 '쉐날(丑日)'에 제를 지내는

미여지벵뒤에 서서

'축일당'이 된다. 금악리의 당신인 남신인 '황서국서'는 '하로산또'라는 한라산의 수렵신이며, 그의 처신은 '호근이ᄆ루' 정좌수의 딸로 농경신이다. 제일이 오일午日인 것은 사냥에 필요한 말[馬]과 관련이 있고, 축일丑日인 것은 농사에 필요한 소와 관련되기 때문이다. 이에 이곳의 제일도 신의 직능이나 성격과 관련하여 축일과 오일로 정해진 것이다. 축일신계 본풀이에도 임신 중 육식 금기 파기로 인하여 남신과 별거, 피부 병신이 되는 모티브가 따른다.

금악계 농경신 축일할망당

당 이름	식성	직능	형태	여신명
매와짓당(한경면 조수리 본향)	미식	농경신	독좌	축일할망
용선ᄃ리 일뤠당(한경면)	돈육	농경신	독좌	일뤠중저
종애물 여드렛당(한경면 저지리 수동)	돈육	농경신	독좌	여드레또
골새왓축일본향(한경면 용수리 본향)	미식	농경신	독좌	축일한집
두미 축일본향모(한경면 두모리 본향)	미식	농경신	합좌	축일한집
널개 손도물축일본향(한경면 판포리 본향)	돈육	농경신	별거	축일한집
명월하동 축일당(한림읍 명월 본향)	미식	산육신	별거	축일한집
느지리캐인틈당(한림읍 상명리 본향)	미식	농경신	독좌	축일한집
명월하원당(한림읍 명월하동 본향)	미식	농경신	독좌	축일한집
ᄯ신ᄆ들 축일한집(한림읍 금악리 본향)	미식	농경신	별거	축일한집
종구실고완이축일한집(한림읍 상대리 본향)	미식	농경신	독좌	축일한집

축일당은 농경신의 당이다. 농경신의 당은 위치상으로 보아 전답형 田畓型 · 동산형[丘陵型]이 많고, 천변형川邊型 신당이 그다음으로 많다. 그리고 산육 · 치병의 여신이 산신山神과 부부신으로 좌정하고 있는 경우, 그 좌정하고 있는 형태에 따라 다신합좌형 · 이당별거형 · 동당이좌형 · 이당독좌형 · 동당이단형 · 동당분지형으로 나눌 수 있다.

동당동거형同堂同居型은 부부신이 혼인하여 함께 좌정하고 있는 신당의 형태이다.

이당별거형異堂別居型은 부부신이 이혼하여 따로 별거하고 있는 신당의 형태이다.

동당이좌형同堂異坐型은 부부신이 등을 돌려 당내堂內에 따로 좌정하고 있는 형태이다.

이당독좌형異堂獨坐型은 처녀신이 홀로 좌정하고 있는 신당의 형태이다.

동당이단형同堂異壇型은 같은 당에 동성同性의 여신을 둘 이상 모신 신당의 형태이다.

동당분지형同堂分枝型은 같은 당에서 가지를 갈라다 따로 모신 신당의 형태이다.

한림읍 금악당의 '정좌수 따님애기'라는 여신은 축일할망이며 농경신이다. 이 여신의 자녀 신들이 좌정한 마을에는 축일당들이 있다. 한경면과 한림읍에서 애월읍까지 분포하고 있는 축일당을 살펴보면, 한경면 저지리 '허릿당'의 여신이 돼지고기[豚肉] 식성을 가진 여신이다. 그리고 한경면 판포리 등 해촌 마을로 오면, 임신했을 때 돼지 금기를 지키지 않아 바람 아래 좌정한 풍하신風下神으로 산육과 피부병의 신이 된다. 그러나 대부분의 축일당 신은 '맑고 맑은 조상신'으로 농경신들이다.

피부병의 신 웃토산 「일뤠할망 본풀이」

웃손당 금백주와 알손당의 소천국 사이에 태어난 일곱째 아들이 불효하다 하여 무쇠 석함에 담아 바다에 던져버린다. 석함에 갇힌 소천국의 칠자七子는 용왕국에 이르고, 용왕의 셋째 딸과 혼인하여 살았으나 식성이 과다한 때문에 용왕국에서 쫓겨나 고향으로 돌아온다. 살아 돌아온 아들을 보고 달아나다 부모는 정살에 부딪히고 콩깍지가 눈에 들어 눈병을 앓는데, 용왕의 딸(일뤠할망)이 청부채를 흔들어 눈병을 고쳐준다.

부모가 따로 나가 살라 하므로 용왕국의 딸은 웃토산에 가 좌정하였는데, 누구 먹으라 쓰라 하는 이 없고, 남편은 한라산에 올라 오백장군의 딸을 첩으로 얻어 사냥을 하고 살면서 돌아오지 않는다. 임신한 용왕국의 딸은 한라산으로 남편을 찾아가다가 목이 말라 돼지 발자국에 고인 물과 돼지 털을 끄을려 먹고, 그 때문에 부정하다고 남편에게 쫓겨나 마라도로 귀양정배 된다. 첩이 그만한 일로 본처를 귀양 보내느냐면서 큰 부인의 귀양을 풀러 가보니, 아들 칠형제를 낳아 있으므로 이들을 데리고 돌아오게 되는데, 작은 부인은 산으로 큰 부인은 해변으로 헤어져 가다가 나중에 만나기로 한다. 두 부인이 다시 만나 아이들을 점고해 보니 한 아이를 잃어버린 것이었다. 아이를 찾고 보니 띠밭에 뒹굴어 물비리 당비리(옴병), 허물, 눈병이 걸려 있었다. 잃었던 아이를 찾아 병든 아이를 고치고, 우는 아이를 달래고 열심히 기른다. 부인과 소첩은 토산 웃당 일뤠당신이 되고, 아버지와 자식들은 각 마을 본향당신이 되었다.

애월읍 송씨 할망계 일뤠당─광령1리 자운당 「송씨자매당 본풀이」

이 당에는 '송씨 아미' '송씨 도령'이 좌정하고 있다. 오누이처럼 나란히 서 있는 두 팽나무 밑에는 두 개의 화강암 석판이 연이어 놓여 있어 제단을 만들고 있는데, 동쪽 굵은 팽나무 밑이 누이 '송씨 아미'의 제단이고, 서쪽의 것이 '송씨 도령'의 제단이다.

"천년지 폭낭, 만년지 폭낭, 금폭낭 아래 좌정하시던 송씨 아미, 송씨 도령 들어오면 드는 본향, 흩어지면 각서 본향"이라 하였고, "올라 송씨 부인 내려 송씨 도령"이라 한다. 제주의 신당 중 남녀 합좌(오누이 합좌)의 유일한 당이다.

여신 송씨 아미, 남신은 송씨 도령 이 두 오누이 신은 사랑의 신이며, 생불의 신이며, 피부병을 고쳐주는 신이다. 송씨할망당은 제주시 지역으로는 오라, 노형, 연동, 광평, 해안, 도평, 도두, 그리고 애월은 대부분의 지역, 그리고 한림 지역은 귀덕리까지 분포돼 있는 '서당국서 일뤠중저' 즉 아이를 낳게 하고 아이를 길러주는 산육신이며, 피부병을 고쳐주는 신이다.

　　　　　　　　　미여지벵뒤에 서서

광령올레의 신들 중 광령1리 자운당은 오누이가 함께 좌정하고 있는 남녀합좌형의 신당이다. 결혼할 수 없는 오누이가 동일한 기능을 지닌 산육신으로 같이 합좌하고 있는 것은 어떤 의미를 담고 있을까? 결혼 · 별거 · 이혼하는 부부가 아닌 '오누이의 사랑'으로 완성되는 산육신의 능력은 송씨 아미의 아이를 낳는 능력, 송씨 도령의 아이를 키우는 능력으로 분담되고 있다. 그리고 남녀 신의 피부병을 고쳐주는 기능도 그들의 생활 습관에 따라, 마을의 사정에 따라 분담되고 있다.

여신 '송씨 할망'은 고기를 먹는 육식의 남편 신들을 부정하다고 내쫓는다. 그러면 남편 신들은 '바람 아래 좌정'하게 된다. 사냥 · 목축을 관장하는 산신山神과 농사와 산육産育을 맡은 여신 '송씨 할망'의 갈등은 결국 살림의 파탄을 가져와 땅 가르고 물 갈라 따로 살림을 차리게 되면, 신당은 하르방당과 할망당으로 갈리게 된다.

상귀리 황달궤당 「송씨할망당 본풀이」

애월 지역의 신당들은 대부분 '송씨 할망', '축일한집', '서당국서', '일뤠중저'라 부른다. '송씨할망당'을 살펴보면, 광령1리 자운당 송씨 할망, 광령2리 이숭굴당 송씨 할망, 수산리 서목당 송씨 할망, 구엄리 모감빌레당 송씨 할망, 중엄리 당동산일뤠당 송씨 할망, 신엄리 큰당 브름웃도 송씨 할망, 금덕리 검은대기 남당밧 송씨 할망, 금덕리 유수암 당아진밧 송씨 할망, 동귀리 제신당 송씨 할망, 하귀리 도코릿당 송씨 할망, 상귀리 황다리궤웃당 송씨 할망, 하가리 오당빌레 송씨 할망, 납읍리 돗당 바구사니우영 송씨 할망, 어음리 비메닛당 송씨 할망, 소길리 당팟 송씨 할망, 곽지리 과오름 일뤠당 송씨 할망, 봉성리 구머릿당 송씨 할망 등이다.

이들 송씨할망당은 '서당국서 일뤠중저', 즉 아이를 낳게 하고 길러주는 산육신이다. 그리고 이 신들은 남편 신인 산신山神들과 갈등 관계에 놓여 있다. 이와 같이 신들이 결혼·별거·이혼하는 화소話素들이 신당의 형태와 어떤 관련이 있으며, 신들의 사랑과 갈등이 마을 사람들의 생활에 어떤 '문화의 수수께끼'를 가지고 있을까?

애월읍 상귀리의 황다리궤당은 소앵동 서쪽 300미터 지점, 냇가 밭 안에 있는 당이다. 큰 바위 궤가 있고 작은 층계를 따라 내려가면 거기에는 큰 궤〔巖窟〕가 있는데, 안에는 여신을 모시고 당 입구 작은 바위 틈새에는 남신을 모시고 있다. 황달궤당의 부부 신은 송씨 할망과 강씨 하르방으로 낳는 날 생산을 차지하고, 죽는 날 물고物故, 장적(저승의 호적), 호적戸籍, 인물 도성책을 차지한 신이다.

본풀이를 보면, 송씨 할망은 안쪽 큰 제단에 모시고, 강씨 하르방은 바깥쪽 작은 제단에 모셨으며, 이들 당신은 마을 사람들의 생산 활동과 마을에서 발생하는 뜻하지 않는 불의의 사고로부터 사람들을 지켜준다. 예를 들면 불이 나고 전염병이 돌고, 갑자기 흉년이 들거나 하는 불행한 일 등이다. 이들은 마을 사람들의 이승의 호적과 저승의 호적, 마을 사람들의 얼굴을 기록한 책, 지금으로 말하면 사진첩 등(인물 도성책)을 가지고 있어, 마을을 수호해 주고 있다. 신화 속에서 남신은 장수신으로 그려지고 있다. 당의 형태로 보면, 여신이 맑고 맑은 조상, 깨끗하기 때문에 좋은 곳, 하늬바람 부는 쪽에 좌정하고, 남신은 고기를 먹는 부정한 신이기 때문에 여신에게 쫓겨나 마파람 부는 쪽에 좌정하고 있다.

당과 당 사이에 울타리를 두른 것은 여신이 부정한 남편과는 같이 살지 않겠다는 강력한 별거의 의지를 나타낸 것이다. 이렇게 한 집에 다른 방을 쓰는 형태를 동단이단형同壇異壇型이라 한다. 또 하나 특이한 점은 다른 애월 지역의 송씨할망당은 여신이 임신했을 때 돼지고기를 먹어 남편에게 쫓겨나는데, 황다리궤당은 남편 신이 고기를 먹었기 때문에 도리어 여신에게 쫓겨나 '마파람 부는 곳'에 좌정하였다. 황다리궤당은 애월 지역 송씨 할망 신당이 지니는 부부 별거의 내용을 지녔을 뿐 아니라 위치와 형태로 보아도 천변형川邊型, 궤형〔巖窟型〕의 신당으로, 제주도를 대표하는 신당 유적으로서 볼 수 있다.

안덕 닥밭 「일뤠할망당 본풀이」

농경신의 성격이 짙은 감산柑山·창천倉川 일뤳당계 당은 아버지는 중문리 당신 '동백자하로산'이고, 어머니는 '족다리 대서부인'이다.

큰딸 난드르〔大坪里〕 당밧물리(지명) 일뤠중저
둘째딸 하열리〔下猊里〕 망밧 일뤠중저
셋째딸 화순이〔和順里〕 원당밧 일뤠중저
넷째는 사계리沙溪里 청밧할망 일뤠중저
다섯째 감산 도그샘이 일뤠중저·창천柑山·倉川 닥밧 일뤠중저

여섯째 상열리^{上猊里} 제멩이빌레 일뤠중저(족다리 대서부인)

위 여신들의 좌정처는 당밭, 망밭, 원당밭, 청밭, 닥밭과 같이 다섯 곳의 밭이며, 도그샘이 하나가 '샘'이다. 물과 땅(밭)이 성소이며 좌정처인 샘이다. 신들의 기능도 일뤠할망이 지니고 있는 기능인 아이를 낳고 길러주며, 아이의 병 특히 피부병을 고쳐주는 산육과 치병신의 기능 이외에 농경신의 특징이 두드러지게 나타나는 신당이다.

안덕면 대평리 당밭 「할망당 본풀이」

난드르[대평리] 당밭 할망당은 난산국(태어난 곳) 본산국^{本鄕}은 아버지는 중문면 하예래^{下猊來里} 큰당입네다. 아버지는 하로백관 서백제는 천지천황 옥황신내 서신국 대밸상 화덕진군, 어머니는 족다리 대서부인, 큰딸은 당밭 난드르 일뤠중저, 둘째는 열리 망밭 일뤠중저, 셋째는 안덕 번내 원당밭 일뤠중저, 넷째는 검은질 청밭할망, 다섯째는 감산리 도그샘이 일뤠중저 가지 갈라 간 창천리는 그정도 닥밭한집 올라사면 더데오름 짐파도 산신국서 산신백관, 여섯째는 열리[上猊來里] 가면 네거리 정신당 국서병서 일문관 도외 집사. 그러니 대사 딸이 일곱형제 당밭할망이 아홉의 자식.

옛날 옛적 고려적 시대에 당을 설연하기로 양씬 상단골 고씬 중단골 이씬 하단골로 하여 처음 문씨 선생이 이 당을 설연했습니다. 한집이 막 큰 부자로 사니 상선 아홉 부리고, 중선도 아홉을 부리고, 어부들 차지하고 잠녀도 차지하고, 산으로 가면 초기(버섯) 진상 받고, 해변으로 가면 우무, 청각, 전복, 소라 진상을 받던 한집님, 말 아홉을 거느리고, 되 아홉을 거느리고, 홉 아홉을 거느리고, 잘 먹으면 잘 먹은 값 하고, 못 먹으면 못 먹은 값하는 영급 좋고 수덕 좋은 한집님.

상정월 삼이렛날에 신과세로 만민자손에 상을 받고, 불유월 삼이레 나면 대 농사 끝에 마불림으로 상을 받고, 오동짓달 삼이레에 철가리로 고장 쌀 상을 받아오던 한집님입니다.

[제일 1월 7일, 17일, 27일 과세문안. 6월 7일, 17일, 27일 마불림. 11월 7일, 17일, 27일 철가리](안덕면 대평리 여무 53세 고해생님)

—진성기, 『제주도 무가 본풀이사전』, 529쪽.

바람의 신 ㅂ름웃도—바람의 신과 미녀들의 싸움

한라산은 영산이다. 한라산 계곡에서는 바람·비·안개·구름이 만들어진다. '하로산또'가 한라산을 인격화한 신이듯이, 바람·비·구름·안개도 인격화되어 신으로 불리는 경우가 있다. 'ㅂ름웃도', 이 신은 누가 보아도 '바람'을 인격화한 풍신이다. 그런데 당 본풀이에서 'ㅂ름웃도'는 바람 자체를 인격화한 경우도 있고, '하로산또'인 남신이 바람 위쪽[風上向]에 좌정했기 때문에도 붙여진다.

「서홍·서귀당 본풀이」에 등장하는 '일문관 ㅂ름웃도', '고산국', '지산국'은 신화의 내용으로 보아 한라산의 자연을 인격화한 신이다. 마을의 설촌과 관련해 생각하면, 수렵·목축·바람·풍수·농경의 신이다. 즉 「산신당 본풀이」에 나타나는 산신의 기능이 망라되어 있다. 「서홍·서귀당 본풀이」는 서홍리·동홍리上西歸·서귀리下西歸 세 마을

이 나뉘게 된 이유를 설명하는 마을의 설촌 신화이다. 그리고 온갖 신들의 도술과 능력이 신성한 공간(자연) 안에서 바람 · 안개 · 축지법 · 천문지리 등 '풍운조화'로 선보이는 풍신 신화이며 농경신 신화라 할 수 있다.

서귀포시 「서홍·서귀당 본풀이」

제주땅 설매국에 천문상통하고, 지리 하달한 일문관 바람운님 솟아났다. 바다 건너 만 리 밖 비오나라 비오천리 홍토나라 홍토천리에 고산국이란 미색이 있다는 소문을 듣고 가서 부부인연을 맺는다. 처의 동생이 더 예쁘다는 사실을 알자 그녀를 꾀어 밤에 청구름을 타고 도망하여 제주 영산에 이른다.

남편이 동생과 함께 달아난 사실을 안 고산국 역시 천문에 달통 지리에 능달한지라 영기를 흔들어 역풍을 내며 쫓아가 제주 영산에 이른다. 동생과 바람운이 도망하여 부부 인연을 맺고 첫사랑에 빠져 있는 사실을 알고 분기충천하여 뿡개를 던져 둘을 죽이려 한다. 도술에 능한 동생이 안개를 피워 칠흑 같은 밤을 만드니 정신이 아득하여 오히려 빠져나갈 수 없었다.

고산국은 매정한 동생을 나무라며 인정에 호소하여 안개를 거두라고 한다. 일문관 바람운이 나뭇가지를 박아 닭의 형상을 만드니, 닭이 홰를 치고 새벽이 밝아오며 안개가 걷힌다. 고산국은 다시 억분함을 참을 수 없어, 동생에게 내 동생이 아니니 '지' 가로 성을 바꾸고 제 갈 길을 가라 하고 서로 이별한다.

고산국은 모든 인연을 끊어두고 남쪽으로 내려오고, 바람운은 천리경

걸령쇠를 놓아 '쓸오름' 봉우리에 좌정하여 백차일을 치고 있었다. 웃서동 김봉태란 사람이 개를 데리고 사냥을 하러 하잣·중잣·상잣을 넘어오다 보니 백차일이 둘러 있으므로 가서 현신 문안을 드리니 '산구경 인물 차지' 하러 왔다 하며 길 안내를 부탁한다.

김봉태는 신들의 명에 따라 웃서귀로 인도하였는데 마땅한 좌정처가 없자, 집으로 인도하면 연 석 달만 머물겠다 한다. 인간의 집은 먼지 냄새 끄을음내 화식 냄새가 나서 신이 살 곳이 못 된다 사정을 말하고, '웃당팟'에 신당을 지어 머물게 하였다. 연 석 달을 머물던 신들은 말 탄 인간 보기 싫고, 개짐승 보기 싫어 살 수 없으니 떠나겠다 하며, 소식을 전할 테니 기다리라 하고 '웃당팟'을 떠난다.

'먹고흘궤'에 좌정 석 달을 경과해가니, 시냇물 소리와 울창한 숲이 울적하여 살 수 없으므로 고산국을 만나 의논하려 한다. 서홍리를 차지하고 있는 고산국을 '가시머리멧돌' 지경에서 다시 만난다. 일문관은 사정하며 원만하게 땅을 가르자 하지만, 고산국은 노여움을 풀지 않고, 뽕개를 날리니 흑담에 이르고, 바람운은 화살을 날리니 문섬 '한돌'에 이르렀다. 흑담을 경계로 고산국은 서홍리를 차지하고, 바람운과 지산국은 문섬 북쪽 상·하서귀를 차지하게 되었다. 이때부터 서홍리와 동홍리는 서로 혼인을 못하고, 당을 맨 심방이 서로 왕래할 수 없게 되었다.

바람운은 지남석 걸령쇠를 놓아 좌정처를 점치고 하서귀 신나무 상가지에 내려와 좌정한다. 어느 한 사람 응감하는 이가 없자, 괘씸하다 하여 상서귀에 사는 오씨 집안 종손에 병을 주어 신의를 알린다. 오씨 집안에서는 하서귀 송씨 집안에 기별하여 상·하서귀 마을 사람을 집합시켜 당을 설비하기로 하고 나무를 베어다 당집을 지어 당하니(당을 맨 심방)을 정하고 굿을 하게 되었다.

정월 초하루 '과세문안', 이월 십오일 '영등손맞이 대제일', 칠월 13일 '마풀림제', 11월 1일 '생신제'를 지내게 되었다. 이리하여 바람운과 지산 국은 김봉태를 하위신으로 하고 상·하서귀의 본향당신으로 좌정하게 되었다. 하서귀 '소남머리' '수진포'에 금상황제 부인이 좌정하고 있었는데, 상서귀 남쪽을 보니, 두 신이 좌정하였기에 이상히 여겨 까닭을 물으니, 땅차지 인물차지로 좌정하였다는 것이다.

금상부인은 자신이 세력이 약함을 인정하고 자신은 바다를 차지할테니 뭍의 인민을 맡아서 다스리라 하고 용궁으로 들어가니, 일문관·지산국이 상·하서귀 인물 차지로 만민단골의 제미공연을 받게 되었다.

본풀이에서 가장 흥미를 끄는 대목은 신들의 싸움이다. 자연의 풍운조화인지, 비바람이 몰아치는 밤의 암흑에서 날이 개고 무지개가 피는 아침이 오는 자연현상, 즉 밤의 어둠으로부터 아침의 광명으로의 전환, 변화무쌍한 신통력의 대결로 펼쳐지는 신화의 도입부는 사랑의 로망스이며, 당시 제주 사회의 반영하는 처첩 갈등 · 약탈혼의 혼인 풍습을 그리고 있다.

다음 삼각관계는 바람 난 바람운과 지산국이 도주하여 불륜의 관계를 맺는 어둠의 세계 삼각형 ABM과, 바람운과 윤리적인 정혼을 하기 위하여 쫓아가 불륜의 바람을 잠재우려는 고산국 광명의 세계 삼각형 ACM의 대립이다. 그러므로 밤과 어둠을 '금 가르는 싸움'은 신들의 '선/악' · '정/부정' · '어둠/광명' · '풍/역풍' · '정혼/약탈혼'의 이항대립을 이루어 사회 관습법으로서의 규범적 생활의 준거를 마련한다.

미여지벵뒤에 서서

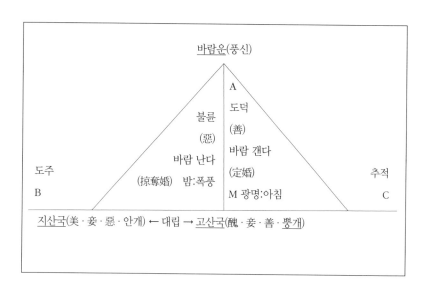

표선리 개당 「세명주할망당 본풀이」

    표선면 표선리 당캐〔堂浦〕 '한모살'에 있는 세명주할망당은 일만 잠수, 일만 어부를 차지한 해신당海神堂이다. 특히 이 당의 본풀이를 보면, 한라산의 거녀신巨女神 설문대할망 신화와 유사하다. 다만 여신의 이름 '설문대'가 '세명주'로 바뀐 것 이외에는 신화 내용이 대동소이하다. 그러나 여무 홍두방 할머니에 의하면, 이 여신은 멀리 수평선에 보이는 선박도 불러들여 파선을 시키는 풍신風神이라 한다.

    당에는 매달 초하루 · 보름에 다니며, 선박 출어할 때나 물질 나갈 때 이곳에 와 해상의 안전을 기원한다. 따라서 당캐 '세명주 할망'은 한라산에서 솟아난 산신이 해변 마을에 좌정하여 풍신으로서 해상의 안전을 관장 수호하는 생업 수호신이 된 풍신 본풀이다.

본풀이에 의하면, 설문대할망은 죽어서 표선리 한모살 당캐 세명주 할망이라는 어부와 해녀를 지켜주는 당신이 되었다. 당캐 세명주 할망은 영험과 수덕을 겸비했다. 표선리 백사장 '한모살(지명)'도 세명주 할망이 날라다 쌓은 모래밭이다. 세명주 할망은 물장오리에 빠져 죽은 것이 아니라 오백장군들에게 한라산을 지키라 하고 지리서를 들고 좌정처를 찾아 한라산을 내려왔다. 앉아 천리를 보고, 서서 만리를 보는 신통력을 지닌 세명주 할망이 지리서를 내다보니 표선면 당캐가 좌정할 만하였다. 그리하여 나고 드는 상선, 중선, 하선과 만민 자손 천석궁, 만석궁, 공자, 맹자를 다 거느리고, 잠녀들을 거부자로 만들어주는 표선면 당캐의 어부와 해녀를 차지한 신이 되었다.

조선 시대 나주 목사가 와서 "이건 뭣하는 당이냐?" 하니, "영급 좋고 수덕 좋은 세명주 할망당입니다." "세명주 할망은 어떤 할망이냐?" 묻는데, 마침 그때 포구에 정박했던 큰 배가 짐을 가득 싣고 수평선에 떠가고 있었다. "수덕이 좋다면, 저기 떠가는 배를 돌려보아라." "할머니, 어서 빨리 영급을 보여줍서." 하니 갑자기 샛바람이 탁 트이고, 그 배가 자르르 흘러 선창 안으로 들어왔고, 나주 목사는 그냥 돌아갔다 한다.

풍수신 하로산또—여신의 임신과 부정, 육식 금기의 파기

본풀이에 보면 보목리의 당신 조녹이한집의 형님은 풍수신 예촌 삼신백관이다. 서귀포시 예촌·보목·효돈·토평 본향당 본풀이에

미여지벵뒤에 서서

의하면 또 다른 계보가 형성되고 있음을 알 수 있다.

예촌 본향을 비롯한 다섯 개 마을의 본향신은 삼형제다. 첫째는 한라산 동남밭에서 솟아난 백관님, 둘째는 강남천자국(중국)서 솟아난 도원님, 셋째는 칠오름서 솟아난 도병서이다.

삼위三位는 예촌본향禮村本鄕이고, 보목리甫木里 조노기 본향은 한라산 백록담서 솟아난 ㅂ름웃도 됩니다. ㅂ름웃도 부인은 신중부인 되시는데 하루는 부인과 함께 백록담서 내려와 '제완지흘'(상효리 지명)에 와보니 칠오름에 청기와 차일을 쳤으니 "어떤 어른이 앉았는가?" 부인은 토평리 허씨 과부댁에 맡겨두고, 당신 혼자 칠오름 청기와 친 곳에 가 수작을 해 보니, 한 어른은 하로영산 백관님이고, 한 어른은 강남천자국 도원님이고, 한 어른은 칠오름 도병서 됩니다. 세 사람이 바둑 장기를 두다 통성명을 해 보니 나이는 조노기본향[甫木本鄕神]이 위고 예촌본향은 밑이니 네 어른이 의논할 때, 백관님이 말하기를 "우리 바둑을 뛰어 이긴 편이 형, 진 사람을 아우로 삼자." "어서 그건 그리하자."

그리하여 네 어른이 앉아서 조노기본향과 바둑을 두었는데, 조노기본향이 이길듯 하니 예촌본향을 셋이서 훈수를 들어 결국 이깁디다. 조노기본향이 말하기를 "내 바둑은 졌습니다. 어디로 가겠습니까?" "내가 형이니 위를 차지하겠다." 하여 예촌 배야기뒌밧(남원면 예촌의 지방명)에 좌정했고, 조노기본향은 보목리 조노기에 내려와 좌정하였다.

예촌본향은 셋이서 바둑을 뛰는데 밀양 박씨가 앞을 지나가니, "너는 어떤 인간이냐?" "나는 밀양 박씨웨다." "우리가 좌정할 곳을 알겠느냐?" "나도 이제 막 오는 길이니 알아보겠습니다." 하고 살펴보고 와서, "비야

기뒌밧이 좌정할만 합니다." "그러면 그곳에 내 좌정할테니, 넌 당하니
(당을 맨 심방, 堂漢)로 상예촌·하예촌, 상효돈·하효돈을 차지하여 벌어먹
어라 하니, 밀양 박씨는 대대손손 당을 매어온 신당입니다.

조노기한집 ᄇᆞ름웃도는 부인이 있는 토평리에 내려보니 존경내(돼지
고기 냄새)가 심히 나서 "어째서 존경내가 심히 나는가?" "오줌누러 갔다
가 돼지고길 하도 먹고 싶어 물명주 손에 감아 돼지 항문으로 넣어 간회를
꺼내 먹으니 존경내가 납니다." "더럽구나. 나와 함께 좌정하지 못한다.
너는 보목리에 갈 수 없으니 토평리 막동골에 좌정하여 사냥꾼에게 사냥
감 네발 동물고기 얻어먹고 살라." 하여 토평 막동골에 좌정하였다.

조노기한집님은 새금상 따님아기를 소첩으로 삼았는데 따님애기는 우
김이 세고 투심이 세어 한 아름 가득 금책冊, 한줌 가득 붓, 일천장의 벼루,
삼천장의 참먹, 상단골의 상별문서上別文書 중단골의 중별문서, 하단골의
하별문서, 낳는 날 생산을 받고, 죽는 날 물고를 달게 하고, 저승 이승 오가
일통五家一統을 차지하여, 아기를 나면 여래불법 삼승할망으로 키워주고
열다섯 십오세가 넘어 결혼하게 되면 홍포사리(혼소함 보자기)도 돌봐주
는 한집입니다.

조노기 ᄇᆞ름웃도甫木本鄕男神는 산쇠털 흑전립黑戰笠에 운문대단雲紋大緞
안을 받쳐입고, 화살을 쏘으면 일만군사가 숙어 들어오고, 삼천군병이 나
가는 ᄇᆞ름웃도외다.

　　—서귀읍 하효리 남무 강태옥 구송본을 풀어씀

한라산 서쪽 어깨에서 솟아난 예촌 삼신백관(하로산또)은 보목리의
당신 조녹이한집(ᄇᆞ름웃도)과 형제가 된다. 보목리의 당신 조녹이 한

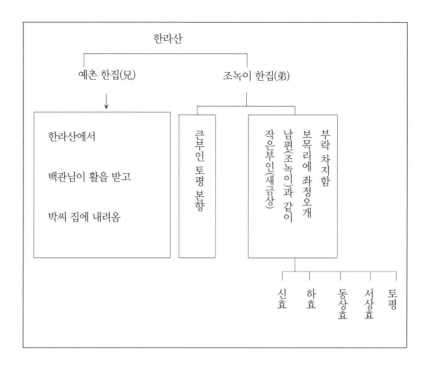

집의 처가 임신 중 돼지고기를 먹었기 때문에 금기를 깨뜨려 같이 살수 없게 되니 남편은 하늬바람 부는 쪽에 좌정하고, 부인은 마파람 부는 쪽으로 등을 돌려 조녹이 한집은 큰 부인과 이혼하고 새 여인 금상님을 새로 얻어 살림은 둘로 나뉘고 처와는 별거, 이당별좌異堂別左하게 되었다.

돼지고기를 먹었다는 것은 참을 수 없는 욕망, 식욕, 생식욕, 성욕 등이 어떻게 극복되는가를 보여주는 '육식 금기의 파기' 모티프다. 일렛당 본풀이에서 고기를 먹고 싶은 욕망은 여러 가지 형태로 나타난다. 임신은 생산 욕구의 발현이며, 아이의 산육을 위한 단백질 공급의 욕구다. 또한 단순한 식욕과 생산욕에 머물지 않고 몸속에 들어가 배

설의 카타르시스를 이루어내는 생식의 욕구, 성욕으로 확대된다.

이와 같이 「조노깃당 본풀이」의 '육식 금기' 화소는 생산과 생식 욕구 때문에 육식 금기를 파괴했다는 이야기를 통해 임신 후 아이의 발육을 위한 깨끗함(淨)–미식米食의 질서를 깨뜨리는 한시적 부정不淨으로 발전하고 있다. 이와 같은 화소가 신화 속에 다루어지고 있는 지역은 예촌, 보목, 효돈, 토평본향이다.

본풀이에서 남편 신은 존경내가 난다고 바람 아래 좌정하라 한다. 깨끗한 신 'ᄇ름웃도'는 하늬바람이 부는 바람 위쪽에 좌정한다. 그러나 임신했을 때 돼지고기가 먹고 싶어 육식 금기를 깬 처신은 바람 아래쪽 마파람 부는 쪽에 좌정하는 신의 서열이 낮은 부정한 신이 된다. 신들의 자리(坐定處)가 정해지고, 부부별좌의 당이 이루어진다.

서귀포 중문동 「중문이하로산당 본풀이」

다음은 1985년 8월 7일 서귀포시 예례동猊來洞에서 문무병이 채록한 김명선(女巫, 65세)의 구연본 일부를 풀이한 것이다.

서귀포 지역 한라산 산신의 계보 중 큰 갈래를 이룬 신은 '하로산또'다. 그중 중문동 도람지궤 (지명)에 좌정한 '중문이하로산'의 계보는 아래와 같다. 한라영주산 서쪽 어깨 '소못뒌밧'에서 9형제가 솟아났으며, 당제일은 팔월 대보름 마불림제, 정월 초하루 신과세제를 한다. 5남 중문이하로산은 '칠거리뒌밧'에서 가지 갈라 모셨다.

장남 - 수산리(성산읍 수산리) 울뤠ᄆ루하로산

차남 - 물미(애월읍 수산리) 제석천왕하로산

삼남 - 예촌(남원면 신·하례리) 삼신벡관또하로산

사남 - 호근이(서귀포 호근리) ᄋ드레 산신벡관또하로산

오남 - 중문이(중문면 중문리) 중문이벡관하로산

육남 - 섹달리(중문면 색달리) 섹달리 당동산 벡관또하로산

칠남 - 열뤼(중문면 상·하예리) 당올레 열뤼벡관또하로산

팔남 - 통천이(안덕면 감산리 통천동) 고나무상태자하로산

구남 - 날뤠(대정읍 일과리) 제석천왕하로산

한라산 서쪽 어깨 소못뒌밧에서 솟아난 중문동 또는 색달동계 하로산또는 산신벡관이라 부르는 풍수신계 한라산신이다.

현씨일월―성산읍 신천리 「현씨일월당 본풀이」

성산읍 신천리 처녀당의 당신은 '현씨일월'이라 한다. 당신의 아버지는 현씨고 어머니는 고씨다. 현씨일월은 무남독녀로 태어났으나 태어나면서부터 몸이 약했다. 세 살 되던 해부터 죽었다 살았다 몸이 이울더니 한 일곱 살이 되니 다시 태어난 듯 부활하였다. 열다섯 살에 큰심방이 될 온갖 징조가 나타났다. 최초의 심방선생 유씨부인이 77세에 처음으로 무당서 3000권을 읽고 심방이 되어 그 명성을 천하에 알렸던 것처럼 말이다.

굿을 하려니 현씨일월에겐 무구도 없고 무복도 없었다. 현씨일월은 앚

아서 신세를 한탄하며 비새같이 울고 있었다. 오라버니가 물었다. "설운 누이야 왜 슬피 우느냐?" "단궐집에서 굿을 해달라는데 나에겐 무구도 없고 무복도 없어서 웁니다."

"내 누이야 내일은 각종 진상품을 싣고 서울로 가는데 진상 갔다 오는 길에 악기와 무구, 무복을 사다주마."

오라비가 떠날 때, 하천리 본향당 고첫당 포구에서 배를 띄웠다. 배가 제주 바다를 떠나는데 갑자기 평안 바다에 모진 광풍이 몰아쳐 왔고, 현씨 일월 애기씨의 눈에 오빠가 타고 가는 배가 사라졌다. 현씨일원은 연대에 올라 멀리 수평선을 바라보았다. 연대 위에 앉아 수평선을 바라보다가 현씨일월은 외쳤다. "아 불쌍하고 가련하신 오라버니는 간간무종이 되었구나. 오빠의 행방은 묘연하고, 부모님도 안 계신 세상에 나만 살아 뭣을 하리." 하여 연대 아래 떨어져 목을 꺾어 죽었다.

현씨일월이 죽은 뒤 심방이 굿을 하는데, 현씨 일월의 혼령이 들려 억울하고 칭원함을 신원을 하였다. 그로부터 기미년 육섯달 열나흘 날 김씨 선생 불러 당을 매게 하고, 안카름 연대 아래 신남밑에 당을 설립하여 현씨 일월을 마을 본향으로 모시게 되었다.

비바리당—신흥리 볼래낭할망당 「박씨할망 본풀이」

조천읍 신흥리 본향 볼래낭할망당은 신흥리 포구에 있다. 당 이름은 볼래낭 할망당, 내외당, 금남禁男의 당으로 불리며, 당신은 웃당은 천년 폭낭 만년 폭낭 아래 동산밧 대방황수 축일 한집, 알당은 볼래낭

할망 박씨할망이다.

신체神體는 볼래낭(보리수나무)이며, 당에는 지전·물색이 걸려 있다.

당의 형태는 석원·제단·신목·지전물색형이다. 제물은 메 두 그릇, 채소 두 기, 종이(지전) 대여섯 장 가지고 가며, 돼지고기를 쓴다. 제일은 축일을 택일해서 간다. 본향신이기 때문에 마을의 생산·물고·호적·장적 차지, 어선·해녀를 수호해주며, 산육·피부병을 관장한다.

볼래낭할망 박씨할망은 15세 때 바닷가에 파래를 캐러 나갔다가 물 길러 온 왜선에서 내려온 왜구들이 겁탈하려 하자 놀래어 이곳 볼래 낭 아래까지 천길 만길 도망쳐 와 죽어서 당신이 되었다. 이 당은 억울하게 겁탈당해 죽은 처녀 원령怨靈을 모신 당이기 때문에 독좌형 신당으로 '내외당', '금남의 당'이라 하며, 이 당을 지날 때 남자는 고개를 돌리고 지나가야 한다.

서귀포시 하원동 「비바리당 본풀이」

이 당신은 원래 옛날에 하늘 옥황에서 이제 죄가 있어서 인간에 귀양을 보냈다는 옥황상제 딸아기라 한다. 옥황상제의 막내딸아긴데 인간에 귀양정배를 보내니 "나는 어디로 갑니까." 하였다. 무작정 걷다가 할로영산 백록담에 내려와서 어디로든 가보려고 산을 내려갔다. 원래는 인간 마을에 살아보려고 내려왔는데, 마땅한 마을엔 어디 와도 앉을 장소가 없었다. 결국 '정동머들'이란 곳에 왔다.

당신은 '정동머들'에 와서 좌정하려고 사방을 살펴보았다. 처음에는 푹낭당 그곳에 좌정하였다가 '정동머들'에 자리를 잡았다. 하늘에서 귀양 온 옥황상제의 막내딸을 모신 이 당을 내외당 한집이라 하는데, 처음부터 혼자서 마을에 외롭게 좌정하신 처녀신이기 때문이다. 도순리 '정동머들'에 있었던 '비바리당'은 도순리, 하원리, 월평리 세 마을에서 이 본향에 다녔다.

도순 지경 '정동머들'에 있는 이 본향에 세 마을 사람들이 함께 다니다가 마을이 도순, 하원, 월평으로 나뉘면서 본향당도 마을마다 각각 중산하여다가 모시게 되었다. 마을은 분동되고 본향은 멀고 하니 당에 다니는 것이 불편해지니 모두 따로 가지 가른 것이다.

하원동도 처음 가지 갈라 나갈 때는 여러 곳으로 옮겨왔다. 처음에는 '강정무를' 한쪽에서 두어 달 좌정했다가 그다지 자리가 좋지 못해다시 '알당밧'에 좌정했다. 또 조금 위에 있는 '웃당밧'에 좌정했다가본향 '뒷동산'에 모시게 되었다. 그 뒷동산에 잠시 좌정했는데, 4 · 3사태 때 워낙 위험해 마을 사람들이 성을 쌓았다. 자손은 성 안에 살고, 조상은 성 밖에 있을 수 없었다. 그때 모두 참 굿을 해서 '비바리당處女堂'은 뒷동산으로 모시고, 또 중산이엔 토산당을 세웠다. 그래서 이내외당은 따로 본처가 없다.

마라도 「아기업개당 본풀이」

마라도 북쪽 바닷가 높은 언덕 위에 당이 하나 있다. 마라도에서는 이 당을 마라도 아기업개 처녀당이라 부른다. 이 당은 마라도 해녀들이 다니는 마을 본향당이며, 이 본향당의 당신은 이 섬에서 배고파 죽은 처녀라 한다. 마라도에 사람이 살고 있지 않을 때, 마라도 연안 어장은 전복과 소라가 많았다. 그래서 가파도는 물론 멀리 모슬포에서도 해녀들이 많이 다녔다.

오래전 어느 초겨울 날 모슬포에서 많은 잠수들이 배에다 식량을 가득 싣고 마라도에 들어갔는데, 날씨가 여러 날 세어서 물질을 할 수가 없었다. 게다가 식량은 거의 다 떨어져 큰 걱정이었다. 그러던 어느 날 밤, 일행 중 상잠수가 이상한 꿈을 꾸었는데, 그 내용은 마라도를 떠날 때 다 떠나지 말고 아기업개를 떨어 놔두고 떠나라는 것이었다.

잠수들이 마라도에 올 때 아기업개 비바리 하나를 데리고 왔는데, 이 아기업개를 섬에 버리고 떠나야 배기 무사히 마라도를 빠져나갈 수 있다는 것이었다. 만약 그렇게 하지 않으면 배가 도중에 파선되어 모두가 고기밥이 된다고 했다. 꿈에서 깨어난 상군 잠수는 꿈 이야기를 여러 잠수에게 말했다. 그리고 뱃사공도 같은 꿈을 꾸었다 하였다. 잠수와 사공들은 서로 의논 끝에 "이 아이를 데리고 가다가는 우리 모두 고기밥이 될 터이니 차라리 이 아기업개를 희생시키는 수밖에 없다. 이 아이를 버려두고 떠나자."고 하였다.

그랬더니 갑자기 날씨가 좋아졌다. 모든 잠수가 마라도를 떠나려고 바닷가로 몰려 왔다. 떠날 준비가 다 되어서 배에 올라탔다. 배를 탈 때 보니까 높은 바위 위에 흰 헝겊 하나가 지금 당이 있는 자리에 버려져 있는 것이 눈에 띄었다. 모든 잠수가 눈으로 똑똑히 확인할 수 있는 바위 위에 흰 헝겊이 있는 것이다.

상군 잠수가 아기업개에게 말했다. "느가 돌려강 저 지성귀 거뎡 오라(네가 달려가 저 기저귀 걷워 오렴)." 계략을 모르는 아기업개는 기저귀가 있는 바위를 향해 뛰어갔다. 그러자 배는 닻을 걷어 올리고 서서히 움직이기 시작했다. 아기업개 처녀가 달려왔을 때 배는 이미 멀리 떠난 이후였다. 배를 타고 가며 뒤를 돌아보니 아기업개 처녀는 그 섬에서 기저귀를 가져왔다며 헝겊 조각을 든 손을 흔들기도 하고, 울부짖고 발버둥 쳤다. 그 모습을 그날 잠수들은 섬뜩할 만큼 칭원하고 애통하게 가슴에 새기고 돌아왔다.

거칠고 험악했던 겨울이 가고 따뜻한 봄이 찾아왔다. 모슬포 잠수들은 이듬해 다시 마라도에 물질하러 찾아갔다. 그리고 늘 마음 한구석에 께름칙하게 남아 있는 아기업개를 찾아보았다. 그날 아기업개 처녀가 울며 발버둥 쳤던 자리에는 흰 뼈만 앙상하게 남아 있었다. 그래서 잠수들은 자기들 때문에 희생犧牲당한 아기업개 처녀의 넋을 위로하기 위하여 처녀당을 짓고, 1년에 한 번씩 당제를 지낸다고 한다.

마라도 아기업개 처녀당 전설은 해녀 생활에서 생존과 희생, 자연과 인간, 신과 인간의 관계, 위대한 무덤이자 생활의 터전인 '바다밭'의 제의적 의미를 다시 생각하게 한다. 바다의 노여움을 달래기 위한 아기업개 처녀의 희생은 아버지를 위해 인당수에 몸을 던진 심청의 희생과는 다르다. 마라도 해녀들은 바다의 노여움에 희생당한 처녀의 억울한 원혼을 달래는 굿을 함으로써 바다가 평안하고, 아기가 아프지 않으며, 당신의 노여움도 풀린다는 소박한 신앙 심리를 지키며 오늘도 조촐한 당제를 지내고 있다.

미여지벵뒤에 서서

불목당 요왕또─중문이 하로산과 「불목당 본풀이」

　다섯째 하로산또 아래로 내려 진궁부인과 부부간을 맺어, 진궁부인이 아이를 가지니, 하도 고기가 먹고 싶어, '존경내(돼지고기냄새)' 나는 걸 먹으니, 존경내 난다 내려서라. 더럽다 해 바람 아래로 내려서 아기를 낳은 걸 보니, 딸을 낳아.

　느진댁이정하님이 "안 상전님은 해산을 했습니다."

　"무엇을 낳느냐." "예, 여자아이를 낳았습니다."

　"남녀간을 물론하고 올라서라." 하여 올라서는데, 그 아기씨가 행실이 궂었어. 그래서 요왕으로 귀양을 간 거지. 어디 갯가로 가서 '여'에 의지하연 딸을 난 거지. 아기는 얼굴을 보난 천하일색이라. 얼굴은 고와도 행실은 궂었어. 한 살 되니, 아버지 수염을 매고, 두 살 되니, 어머니 젖가슴도 때려버리고, 세 살 되니, 널어 둔 곡식도 흩어버리고, 동네 존장들도 모두 불목되고, 일곱 살 되니, 더 이상 둘 수가 없어 무쇠 상자를 채웠다. 그 애기를 무쇠 상자에 들여놓고, 마흔여덟 거부통쇠로 채워 놓고, 절로 말라 죽으라고 '싱거물(중문동 바닷가 지명)'로 띄워 버렸다. '싱거물'은 '베린내' 동쪽에 자그마한 '산물'이 있다. '싱거물' 앞에서 무쇠 상자를 띄우니, 물 아래도 삼 년, 물 위도 삼 년, 일곱 살에 삼 년을 더 살아가니, 요왕황제국 산호수 가지에 무쇠 상자가 걸어지니, 요왕국엔 딸 삼형제가 있었어. 청답살이 흑답살이 들이쿵쿵 내쿵쿵 짖으니, 저 먼 올레 나가 봐라. 어떤 손님이 오는가. 손님은 없고 산호수 가지에 난데없는 무쇠 상자가 걸려 있습니다. 산호수 가지에 난 데 없는 무쇠 상자가 걸릴 수 있겠느냐.

　큰 딸에게 내려오라. 저는 못 내리겠습니다.

셋 딸에게 내려오래도 못 내려온다. 작은 딸에게 내려오라니,

가서 무쇠 상자를 내려온다. 이젠 큰 딸에게 무쇠 상자를 열라니 못 연다. 셋 딸도 못 연다. 작은 딸은 어떤 수단인지 가서, 건드리니 열렸는지 두드리니 열렸는지 무쇠 상자를 열었다. 열어 보니 남자의 의복을 차려입은 천하 옥 같은 도령이 앉아 있는 게 아닌가. 남자로 변복을 한 거였다. 너는 귀신인가 생인인가. 귀신이 이런 행체를 차려서 산호수 가지에 걸려 있을 수 있겠습니까.

아방국(아버지의 고향)이 어디냐. 아방국은 한라영주산에서 솟아난 하로백관입니다. 어멍국(어머니)은 누구냐. 아래로 내려 요왕 진궁부인입니다.

너는 어째서 여기 와서 산호수가지에 걸렸느냐. 예, 한 살로 시작해 일곱 살 나도록 죄를 얻었으니 양반의 댁으로 유전할 수 없다 해서 저를 죽으라고 무쇠 상자에 들여놓고 바다[龍王]에 띄워버리니 요왕에서 아홉 해를 살았으니 이제 열 살이 되었는데 이제 천변조화로 산호수 가지에 걸렸습니다. 그러면 어느 딸 방으로 들겠느냐.

큰 딸 방으로 들리 눈을 아니 뗀다.

셋 딸 방으로 들라 해도 눈을 아니 뗀다.

작은 딸 방으로 들라하니, 서른여덟 닛바디가 허우덩싹 웃음을 웃으며, 아, 작은 딸에 혼탁을 했구나. 작은 딸이 무쇠 상자에 내려오고 작은 딸이 상자를 열어 작은 딸 방으로 들겠다 하니 어서 작은 딸 방으로 들라.

그러니 그때 낸 법으로 딸이 거드름 틀면 안 된다는 거지. 그래서 작은 딸 방에 손님을 들여 앉혔다. 먹거리 진지상을 차려 작은 딸 애기 방에 들어가니, 진지상을 받아놓고 하는 말이, 대국은 대국이라도 우리나라 소국

만 못 합니다. 어째서 너희 소국만 못 하냐. 큰 대자를 써 놔서 대국일망정, 우리 소국만 못 한 것은 이제 소국서는 사위 손님을 대접하려면, 큰 닭 잡아 비개를 틀고, 작은 닭은 옥저를 틀고, 대잔치를 벌여 상을 받게 돼 있습니다. 그건 결혼식을 올리라는 거지. 신랑신부상에 닭 잡아 올리는 것이 그때 낸 법이지. 아, 그러면 사위 하나 못 먹일 수가 있겠느냐. (요왕황제국에선 남자로만 생각을 한 거라.) 그래서 동창궤 서창궤를 열라 해서, 다 팔대문을 열어놓고, 다 꺼내어 석 달 열흘 대잔치를 하였다.

쇠잡고 회양놀이, 석 달 열흘 먹이다 보니,

동창궤 서창궤 텅텅 비어 아무것도 없어, 옛날 같으면 먹는 것에도 망하지. 아, 이젠 작은 딸 보고, 너로 하여 얻은 시름이니, 너의 팔자 인연에 태운 손님은 너로 얻은 시름이니, 데리고 나가라. 더 이상 막을 수 없다. 이젠 데리고 나오려니 할 수 없이 나 인연에 태운 손님이니까, 이 손님 뒤따라 나오려니 동해 요왕국 서해 요왕국에 병난이 일어났다. 장인은 병난을 막으려고 선봉대장을 시키니, 아버지 힘으로 선봉대장 시켜도 세변을 막을 자신이 없거든. 와서 울어가니 사위는 신발을 신고, 의복을 차리고 나서서, 딸을 데리고 나가려 하니,

어째서 웁니까. 이렇게 말을 하니까, 딸을 네게 맡긴 이상 한 번 맡기지 두 번 맡길 수야 있느냐. 너에게 맡긴 이상 딸을 데리고 나가는 것에 억울해서 울 수가 있느냐. 나를 병란 가운데 선봉대장을 맡겨, 막아오라 하니, 내 힘으론 세변도 막을 수 없다. 그러면 처부도 반 부모요 처모도 반 부모님이니, 처부님 대령으로 나가 세변을 막아 오겠습다. 이렇게 해서 장인 손에 잡은 언월도 비수창검을 뺏어 차고 그 뒤에 망아지 하나 둘러 타고 원앙 청청 노는 붉은 억새 불리고 원앙 청청하여 놀아가니,

잦은 비창 허물어지듯, 참 잦은 비살 떨어지듯, 난군이 진정돼 가니 그 언월도 비수창검으로 좌로 둘러 우로 삼천명, 우로 둘러 억만 명 비어 눕히니 몸으로 흐르는 건 피요, 흐르는 게 시내 강물이 되어버리고, 머린 잘라 쌓이는 게 시내 오름이 되었다. 그러니 난을 세변을 모두 거두고 그저 모두 죽이다 보니, 깜깜하니까 돌아온 거야. 세변도수 가서 막고 왔습니다. 언월도 비치창검 내어 보이니, 그걸로 사람 쳐 죽였던 것이 날이 하나도 없어. 전부 닳아서 미어져버렸다. 그리하여 그냥 갈 수 없어. 열두 가지 풍운조화 이른 여덟 홍단주치를 내어주면, 네가 유전하라 해서, 시름에 드는 것은 다 내어준 거다. 머리 아프는 데, 눈 아피, 귀 아피에, 무슨 외국에서 들어 온 동의한집 비슷하지. 낯에 기미, 뺨에 종창이니, 상감창이니, 화담이니, 생발 생으로 아리는 데, 열두 가지 풍문조화 홍단주칠 내어주니, 이젠 돋아 서서, 돋아 서려 하여, '싱거물'로 올라왔다 한다. 올 때도 '싱거물'로 돋아 섰다 하지. 요왕황제국의 작은 딸을 데려온 거지.

아. 그러니, 여자가 남자로 차리고 간 거야.

장가들어 여자를, 데려온 거야. '싱거물'로 돋아 서서, 직접 죽으라고 띄워버린 몸이 날로 가서 아버님께 현신을 드릴 수는 없고. '싱거물'로 돋아 서서 느진덕이정하님이 빈 허벅을 지고 물길로 가고 있으니,

일곱 살에 죽으라고 바다에 띄운 아기가 '싱거물'로 돋아섰으니, 현신을 드려라 하니까, 일곱 살에 죽으라고 띄운 애기가 저 먼정에 당도했습니다 하니까, 일곱 살에 띄운 애기가 어째서 살 수가 있느냐. 그러니 장인이 내어준 일흔여덟 홍단주치 조화를 부려서, 눈에 안질을 불러 주니 눈이 폭삭 어둡고 생 잇빨 아프는 흉험을 부르니, 눈 어둡고, 잇빨 아프지, 귀앓이를 하지, 주치현몽을 들여놓으니, 제일 고통은 눈하고 귀하고 잇빨이야. 제일

못 견디는 고통을 불러주니까, 그러면 이 아기 기술이 아니냐. 기술이면 이 아프는 고통을 눅여라 하니, 눈도, 어둡던 눈도 밝아지고 귀 아프는 것도 좋고, 이 아리는 것도 좋아진단 말이야. 그러면 올라서라. 그리하여 내가 일곱 살에 죽으라고 띄워버린 아기가 어디 가서 기술을 배워 목숨을 구명하고 살아 왔으니 올라서라 하니, 아버님 면전으로 들어가, 부부가 같이 아버지께 절하고 어머니께 인사하여 제 눕고 살던 방안에 가서 위아래 남자 옷을 다 벗어두고 여자 옷으로 갈아입고 삼녹낭 용얼래기로 머리 삭발하고 이젠 삼단 같은 머리는 이제 연주댕기 새 각시 몰래 딱 차고 나서니 여자거든. 여자니 요왕에서 일단 결혼하고 온 요왕의 막내딸은 아차 불쌍쿠나. 내가 여잔데 남자로 차리고 나선 걸 모르고 딱한 입장 결혼을 하였구나. 거기서 땅을 치고 앉아 발을 구르며 울어가니, 제 아기 행실이 부족하여 죽으라고 띄운 건 죽지 않고 살아와 갈수록 복잡한 일만 생기니,

남의 아길 헛걸음시켜 데려왔으니 그렇다고 이녁 아길 죽일 수가 있나, 남의 아길 죽일 수가 있나. 어쩔 수 없이 딸은 불만진 걸로 버려두고, 남의 애기 인정을 보는 것이, 너는 여자로서 속고 왔으니 들어라. 내가 정월 열나흘날 대제일 받고, 내 앞에 오는 단골님은 너에게 또 사제본정을 갈라줄테니, 나에게 제물차려 오듯이 너에게도 차려 가 모시라 하니, 이제 가슴이 용처 같이 맺힌 걸랑 악끈 차세로 감고 한 차세로 감고 외오노다(왼쪽에서 오른쪽으로) 감아서 큰굿 할 때는 열두 석에 놓고, 작은 굿에랑 아홉 석에 놓고, 아진제(앉은제)에는 삼석에 놓아, 좌정처로 불목당 검북(열매) 여는 검북낭 아래 좌정하였으면, 나에게 제물 차리고 와 위하듯 너에게도 차리고 가 위하게 하마하여 그 아길 달래었다. 그러면 아버님이 여자 남자 차림 입장갈림(결혼)해 그런 일이 생겼으니 이젠 누구 말마따나 배

한 번 아파보지 못하고 그냥 일생을 다 끝내게 된 거라. 그러니 큰굿 할 때는 심방이 앉으면, 신칼을 이리 저리 손에 감고, 감으면, 그 쇠, 그 신칼은 남자의 연장으로 삼아서 악끈(작은) 차세 한(큰) 차세로, 그래서 그 본향을 청해다 앉혀 놓고 악끈 차세 한 차세로 감자-

감았으니 악끈 차세로 굿하자-

옆구리도 가서 쿡쿡 찌르고, 이렇게 노리개를 하지. 가슴도 가서 연주고, 옆구리도 연주고 하는 것은 그 아기가 여자 남자를 입장결혼 했다 해도 남녀 구별을 한 번, 성관계를 못 해본 수북대길 털으로 해서 감고 놀고, 놀아서 연당 아래로 풀어 맞자-

하여 푸는 셈을 한다. 거 불목당엔 그 애기만 모시고, 그 이녁 딸은 불만이기 때문에 여자 옷을 옛날에는 어머니 아버지 옷을 관띠 드리고 어머니하고 그 이녁 아기하고 불목당 한집 몫하고 큰 새각시 옷 하고, 옷 세 벌하여 걸고, 정월 보름엔 제를 지냈다. 지금도 옷은 있을 거다.

(그러면 하로백관 모신 당에 부인하고 딸이 모십니까?)

예. 불목당으로 좌정했지만, 정월 보름 제일 때는, 불목당이 거기로 오지요. 아버지께. 불목당 몫으로 큰 새각시 옷같이 옷을 해놓고, 이녁 아기 옷 해 놓고, 어머니 몫으로 옷 해놓고 하면 여자 옷은 세 벌. 남자 옷은 관대 한 벌.

　　—1985년 8월 7일 문무병이 채록, 김명선(女巫, 65세) 구연본

중문동 불목당 요왕또의 당과 당굿은 결국 버릇이 나쁜 딸을 죽으라고 바다에 버릴 때, 남자의 복장으로 변복하여 보냈기 때문에 살아서 용궁의 셋째 딸과 결혼하여 돌아왔으나 결국 두 여자가 함께 살지

못하고 입장갈림하게 되었던 비극적 사건을 다루고 있다.

별공주따님애기—와산 웃당 불돗당 「별공주따님애기본풀이」

[본풀이에 들어가는 말미]

생인生人의 본을 풀면, 백년 원수 칼선다리(＝죽을 운) 받는 법,

신전님의 본을 풀면, 신나락 만나락 하는 법 아닙니까. (요령)

귀신의 본을 어찌 산 사람이 다 알겠습니까? 백에 열 말 천에 한 말 십일 자로 여쭙는 역사歷史입니다.

한집님아. 만에 하나 신의 아이 잘 못 이를지라도, 흉 되는 일은 용서해 주십시오. (요령)

고씨 어머님 이 당 매어 삼십 년 넘도록 다니다가 작년 윤 시월 달 인간 세상 하직하니 신의 아이 어머님 대신에 (요령)

올 금년 (요령을 흔들며) 한집님堂神의 허락한 집사가 되었습니다. 당에 당베 매였수다. (요령)

한집님 전 난산국 (출생의 내력) 본을 풀려고 하오니, 본산국 과광성 신풀이 (본풀이)를 해드리면, 신나락 만나락 헙서- (요령)

와산 「불돗당 본풀이」

불돗당 한집님 (와산 당신)은 옛날이라 옛적 옥황상제 막내딸 아기로 부모 몸에서 열 달 만에 탄생하니, 아버님 눈에 나고, 어머님 눈에 나서 진녹색 저고리에 연반물 치마, 외코로 접은 백능白綾버선, 나막창신을 신고,

새 그려 새 색 빗, 용을 그린 용얼래기로 긴 비단 머리 허울허울 빗어 놓고
(요령)

꽃댕기 머리를 하고, 인간 땅에 내려서려고 인간 땅을 짚어 보니, 당오름 중허리에 앉아 천리를 볼 듯 서서 만리를 볼 듯 하는구나. (요령)

그때엔 저 당오름 산상[山頂]에서 할마님이 산 중허리로 내려와 다시 앉아 천리 서서 만리를 보니 단풍 구경도 좋았더라. 아래쪽 샘물도 맑았더라. 할마님이 앉아서 정중하게 인간 자손들을 짚어 보았다. 어느 자손을 상단골로 삼아볼까 하여 짚어 보니, 저 내생이(와산리 지명), 묵은가름(마을 이름) 김향장 집 따님이 부모 몸에 탄생하여 결혼을 하고 출가를 했는데, 이십을 넘고 삼십 서른 넘고, 사십 마흔이 다 넘어가도, 남녀 간에 대를 이을 아이가 없었구나. (요령)

남전북답 너른 밭도 좋았더라. 유기전답 물무시牛馬도 좋았으나, 후세전손 할 아기 없어 호호 탄식하고 있었구나. 아- (요령)

할마님이 상단골을 정하고, 밤에 꿈에 현몽하여 말하기를, "야하, 너 김향장집 따님아기 아닐러냐? 너는 부모 몸에 탄생하여 열다섯 십오세를 넘기고, 출가를 했으나, 남전북답 넓은 밭, 유기전답 물무쉬牛馬 많지만, 이십 스물 넘고 삼십 서른 넘어 사십 마흔이 가까워도, 부부 사이에 후세전손할 아기가 없어 탄식하고 있구나 에- (요령)

너 내일 아침 날이 밝는 대로 당장, 아- (요령)

내일 아침에 저 당오름 중허리엘 올라가 보아라. 난데없는 석상石像 미륵彌勒이 있을 테니 그리로 올 때는 산메를 찌고, 백돌래 떡 백시루 떡에 계란 안주, 미나리 채소, 청감주를 차리고 와서 나에게 수룩[水陸齋]을 드리면, 석 달 열흘 백일이 되기 전에 알아볼 도리가 있을 것이다." 라고 꿈에

미여지벵뒤에 서서

현몽을 하니 (요령)

뒷날 아침 깨어나 꿈에 현몽하여 들었던 대로 백돌래에 백시루 떡, 미나리 청근채, 계란 안주 청감주 차려 놓고 (요령)

저 당오름 산상 봉우리에 올라가 중허릴 돌다 보니 난데없는 석상보살 은진미륵이 있었구나. 그곳에 가 원불당 원수륙(불공)을 드리고 돌아오니, 석 달 열흘이 채 못됨에 포태姙娠가 되었더라. 한 달 두 달 넘고 아홉 달, 열 달이 되어가니, 이거 해산 일이 다가오는데 고맙다는 수륙이나 가서 올리러 올라가는데 (요령)

전부 차려 등에 지는 서대 구덕에 제물을 놓고, 지어 가지고 당오름 올라서려니 앞동산은 높고, 뒷동산은 얕아서 네발 손으로 간신히 짚고 기어 올라가 수륙을 드리고 내려오며, "아이고 할마님아. 이리로 이만큼만 내려와 '고장남밧'으로 가서 좌정했으면, 저도 오고 가기가 편안해서 좋을 걸. 할마님아, 올라오려니 앞동산은 높게 보이고 뒷동산은 얕게 보여." (요령)

간신히 기어 수륙을 드리고 갑니다. 신에게 이르고 내려왔는데 그날 밤에 아닌 게 아니라 너른 목에, 헤- (요령)

번개 치듯 좁은 목에 벼락 치듯 벼락천둥이 치며 굵은 빗발 가는 빗발, 하늘과 땅이 맞붙게 억수같이 비가 내렸다. 할마님은 당오름서 '대통물(샘물명)' 머리에 와서 마음 돌에 마음 싣고, 시름 돌에 시름 실어 가지고 이 '고장남밧'으로 와 좌정하여 앉아 있었다. 뒷날 아침에 김 향장 집 따님 아기는 지난 밤 일은 피라곡절[必有曲折]한 일이로구나 하여, (요령)

가서 보니, 아닌 게 아니라 할마님이 지금 당이 있는 자리에 와서 좌정하여 앉아 있구나. (요령)

그로부터 김 향장 집 따님 아기는 상단골이 되었고, 동소문밖東小門外 서소문밖西小門外으로 할마님 영력이 권위權威 나고 위품位品 나 가난한 자손도 아기 없어 탄식하다 성의 성심껏 할마님 전에 와서 수륙을 드리고 가면, 포태가 되고 귀한 집안 자손들도, 어- (요령)

할마님 전에 와서 원수륙을 드리고 가면, 포태를 시켜 주었다. 할마님에서 보살펴 주기 때문이다. 옛날은 웃한질이 나 있어, 말을 탄 양반들도 이리로 해서 정의 쪽으로 지나가려면, 말을 하마下馬시켜야 여기를 넘어갈 수 있고 말을 하마시키지 않고 넘어가다가는 말발을 둥둥 절게 하였다. 길 가는 보부상도 여길 넘어가려면, 청매실, 홍매실을 할마님전 올리고 가던, (요령)

그때엔 어느 전 어느 포목 장사도 할마님 전에 물매 물색, 황매 물색, 물감상 아니하고 가면, 그 장사 망하게 하는 한집님이 아닙니까. 한집님은 청명 꽃 삼월 열사흗날, (요령)

대제일을 받아 옛날은 국이 등등할 때(신령이 셀 때)에 당굿을 하려면, 저 '새통물머리(지명)'로 가서 삼석을 울리고, (요령)

저 마을 동네 안으로 해서 동카름 안가름으로 웃동네로 해서 모두 당기 들고 걸궁을 하며 가름(동네)을 돌다가 한집님 전에 와 당굿을 하고 그랬습니다마는 지금은 옛 법이 없고, 모든 게 개화법이니, 한집님전 축원원정하여, 그 이전에는 양씨 댁에서 '산신놀이' 할 말을 맞춰 바쳤는데, 요즘은 제물은 이장 집에서 차리고, 닭은 저 고씨 할머니 이른 여덟 님 여러 해 동안 성의성심껏 내놓고 있습니다. (요령)

신나락 만나락 헙서. (요령)

오른 어깨에 하로산또 놀래와치(소리꾼), 풍래와치(풍류꾼) 거느리던

한집님 산신일월.(요령)

　우굽허(位를 굽어) 하감下降하려 합니다. 알당은 벼락장군 벼락사자, 우레雨雷장군 우레사자 님은 옛날이라 옛적에, 어- (요령)

　송씨 할마님 딸을 데리고 '거믄땅밭'에 검질(김)매러 갔다가 점심밥을 먹고 나서, 큰 년아, 내 귓설매를 걷어 봐라. 어찌하여 나 귓등에 가랑니가 기는 듯하구나 하니, 어머님 귓등을 걷어 보니 가랑니는 없고, 어머님아. 귓밥이 소빡(수북)했습니다. 그럼 귓밥 내어달라 하니, 새꼬라미 뽑아 귓밥을 내려는 게, 귓청을 쏘악 건드리니, 이년 난 것 저년 난 것, 도둑년 난 것 지어미 죽으라고 귓청 쑤시는 년. 어디 있겠느냐 벼락 맞을 년이라 욕한 것이 어느 사이에 벼락장군 내려와 벼락 쳐 죄 없는 백성을 죽여버리니, 송씨할마님은 두 이레 열나흘 대성통곡을 하되, 명천 같은 하늘 님아. 그만큼 저만큼 이른 말에 죄 없는 벡성을 벼락 쳐 죽입니까 하도 땅을 치며 대성통곡을 해가니, (요령)

　옥황상제가 인간 땅을 굽어보니 죄없는 백성들을 벼락쳐 죽였구나. 벼락 몽둥이도 거두어간다. 벼락 줄도 거두어 간다. 벼락 방석도 거두었더라. 이- (요령)

　전부 거두어버리니, 벼락장군 벼락사자는 옥황으로 올라가질 못해 이리도 가 줄줄 허액 줄불을 내고, 저리도 가 줄줄 허액 줄불을 내 가니, 마을 자손들은 피라곡절한 일이라 하여, 이 한집님을 곁에 모셔 와서 벼락사자를 모시니, 옛날 마을 어느 으뜸(단체의 장)이여, 면장이여 마을 이장 같은 어른들, 머리 큰 어른들이 탕탕 쓰러져 죽어가니 자손들이 피라곡절한 일이라 하는데, 할마님이 자손의 꿈에 현몽하기를 우리 인간 사이에도 남녀 간 구별이 있는데 비록 귀신일지라도 남녀 간에 구별이 있는데, 한 곁

에 한 좌석을 놓으니 끄을음 내가 탕천하여 앉을 수가 없구나. 우리 좌석을 갈라달라 부탁하니, (요령)

알당 한집님은 저 동카름 만년 폭낭 아래로 가서 좌정하여, 삼진 정월 초여드레 과세문안 대제일 받고, 정 칠월 초여드렌 마불림 제일, 만국 시월 초여드렌 당하면, (요령)

시만국제일 받고, 섯달 그믐날은 개탁제일을 받던 한집님. 오늘은 이거 을축년 청명 꽃 삼월 열사흘날 한집님 전 대제일 되었습니다. 한집님아. 난시 본산국 과광성 신풀었수다. 백에 열 말이나 천에 한 말이나 여쭈어 있습니다. 한집님아. 신나락 만나락 하여 자손들 앞길을 그눌랑(보살피어) 어느 마을 궁리 안 있는 자손들, 마을 궁리 바깥에 가 제주시에 가서 사는 자손, 공무원하고 장사 상업하고, 어느 차타고 다니는 자손이라도 앞길 바르게 하여 줍서. (요령)

한집님아, 어느 일선 군인 가서 나라엔 충성을 하려 부모엔 효도를 하려고 간 자손 외국 나라 일본 주년국 땅 가 사는 자손들 한집님에서 그눌랑(보살펴서) 영급 좋고 수덕 좋은 할마님 아닙니까. 할마님아, 아기 없는 자손들도 생남으로나 아들 자손이나 포태를 시켜 줍서. 신병 잦은 자손이랑 신병을 풀어 줍서. 본당차사 신당차사 굴어보게 맙서. 눈 아피, 어느 생손 아릴 일, 생발 아릴 일, 몸에 부스럼 날 일, (요령) 나게 맙서. 한집님은 어서 들어오려 하니, 요디 저디 국이 근당한다. 저 만정 한집님 신수퍼 하감하려 하시는데 한집님이 어서 신수퍼 하감하려 하는구나- 석자오치 팔찌거리 신소미 앞거리며 뒤거리며 한집님은 저 만정 어서 들려하나, 천년 먹고 만년 먹은 금강머들 설정미 서녹미쌀 둘러받으며 오리정 신청궤랑 잠잠이 신나수며 오리정 신청궤로-

(악기에 맞춰 오리정 신청궤)

장군당—애월읍 고내리「장군당 본풀이」

옛날, 초나라 화양땅 명월당에서 일어난 세 장수 황서 땅의 황서, 을서 (또는 국서) 땅의 을서(또는 국서), 병서 땅에 병서 세 장수가 '김통정 난리'라 부르는 삼별초난의 장두 김통정을 잡으러 제주에 입도하였다. 그때 김통정은 고성 항파두리에 성을 쌓고 여몽연합군에 최후의 항전을 준비하고 있었다. 중국 천자국에서 김통정을 잡으러 온 세 장수는 애월읍 고내 포구에 정박하여 김통정의 삼별초 잔당을 쫓았고 김통정은 줄행랑을 치고 있었다.

탐라국 시절 제주도는 우마축산이 번성하고 각종 생산이 좋다고 하니 대국 천자국에서는 김통정을 제주도에 보내 형편을 정탐하고 오라고 보내었더니 김통정이 제주에 와서 보니 모든 물산이 풍부하고 살만하니 제주도에 정착할 만하였다. 그러니 김통정은 삼장수의 군대를 피하려고 애월읍 항파두리에 만리 토성을 쌓고 철문을 달았다. 김통정은 백성들에게 재 닷되, 빗자루 한 자루를 받아 재를 토성 바닥에 깔고 빗자루를 말꼬리에 달아, 말을 타고 만리 성을 뛰어 올 때 불재가 불려 제주섬이 감춰지게 성 위는 재 먼지 일어나 안개 탕천하니 천자국에서 온 세 장수는 앞을 가늠하지 못하였고 끝내는 세 장수는 항파두리성의 김통정을 잡으려고 토성 주위를 돌아도 성에 들어갈 수 없었다. 토성은 높았고, 높은 토성은 무쇠문이 큰 자물쇠로 단단하게 잠궈져 있었고, 세 장수는 토성에 들어갈 수 없었습니다. 그때 어떤 여자아이가 나서서 "세 장수님 어리석기 짝이 없구나. 무쇠문에 석달 열흘 백일 동안 불을 놓아 풀무질을 하면 알 도리가 있을 겁니다." 하고 일러 일러주었다..

그 말을 듣고 세 장수가 석 달 열흘 쇠문에 풀무질을 하였더니 무쇠문은 녹아내렸다. 세 장수는 항파두리 토성 안에 들어갈 수 있었고 김통정은 도망가게 되었습니다. 그 즈음 김통정의 부인은 임신 중이었다. 김통정은 도망을 가며 내가 없으면 당신은 죽을 것이다. 그럴 바엔 내 손으로 당신을 죽이고 떠나는 게 낫겠다. 그리하여 김통정은 처를 가랑이를 잡아 찢어 발겨 손으로 당겨 찢어 죽여 던져두고 무쇠 방석을 추자 관탈섬 근처의 물마루에 던져서 김통정은 그 무쇠 방석이 물 위에 떠서 무쇠 방석 위에 앉아 있었다. 그러니 그 뒤에는 황서 땅에 황서님이 제비로 변하여 날아가서 김통정이 머리 위에 앉았 괴롭혔다. 을서 땅에 을서 님은 바다 새우가 되어 김통정이 앉인 그 무쇠 방석을 잡아당기며 괴롭혔다. 그리고 국서땅에 국서님은 은장도를 받아들고 김통정이 모가지를 흔드는 순간에 김통정의 목에 비늘이 조금 들러질 때, 은장도로 모가지를 베어서 김통정을 잡았다.

세 장수는 김통정의 목을 천자국 상관에게 베어 바치고, 고내봉 북쪽을 바라보니 요왕국 막내딸아기 월궁 선녀가 만년 팽나무 아래 앉아 있었다. 세 장수 모두 이 월궁선녀같은 요왕국 따님의 아름다움에 미쳐서 따님을 찾아와 혼인을 하였고, 오름 아래 좌정하였다. 세 장수는 고내리 리민 남녀노소 나무와 물을 차지하여 토지관이 되었다. 이 당의 제일은 정월 초하루, 팔월 보름날 1년에 두 번 제를 지냅니다.

옛날 고씨댁에 힘이 장사인 하르방이 고내리에 살았다. 관에서 백성들

미여지벵뒤에 서서

에게 받아가는 세금은 너무 심하여 큰 당도리 처곽선을 등에 걸머지고 성안 읍중에 들어가려 하니 배가 너무 커 문에 걸려 성안에 들어갈 수 없었다. 문직이가 이 사실을 목사에게 이르니 목사가 분부를 내리기를 "납세를 받지 말라."는 분부였다. 그로부터는 마을에서 고씨댁 하르방 덕으로 납세를 면하게 되어 어부들이 편안하게 되었다 한다. 그때부터 따로 어부와 해녀들이 고씨 하르방을 위망적선하게 되었다. 그리고 본향제를 지내는 날, 고내리에 사는 얼굴 좋고 언변이 좋고 힘이 센 셋칫영감이 가죽으로 허벅지까지 감싼 바레바지에 두룽다리 모자를 둘러쓰고 바다에 고기 낚으러 갔다 오다가 당에서 굿하는 소리를 듣고 "마을 토지관이 자손을 괴롭히고 있다."고 붕어눈을 부릅뜨고 삼각수염을 거슬리고 청동 같은 팔뚝을 내흔들며 말하기를, "토지관이 별한 거냐? 내가 먼저 앉을테니 어서 가져와라."고 말했다. 그 후로 세칫영감은 따로 상을 놓고 옛날부터 정월 초하루와 팔월 보름에 축원하게 되었다. 이 신을 잘 위하면 행복을 주고, 잘 위하지 않으면 악화를 주는 신당입니다.

　—애월읍 신엄리 남무 42세 양태옥 님, 여무 진유아 님

멩오부인—성산읍 온평리 진동산 「멩오부인당 본풀이」

멩오부인당의 유래는 다음과 같다.

"남군 일대에서 고칩이가 일등부자였다. 그런데 고칩이가 서울에 가서 과거를 하는데 세 번을 낙방했다. 문점을 하니 신산본향을 찾아보라는 점

괘가 나왔다. 신산본향을 찾아가서 잘 차리고 난 후에 과거에 합격하였다. 이 조상을 무시할 수 없다 하여 온평리로 가지 갈라 와서 모셨다."

당신의 유래는 다음과 같다.

"명나라 명철연딸 삼형제가 제주도에 들어왔다. 큰성은 조천에 좌정하고 셋형은 김녕에 막내는 신산 범성굴왓에 좌정하였다. 문씨가 묵은 열운이에 살고 있었는데, 물을 온평리 혼인지에서 길어다 먹었다. 애기를 낳았는데 일곱 살이 될 때까지 똥오줌을 치워야 했다. 하루는 어머니가 혼인지에 물 길러 간 사이에 아이가 사라졌다. 걷지도 못하는 아이가 '왕날' 바닷물에 빠져서 물 아래 두일뤠 14일을 살았다. 물에서 나올 적에 좋은 의복을 입고 한 손에는 유리잔과 유리대를, 한 손에는 무쇠갓과 무쇠바랑을 가지고 만곡 사시월 '달뜨기 반딜물'에 개얌 용머리로 올라왔다. 올라와서 멩오부인 있는 곳에 와서 신하가 되었다."

문씨 영감이 바다에서 가지고 나왔다고 하는 무쇠갓과 바랑이 현재도 전하고 있다.

마을 설촌 「알선흘당 본풀이」

알선흘[下善屹里]의 산신당은 웃선흘[上善屹里]로부터 갈라져 나와 설치되었다. 웃선흘은 지금도 할망당만 있다. 웃선흘 할망당에는 남자들은 다니지 않는다. 처음에 이 선흘 마을의 시작은 다음과 같다. 옛날 현씨 할마님이 '너삼거리(지명)' 서녘편 숲이 무성한 데 할마님이 살았다. 첩첩산중 곳(곳자왈) 가운데 인가도 없었다. 저 육지 관악이란 곳에서 온 안씨 조상님이 시지근본[始初之根本]인데, 이곳으로 내도한 분은 처음에는 대정읍 구억리로 들어왔다. 입도하여 연 삼 년을 살았는데, 땅은 캉캉 마른 황무지여서 살아갈 수 없으니, 안씨 삼형제는 "사냥이라도 할 수 있는 곳으로 떠나자" 하고는 그곳을 떠났다. 그리하여 대정에서 한라산 동쪽 봉우리에 올라서서 사백리 주위를 후망[候望]하며 저 서쪽에서 동쪽으로 향하여 제주도 사백리 주위 산혈[山穴] 물혈[水穴]을 짚으며 유명한 오름들을 지나왔다.

다 마련하여 오는 게 오백장군 오백선생 어스름 단골머리 물장오리 테역장오리 넘어, 어느 쪽으로 향할까 하고는, 이 동쪽 산줄기를 따라 오려고 마음을 먹게 되었다. 이젠 그곳을 빗겨 안엄쟁이(애월읍 구엄리) 밧엄쟁이(신엄리) 넘어 넙거리오름 넘어, 그리로 발이 뻗어 오는데, 이 재를 넘어서니 살란이오름 넘어서서 동거문이, 섯거문이, 거친오름, 칠오름을 넘어왔다. 이들은 정의현과 제주목의 경계를 가르는 지경이었다.

경계를 넘어 그 오름들을 다 넘고, 체오름을 넘고, 체오름을 넘어서 거믄오름을 넘어들고, 거믄오름 넘어서니 민오름, 민오름 넘어서 차츰 발을 뻗어 오는 것이 대천동에 왔다. 저 교래리와 이곳 선흘 사이 서쪽에 '대천이'라는 유명한 동산이 있었다. 대천동산에 와서 영기[令旗] 명기[命旗] 파랑기를 꽂아두고, 우진제비 오름을 넘어서니 큰바메기 오름이 있었다. 큰바메기에 와서 연기[煙氣] 한 상 불려두고, 알바메기에 와서는 초롱 한 상 불려두고, 넘어서니 선흘 마을이 바로 눈앞에 선흘 '개남ᄆᆞ르'에 다다랐다.

'개남ᄆᆞ르'는 알바메기 오름과 마을 사이에 상을 받고 있는 형국이다.

안씨 집 조상이 발을 뻗어 온 시초가 이곳이다. 안씨 삼형제는 개남ᄆ르에 와서 영기 명기 파랑기 불려두고, 넘어서니 이제는 선흘 마을이 눈앞에 있었다. 이곳에 너삼구비 일만백맷대[一萬白馬] 초깃발旗 거느려 알선흘로 들어왔다.

안칩[安氏] 하르방들이 이렇게 처음 선흘로 들어와서 그 오름을 따라 발이 뻗어 들어와 차차 내려오는 게 '너삼거리'에 와 살펴보니 첩첩산중이라 동으로도 서쪽으로도 들어설 형편이 없는 곳(곶자왈)이었다. 곳 가운데 와서 들어설 수 없는 곳 가운데 들어와 어디 증거삼아 살 곳이 없으니, 안집 조상 삼형제는 '비약통 남놀개 지리발른 마새총'을 들고 '너삼거리'에 와서 동·서를 살펴 사람 사는 인가를 찾아보았다. 너삼거리에서 살펴보니, 그곳에 현씨 할망이 옛날도 유명한 할망이었는지, 그 할망 하나 '비주리 초막사리' 짓고 사는 데까지 오게 되었다.

안씨 하르방 삼형제는 초막에 들어가 우리 형제간 어디 먼데서 온 사람들이니 잠시만 "주인이나 머쳤당 가쿠다"(유숙을 하겠소) 하니 할망도 "아이고 경헙주게. 이렇게 첩첩 짓은 산중 가운데는 어디 인가도 엇수다." 하며 유숙을 허락했다. 그 집에 들어가 삼형제가 묵으며 사흘을 선흘곳 녹산(장막)을 치고 동수역 서수역 해도 눈 작은 새 한 마리 잡을 수 없으니 숙박비도 낼 수 없어 무단이 들어와서 사정을 했다. 사흘째나 가봤는데 아무런 사냥감도 못 찾아 할 수 없이 할마님에게 그 안씨 어른들이 말하기를 "우리들 이제 할마님을 찾아 여기에 와서 염치없지만 쌀 한 되 정성이나 해주십서." 하니 할머니는 "경허주. 내 그건 그리 하지."했다.

할망은 옛날 시절이라 무슨 이런저런 거 돌아볼 형편이 없을 때지만,

미여지벵뒤에 서서

쌀 한 되 싸 놓고, 토놋기(흙그릇)을 약돌기에 들여놓고 반듯한 기제숙(생선) 해놓고 설기(시루떡) 들여 놓고 해서 떠나라고 하니, 그것을 들고 가서 사흘째 선흘곳에 가서 막 녹산(장막)을 쳤다. 경치도 좋고 자리도 좋았다. 천년 명당 좋은 데로 가 우리랑 좌정하여 사흘이 지나야 조상님이 감응하여 우리 살려주겠지 하며 그냥 막 선흘곳 동으로 서로 녹산을 치고 돌아온 곳은 저 '이댁이머들'이란 곳이었다.

그곳은 가름(마을) 동 아랫녁에 책상 받은 듯 한라산을 명당 삼아 앉아 있는 동산이었다. 돌아가 그곳에 샘물도 있어 맹게낭 삭은 거 꺾어다 불을 붙여 메를 짓고 거기서 산신제를 지냈다. 큰 형님하고 셋형은 돌아다녀 지치기도 했기 때문에 밥을 먹고 앉으니 노곤하여 잠에 녹아 떨어져 동서쪽으로 쓰러져 버렸다. 작은 아시가 소변을 보려고 그 '이대기머들' 동녁 옆에 가 소변을 보며 눈을 뜨려니 사뭇 눈이 부시고 막 그저 일월이 희롱해서 눈을 떠 볼 수가 없었다. "밝은 날에도 더 밝은 것이 있으니 이거 이상하다. 어떤 일인고." 소변을 보며 정신을 차리고 바라보니, 옳게도 길이는 대자 오치 너비는 석자 오치 된 구렁이가 누어 통대 같이 누었는데 눈은 작박만 하고, 하도 엄중한 조상이 나와 누었으니 그 조상이 내는 빛깔이 비쳐서 눈을 뜨지 못한 것이었다. 아이고, 이거 참 이상한 일이로구나. 이거 어떤 일인가 정신을 차리고 선채로 바라보니 아주 엄중하고 엄중한 조상이 나와 누워 있었다.

소변을 보고 돌아와서 형들에게 외쳤다. "형님네 저기 강 봅서. 아주 참 엄중스러운 조상이 나와 누웠으니 눈을 뜨고 볼 수가 없습니다." 하니, 형들이 와당탕 와당탕 일어나, 아, 이거 참 살 일이 났구나 하고 달려가 보니, 아주 말할 나위 없는 조상이 나와 누워 있으니, 큰형님이 가서 어가라 약도리를 기울이며, "우리 곁에 온 조상님이라면 이리 와서 좌정하면 모시고 가 위로적선을 잘 하겠습니다."해도, 꿈쩍도 않았다. 이젠 작은 동생이 달려들어 약도리 기울이며 "우리에게 태운 조상님이거든 우리와 같이 가면 정결한 터 좋은 데로 가서 모시고 유래전득하여 잘 위로하겠습니다." 하며 약돌기를 기울여도 전혀 응답이 없었다. 마지막에 셋형님이 약도리 기울이며 "아이구, 조상님아, 우리들 개과천선시켜 살려주려거든 약도리 기우리면 이리로 들어오면 모셔 가겠습니다. 아주 참 청용백호 좋은 명당 자리로 잘 가서 좌정케 해서 위로적선 할 테니 우리들을 살려줍서." 하니, 그때는 약도리 안으로 핑핑하게 들어가 고비칭칭 사려져 앉으니, 이젠 셋형이 지게 되었다.

큰형도 못 지고 작은 아시도 못지고, 거 셋형이 저 인연이 맞은 셋형이 지어서 가는데 어딜 가면 자리 좋은 명당인지 말을 그렇게 했지만 알 수가 없었다. 저 '갯머리물'이라는 곳까지 지고 올라오며 셋형이 말하기를, "아이구 조상님아, 우린 촌디관청으로 어디 육지서 물개끔(물거품)에 절개끔(파도)에 올라온 자손들이라 조상님에게 거짓말을 하드래도 이거 실수할 수는 없으니. 조상님대로 자리 좋은 데로 가 좌정하면, 우리가 유래전득(대를 이으며)하며 위로 적선을 잘하겠습니다." 하며 지고 '앞동산'이란 곳에 왔다.

이 앞동산은 오르기에는 거친 동산이다. 그곳을 올라오려니 사뭇 어기약 지기약 목에서 톱질소리 나게 지어가지고 올라오니, 이곳 '신돔박낭알'에 왔다. 이곳에 좌정처를 정하게 되었다. 그 구렁이 조상을 모셔 좌정하게 해 두고, 뒷날은 사냥을 나가니, 대통이 터져 대각록도 제일천, 소각록도 제일천, 활이 가득, 살이 가득 맞혀가니, 그럭저럭 몇 년 몇 해를 잘살게 되어, 살아가는 게 이 선흘은 나중에 안씨 집성촌이 되어 버렸다. 그 안씨 삼형제가 와서 막 벋어나가 자손이 번성하게 된 것이다.

그랬던 일로 혈이 뻗어오는 것이, 우리 꿈에 현몽이 되어, 이리 봐도 큰 바메기로 작은바메기로 그 물줄기가 숨어드는 것처럼 눈에 사뭇 굉장하게 보인 것이다. 그 조상들이 이곳에 오래 살게 되니, 저 큰형님은 고향인 대정읍 구억리로 돌아가버리고, 셋집은 자손 번성하고 부자가 되어 잘살게 되니 이곳 선흘에 그냥 살고, 작은 아시(아우)는 정의 어디라드라(가시리), 그딘 이제도 명망나게 일본 가서 돈 벌어 마을 배拜하며 이제도 그렇게 살 산다고 한다. 그러니 이 조상들이 산신조상으로 차차 유래전득을 하는 모양이라.

옛날도 난산국 풀어가는 걸 보면, 한라산에서 이리로 발이 뻗어서. 여기 와서 좌정하여 안칩 조상들이 좌정하여 살아가니, 또 알선흘 토지관님은 알선흘로 가서 좋은 명당자리를 잡고 좌정했다. 옛날 알선흘 당자리는 아주 좋은 명당자리였다고 한다. 안칩 부군 조상은 신돔박낭 아래 좌정하여 자손들에 부귀영화를 시켜주었다. 그 조상이 발이 뻗어 알선흘로 왔던 토지관님은 알선흘 가 좌정하여 장적·호적 잡은 조상님입니다.

알선흘 '엉물'이란 곳에 옛날 김선달이란 어른이 있었다. 우린 오래되어 알지도 못하고 어른들이 이르는 말로 들었주. 그 김선달이란 어른은 '엉물'에 살았는데 하도 저 선달 벼슬을 벌려고 서울 한양리 직제 맡으레 자꾸자꾸 드나드는 바람에 서울 갔다 올 때엔 그 배에 배창에 올르난 물꼬궤에 옥같은 아기씨가 탔다가 그 어른 좌정한 데로 와서, 올라와서 톡하게 곁에 앉아, 앉아서 배에서 물꼬궤에 그리 올라와서 그 할마님은 그 어른들

벼슬살이 원살이 직감살이 하고 올 때 올라온 조상인데. 그렇게 같이 와서 평풍 뒤에 좌정해여 앉아서 이젠 그 김선달의 큰 할망이 때식도 가져가면 전보다 더 먹고 또 세숫물도 가져가면 전보다 짙고, 그러니 야, 이거 어떤 일인고? 큰할망은 옛날이나 이제나 호호근심이 태산 같았주.

한번은 또 서울상경 무얼 맡으러 가보려다가 큰할망이 평풍을 확 걷어 제치니 옥 같은 아기씨가 앉아 있으니 그놈을 그냥 참 귀잡고 내흔들어 내 후려버리니 갈 곳 없으니 게나제나 제주도 사백리 주에 막 돌다가 돌다가 벋혀 이제 선흘 가까이 와 물멩지 단속곳이 사뭇 먼줄이 나게 물명주 치마 가 연줄이 나게 나뭇잎에 물섶 걸리고 그리 다니다가 벋히니 이젠 선흘 마을 다니는 할망 곁으로 와서 정중부인으로 좌정하였다.

그 어른이 얻어먹기 시작하니 이젠(아기씨라. 이디 할마님 조꼿딜로) 정중부인으로 좌정하여 얻어먹고 알선흘 그 김 선달넨 참 경 막 그렇게 해 서 과거하고 들어올 땐 어깨선도 부리고 비개선도 부리고 감정선도 둥으 리선 다 도리고 이제 방애 아홉 고레 아홉 중선 아홉 상선 아홉 경 다 부리 며 아주 저 명건 나시리 이디 함덕이멍 엉물 근처에 그 어른 조상이 지제 도 하주. 그리고 태두하면 백마 눌로만 저 작은 바메기서 흘리면 저 함덕 고도물까지 막 흘리고 하며 서로 두 어른 안칩 하르방에 김칩하르방 두 어 른들 같이 과거들을 번 모양이라. 같이 벌어올 때에 그래서 그걸 해나난, 이제니까 하지. 선흘 그로 내려서 좌정허기는 젤 처음 알선흘 좌정헌 자린 함바집 지은 동문 녁편 끝에 큰 폭낭이 옛날에 있었지. 머들 조금 있는데 '당동산'이란 곳에. 거기 가서 좌정하고 여기 할마님은 또 여기 '탈남밧'이 란 데 좌정했지. 시지근본은 글세 저 함덕 거시기 죽어버린 뒤엔 여인들 와서 동이요 서입니다 영 해 다녀도 아무리 해도 그 이도 경허민 알선흘에

미여지벵뒤에 서서

서 당제를 정월 열 나흘날, 초감제, 본향들고, 도산치고, 전서받고, 마을에 와서 산신놀이, 상당숙여, 자손 전서 받고, 본당으로 내려가서 자손들 산받아 주고 산신당을 끝나십주. 옛날은 산신놀이 할 때 집집마다 들어가서 했습니다. 그 알선흘이 이젠 함바집 짓고 거시기해 버리니 하지. 옛날은 세 마을이 그리 넓었지. 그 조상 모신 자리도 넓고 그 이리 옆으로 나오면 동산 위에도 가름이 넓게 있었지.

그래서 가호 수는 옛날은 산신놀이 하는 거 가서 보면, 옛날 첫 번 당매어 다니던 어른하고 굴막(동복리) 고평관이란 어른이 그렇게 유명한 심방이었주. 두 분이 경 심방질을 잘했어. 고평관 부부. 그다음은 갑덕이 신가. 신갑덕. 이 웃동네 그 사름은 살아나고. 그다음은 갑덕이 죽어버린 뒤 명선이라 이거 오죽 여러 해가 지났주. 4·3 시국 전에부터 이제도록 다녔주. 옛날은 삼제관을 차려서 제를 봤다하는데, 동네에서 지금은 유지 한 사람을 정해서 하게 되었다. 당을 옮긴 이유는 시국에 몰려서 거기서 일제 때에 당도 부수고 절도 부수고 이거 막 뒤짚어지지 안해났나. 경 행 막 부쉬버리니 갈 곳이 없었어.

자손들도 조상 찾아볼 수가 없었어. 그레 강 저레 강 그자 어디 당어염 같은 데 강, 어지려 다니다가 (지금 당 모신 터는 뭐라고 부릅니까?) '지픈밧'이라 하주. 그 지경 이름이 '지픈밧'이라. 영 올라오려 해도 그런 장소가 없기 때문에 못 올라오고 있지. 남자들이 그러는 때문에 어디 동헌으로 거시기 하는 게 좋지만 이거 자손들도 4·3 시국 넘어난 뒤에는 그리 가서 좌정해서 고 심방이 미량 다녔주.

4·3 사건 때 순경이 하나 아팠답니다. 그랬을 꺼라. 그리고 저 영급으로사 그러는지 어떵사 하는지 우리 여자, 남자는 가득하는데 여자 남자 가득

하는 게 아니고 시지근본 첫 번부터도 어중간히 여자들이나 가서 섭섭히 허배드리지 못했었지. 원 황당한 사람은 가서 그렇게 하는데, 원 참 명선이란 이도 우리 생각엔 부족한 점이 있기 때문에 **빨리 돌아간 거로 생각이** 돼. (죄를 받아서예?) 응. (그러면 여기 할마님당에는 아기 못 나는 사람은 수룩도 올립니까?) 경허주게. 게나 제나 할마님에서 자손만덕 시겨줍서, 생불환생 시켜줍센. 그러는 걸 알당에 제일 치를 때 웃당 할마님을 거느려 줘야 합니까. 거느리주게. 거느림은 해도 당제 할 때에 이디 선흘로 들어오지는 못했었지. 거느리긴 몬딱 거느렸었지.

(할마님당에서 웃선흘 하고 알선흘 합하여 제를 지내지 못하는 이유는 뭡니까?) 제일을 못 치는 근본은 웃선흘은 이 저 '너삼거리'는 옛날로부터 영이 세기로 이 저 소소하게 뭘 둥당거령 들어오지 못하고, '너삼거리'가 세기 때문에 소리를 못냈었다. 할마님 당에는 '앉은제'로만 과세를 받는다. 옛날부터. 그러니 이당하고 같이 합쳐서 제일을 못 쳤구나.

　—1984년 2월 15일(음력 1월 14일) 이병선(여, 81세)

　　　　　　　　　　　　　　　　미여지벵뒤에 서서

제3부

미여지벵뒤

1° 칠성 본풀이

칠성 본풀이

옛날 장설룡 대감과 송설룡 부인에게 자식이 없어 40세에 절에 가 불공을 드려 어여쁜 딸아이를 얻었다. 하루는 대감은 정승 벼슬, 부인은 송사 벼슬 살러 오라는 영이 내려왔다. 계집종 느진덕정하님에게 아기씨를 보살피라 이르고, 높은 궁 안에 가둬두고, 정승 벼슬, 송사 벼슬을 살러 떠나버렸다.

아기씨는 수쳇구멍으로 바람을 쐬려고 올레 밖으로 나와 각단밭을 돌아다니다 그만 길을 잃고 말았다. 느진덕정하님이 아기씨를 찾아 나섰으나 끝내 찾지 못하고 장설룡 대감과 송설룡 부인에게 편지를 띄웠다. "대감님, 아기씨가 행방불명이 되었으니, 하루빨리 돌아오십시오." 그리하여 대감과 부인은 집으로 돌아왔다.

미여지뱅뒤에 서서

길 잃은 아기씨는 각단밭을 나와 지나가는 세 스님을 만났다. 첫 번째, 두 번째 만난 스님은 거들떠보지도 않았으나 세 번째 만난 대사께 서는 우리 법당에 와서 수륙재를 하여 낳은 아기씨라며 걸레기에 싸 하마석 옆에 놓아두고 장설룡 대감 집에 들어서며, "소승 시주받으러 왔습니다." 하니, 대감님 하는 말이, "절에 가 수륙 들여 낳은 아기씨 를 잃고 걱정하고 있다."고 하니, 대사는 "아기씨는 아주 가까운 데 있 습니다."고 말하고는 자욱한 먼지를 타고 사라지고 말았다.

하마석 아래에 가보니 난데없는 걸레기가 있었다. 풀어헤쳐 보니 아기씨가 있었다. 눈은 보니 곰방눈이 되었고, 목에는 홍줄이 섰고, 배는 둥둥배가 되어 있었다. 위는 사람의 몸인데 아래는 뱀의 몸이 되 어 있었다. 아기씨가 임신한 게 분명했다. 양반집에 큰일이 난 것이 다. 장설룡 대감이 작두 걸고, 자객을 들여다 임신한 딸을 죽이려 하 니, 느진덕정하님이 나서며 "내가 잘못했습니다. 나를 죽여주소." 한 다. 은동이에 물을 떠다 놓고 거울에 비춰 보니, 뱃속에는 일곱 애기 가 소랑소랑 누워 있었다. 결국 무쇠 상자에 담아 아기씨를 넣고 동 해에 띄워 버렸다. 무쇠 상자는 물 위에도 삼 년, 물 아래에도 삼 년을 떠다니다 함덕리 바닷가에 올랐다. 함덕리 해녀들이 물질하러 갔다가 무쇠 상자를 주워 서로 임자라고 싸움을 하고 있자니 송동지 영감이 낚시하러 가다 이 광경을 보고 상자를 열어줄 테니 무쇠 상자는 나를 주라며 열어보니, 상자 안에는 혀를 날름거리며 칠성(뱀) 7형제가 서 로 꼬리를 물고 똬리를 틀고 있었다.

일곱 잠수들은 이 칠성 조상을 위하여 삽시에 부자가 되었다. 그리 고 칠성 일곱 아기들은 함덕리를 떠나 낮에는 소로 길로, 밤에는 대로 한길로 걸어 읍성 안에 들어갔다. 'ᄀ으니ᄆ루' '베린내'에 이르자 묵은 옷을 벗어 가시덤불 위에 걸쳐두고 목욕하고 난 후 새 옷으로 갈아입어 성안 읍중으로 들어왔다. '산짓물'이 좋다 하니 산짓물에 왔다. 그때 산짓물에 송대정 부인이 열두 폭 홑단치마 벗어놓고 빨래를 하고 있었다. 일곱 애기들은 거기에 소랑소랑 누웠다. 송대정 부인이 이를 보고 "나에게 내려준 조상이면 열두 폭 홑단치마에 들어옵서." 그리하여 일곱 아기(칠성)는 칠성골에 들어오게 되었다. 그래서 이 고을 이름이 칠성골이 된 것이다.

그리고 부군칠성(뱀)은 제주목 관아를 지키는 신들이 되었다. 어머니는 동헌할망, 형제들은 옥獄할망, 창倉할망, 과원果園할망, 고팡할망 안칠성, 뒷할망밧칠성으로 좌정하였다.

옛날 장나라 장설룡 대감님과 송나라 송설룡 부인님이 마흔 살이 넘도록 아이가 없어 걱정하다가, 동게남東觀音 상좌절上佐寺에 원불수룩願佛水陸 드려 앞이마에 햇님 박힌 아기씨, 뒷이마에 달님 박힌 아기씨, 제비 아래턱 같은 아기씨가 태어났다. 부모님은 하늘에 벼슬 살러 떠나며 아기씨를 여종 느진덕이정하님에게 맡겨두고 갔다. 여종은 아기씨를 살창 안 높은 상자를 매어 가둬두었는데, 백 일을 넘어가니, 아기씨는 느진덕이정하님에게 읍성장안邑城長安 구경하게 문을 열어 달라 조른다. 잠근 문 열어주니, 마당도 돌아보고 읍성장안 둘러보다가 아버님 생각이 절로 나고, 어머님 생각이 절로 나 아버지, 어머니를 만날 수 있을까 하고 가는 것이, 묵은 각단밭(억새밭) 새 각단밭으로 들어가게 되었고, 낮에는 땡볕 맞고, 밤에는 찬 이슬 찬 서리 맞으며 억새밭 깊숙이 들어가 깜빡 길을 잃고 말았다.

미여지벵뒤에 서서

대사가 아기씨를 만나 상가마를 오른쪽에서 왼쪽으로 세 번 내리 쓸며, 아기씨 팔목을 잡고서 일곱 번을 발끈발끈 잡아가니, 아기씨는 일곱 번을 놀랐다. 그때부터 대사는 낮에는 시주를 받고, 밤이 되면 품에 데리고 잠을 잤다. 하루는 내려놓고 살펴보니, 사람의 얼굴은 얼굴인데 몸은 알롱달롱 비단緋緞 같은 모습으로 변해 가고 있었다.

장설룡 대감 꿈에 "세 스님이 권제勸齋 받으러 오면, 앞에 오는 스님 권제 주어 보내고, 나중에 온 중이랑 사문결박私門結縛하십시오." 하였다. 마지막 스님이 나타났다. 스님은 장삼에 아기씨를 싸고 먼데 올레 노둣돌 아래 디밀어 두고, "시주[勸齋]나 내어주십시오" 하였다. 장설룡 대감님 하는 말이, "이 중아 너희 법당에 가서 수륙 들여 태어난 아기 행방이 묘연하니, 오행팔괘五行八卦나 짚어보아라" 하니, 대사大師가 하는 말이, "아기씨는 부르면 들을 만하고, 외치면 들리는 곳에 있습니다." 하였다. 대사가 하늘에 축수 원정을 드리자 조금 있으니 대명천지가 환하게 밝아왔다. 장설룡 대감님이 말을 하되, "영급靈及 있는 대사라면, 어서 말한 곳을 찾아보라" 하니, 뒬팡돌[下馬石] 아래를 보니, 아기씨는 포장지에 싼 대로 있었다. 그런데 눈을 보니 곰방눈, 입을 보니 작박새, 코를 보니 말뚱코, 머리를 보니 안개산에 매발콥(마구 헝클어진 모양), 손을 보니 쇠스랑, 발을 보니 곰배발. 모가지는 홍줄 목, 배는 두룽배 태왁배가 되어 임신한 게 분명하였다. 어머님이 퍼뜩 옷 앞섶을 걷어보니, 파란 젖줄이 섰구나. 젖머리[乳頭]가 까맣고 얼굴은 그전의 얼굴인데, 몸뚱인 아리롱다리롱하였구나. 아이고 궁 안[宮內]에도 바람이 들어온 듯하다.

어찌하면 좋을까? 양반의 집에 사당공사祠堂供辭(창피한 일) 났구나. 앞 밭에는 벌통 걸고 뒤 밭에 작두斫刀 걸어 아기씨를 죽이려 하니, 느진덕이

정하님과 아기씨가 서로 자기 잘못이라 한다. 하나 죽일 일이 여러 목숨을 죽게 할 듯하니, 송설룡 부인님은 대감님께 의논하기를 먼 데로 귀양을 보내자 하였다. 동해바다 쉐철이아들[야장신冶匠神] 불러다 무쇠 석함石函 짜 아기씨를 놓고, 저 바다에 띄워버리니 물이 싸면 동해바다, 물이 들면 서해바다, 제주 섬 중으로 들어와 제주 섬 중 사백 리 주를 다 돌게 되었다.

뱀신 칠성한집[七星神]은 함덕리咸德里 마을에 들어왔다. '서모오름' 옆 '무승개'였다. 여기서 칠성은 물질하러 바다에 드는 일곱 잠녀潛女를 만났다. 잠녀들은 물질하러 내려가다 무쇠 석함을 발견했다. 그리고 주운 무쇠 석함을 놓고 서로 내가 주웠다고 다투고 있었다. 이때 송동지 영감이 낚시 가다 일곱 잠수가 싸우는 걸 보게 되었다. "너희들 왜 싸우느냐? 내가 무쇠 석함을 열어줄 테니, 안에 든 건 나눠 갖고 무쇠 석함은 나를 주면 담배 재곽災匣이라도 하겠다." 하였다. 정동青銅 같은 팔뚝으로 한 번 두 번 삼세 번 쥐어박으니, 덜커덩 무쇠 석함이 열렸다. 무쇠 석함을 열어보니, 거기에는 일곱 뱀 새끼가 나왔다. 일곱 잠수들은 하도 무섭고 더러워 보여 모두 잡아서 손에 놓으니, 눈을 까뒤집고 코를 벌름거리는 게 아닌가. 침 뱉으며 발로 밀어내며, 다들 도망하여 물에 한번 들어갔다 나오니, 일곱 칠성 한집님[神]이 열두 풍문조화를 주워, 눈에 청青 굴리, 백白 굴리, 앞을 볼 수 없게 안질을 주었다. 요즈음 같으면 병원에 가겠지만, 초약草藥이나 발라 봐도 효력 없어, 갑갑하면 송사訟事 가는 법으로 '가물개' 이원신 대선생(삼양 '가물개' 출신의 유명한 무당)이 병을 잘 본다 하니, 일곱 잠수들이 찾아가, 문점問占을 하니, 이원신 선생이 말하기를, "이건 강남江南에서 들어온 칠성한집의 조화니, 칠성단七星壇을 설비하여 칠성굿을 잘 지내야 신병身病이 좋을 듯하다." 하였다. 칠성을 주웠던 데 가서 칠성단을 만들

미여지벵뒤에 서서

어, 칠성메도 일곱 올리고, 떡도 일곱 올리고, 잔도 일곱 올려 제물을 차려서, 한 성군星君에, 한 칠성七星에 일곱씩, 오늘 저녁에 칠성고사七星告祀를 지내소서." 하였다. 그때 제단에 데려와 돌 한 덩이씩 올려 놓은 게 칠성단이 되었다. 칠성단을 차려 놓고 칠성고사를 지내니, 모든 병이 감쪽같이 나았다. 일곱 잠수들은 그때부터 물 아래 들면 대전복, 소라, 우무, 청각, 편포, 따는 것, 캐는 것 하도 재수가 좋아서, 난데없이 고대광실高臺廣室 높은 집도 솟아나고, 남전북답南田北畓 넓은 밭도 생겨나 부자가 되었다. 어부들도 재물 차려 칠성당에 가서 칠성고사 지내고 나서, 고기 낚으러 가기 전에, 잠수들 하는 대로 칠성고사를 지내게 되었으니, 채낚기선 거느려 저 바다에 나가면, 고등어, 도미, 가자미, 방어, 재수가 좋아서, 만선기를 날리며 들어오게 되었다. 잠수도 보재기[漁夫]도 모두 큰 부자가 되었다.

함덕 마을에 토지관 본향당신님이 어찌하여 내 자손들은 정월이 돼도 과세문안세배도 아니 오고, 여름엔 마불림(마불림제, 여름에 당에 가서 풀을 베고 제를 지내고 제장을 청소하는 '마(=곰팡이)'를 불리는 신의청소제神衣淸掃祭) 재물구덕 채우던 자손들이 "왜 당에도 오지 않는가. 이게 어떤 일인가?" 살펴보니, 강남서 들어온 칠성한집이 자손에게 칠성제를 받고 있었다. 이를 안 본향신은 화가 나서 빨리 떠나지 않으면 작대기 받다 칠성단도 모두 부숴버린다 하니, 그때엔 일곱 칠성 한집마누라님 일곱 애새끼가 의논공론을 하였다. "아이구, 설운 아기들아. 좋은 고기는 가시가 세고, 좋은 매는 모질단다. 우리 대처大處에 가서 얻어먹는 게 어떠냐. 우리 좋은 때에 어서 떠나자." 하여, 일곱 애새끼가 나와 함덕 마을 바깥으로 길을 떠나게 되었다.

함덕 금성물→조천 만세동산→신촌新村 열녀문거리→신촌 진드르→돌

숭이→들른들→살쏜덧거리→화북 동주원→지장샘물→베린내→ᄀᆞ으니 무루→공덕동산→금산물→관덕정觀德亭→배부른동산→객사꼴→서문통 →서불망꼴→이앗골→항꼴→남문바깥南門外→동서머체→남수각→신산 무를→구중→두무니머들→칠성골→산짓물→나문바깥[南門外]

그때부터 제주 성안 나문바깥 송칩[宋宅]에선 봄 나면, 정월 나면 과세문 안을 하고, 가을 들면, 오곡 시만곡新萬穀 보리 농사 하여, 고장 쌀 우정하 여 올리고, 동짓달 나면, 시만곡대제(추수감사제)로 칠성고사도 하였다. 그러니 칠성골 송씨 집은 갑자기 부자가 되었다. 그렇게 잘살게 되니, 어 떤 조상을 위하여 부자 된 걸로 생각을 하지 않고 건방을 떨어 대접待接하 지 않아 가니, 그때 칠성한집 마누라님은 얻어먹지 못하게 되자, 나서서 외줄도 타고 건너, 겹담도 타고 건너, 집 둘레도 돌아다니고, 울성 각 나무 를 돌아보았다. 마당 네 귀를 돌아다녔다. 아무리 돌아다녀도 어느 누가 물 한 모금 먹어라 쓰라 않으니, 그때는 어머님이 말을 하시기를, "설운 아 기들아. 원員도 한 원을 섬기지 않고 신의 양석糧食을 따지지 말고 거둘 도 린 했으니, 우리 각호각산各戶各散 제주도 사백 리에 흩어져, 우리 사는 법 마련하여 우리 얻어먹자꾸나." "어서 걸랑 그렇게 하십서." "큰딸아. 너 는 어디로 가겠느냐?" 하니, "안동헌[內東軒]으로 가겠습니다." "셋딸아. 너 는 어디로 가겠느냐?" "밧동헌[外東軒]을 차지하겠습니다." "말젯딸은 어 딜 가겠는냐?" "동창궤[東倉庫]도 내가 지키겠습니다." "넷째 딸은 어디로 가겠느냐?" "서창궤[西倉庫]도 내가 지키겠습니다." "다섯째 딸은 어딜 가 겠느냐?" "남창궤[南倉庫]도 내가 지키겠습니다." "여섯째 딸은 어딜 가겠 느냐?" "북창궤[北倉庫]도 내 차집니다." "일곱째 작은딸은 어데로 가겠느

　　　　　　　　　　　　미여지벵뒤에 서서

냐?" "설운 형님네 좋은 데로 들어가면, 나만 살자 하고 잘 살아버리면, 어머님 생각은 누가 합니까? 나는 바깥으로 나가 과원果園을 차지했다가, 열매가 열어 구시월 불긋불긋 노릿노릿하여 우리나라 진상進上하다 남은 걸랑 가는대 질구덕에 어머님 못 잡수시게 어깨짐 지어서 가겠습니다. 어머님, 우리 일곱 애기 낳아서, 데리고 다니며, 먹이려면 입인들 아니 고픕니까." 하니, "설운 아기야. 수數 없이 작은딸만 나무라다 보니, 설운 아기 품에 효도孝道가 되겠구나."

그때 낸 법으로, 부모 슬하에 있을 때 미련하다고 형제간에 따돌림을 받던 아이가 나중에는 진짜 부모 효도하는 법이다.

큰딸 아기는 안동헌 차지, 밧동헌 차지했다가, 뇌물 많이 받으라. 야, 동창궤 차지한 딸 애기랑 부자팔명하라 하니, "어머님은 어데로 가겠습니까." 하니, "내가 갈 곳은 있다. 설운 아기들아. 걱정을 하지 말고, 너희들이나 어서 가거라." "어머님은 어데로 가시렵니까." "난 바깥으로 우리 아버지네 잘살 때, 기와집[瓦家] 안에서 날 키웠지만, 길에 다닐 땐 오장삼長衫에 싸서 다녔으니, 그걸 어찌 말로 다 이르고, 법지법을 아니 마련할 수가 있겠느냐. 바깥으로 가면, 감나무 아래나 배나무 아래나, 유자나무 아래나 어느 청귤나무 아래로 청너울랑 청靑 주젱이(띠나 짚으로 둥글게 엮어 가리 꼭지 따위에 덧덮는 물건). 백너울랑 백주젱이 만들어 위쪽으로 좁아지고 아래는 퍼지게 더부룩하게 가 누워서 기왓장 하나 암기와 숫기와 놓아서 우리 어머님 살았던 그런 노적같이 더부룩하게 해서 정월 나면 신년제 과세문안 받고, 가을 나면 오곡 시만곡 열두 곡 해서 위로 먼저 떠서 가을철 나면, 철갈이 칠성고사 받겠다. 기일제사 때는 바깥으로 메 한 그릇, 안으로도 메 한 그릇 받겠다." 하니, 어머님은 안과 밖으로 다니며 잘 먹고 잘 쓰겠지만 우리들은 어떻게 살아갑니까? 하니, 설운 아기들아, 부모 품은 거미넋(거미는 실을 짜서 거미줄을 치고, 실 뽑는 배 바깥에는 주머니 같은 태가 있어 그곳에 새끼들을 넣고 달아매고 다닌다. 태가 찢어지면 발이 돋아 새끼들이 걷기 시작한다. 그러면 새끼들이 어머니 몸을 뜯어먹고 성장하고 어미는 죽는다. 자식들에게 자기 몸을 먹이로 주고 죽는 것처럼 어머니가 딸들을 위해 희생하는 것을 '거미넋시', '거미넋'이라 한다.)이 아니냐. 너희들 못살게 되어 다 어멍 찾아오려면, 야 칠성고사告祀 받으러 다니다 보면, 바랑(바라) 소리가 나거든 모두 모여라. 그때 동창궤도 열어주마. 서창궤도 열어주마, 남창궤, 북창궤 열어서 너희들 사재분짓[私財分衿] 해주마던 한집[神]입니다.

칠성한집님도 하늘옥황의 칠원성군님도 동두칠성, 서두칠성, 남두칠성, 북두칠성 칠원성군 칠성한집님은 죽는 법이 없다. 아홉 번 죽어도 열 번 환생還生하여 살아나는 법이다. 사람은 죽어서 사남굿(병자를 살려내는 굿)을 안 해도, 한집님은 동티가 나면 사남굿을 하면 도환생하여 다시 살아나는 법이니, 칠성 신상神像을 그리고 나까방석 자리매듭을 차려놓고 백미 독에 앉히고 계란 안주를 품겨서 아름 가득 안았으니, 죽었다가도 살아났으니 이 죄된 것을 걷어주십시오. 선하품도 치지 맙서. 기지개도 치지 맙서. 꼬리 딱딱 끊어서 없는 집과 밭 내세워주십시오. 선소망所望도 이루어주십시오. 딸 자손이라도 어디 가서 못살게 되거든, 노적 해치며 조금이라도 골라줘서 먹을 양식도 떨어지게 맙서. 돈도 떨어지게 맙서. 그리 내세워주십시오. 칠성한집님아. 모든 궂인 원액일랑 막아줍서. 날로 나력[日曆]입니다. 달로 달력[月曆]입니다.

미여지벵뒤에 서서

칠성굿

하늘굿과 칠성

제주인의 칠성七星 이야기는 '하늘칠성'이라는 북두칠성〔천신天神=칠원성군〕에서부터 시작된다. 그 이야기는 환인 천제의 나라 환국桓國이 있었다는 천산天山과 하늘길의 입구인 '하늘올레'라는 천해天海 바이칼 '알혼섬'에 내려오신 천신들이 지상의 신격으로 바뀌면서 '산신칠성' '용칠성'이 지키는 나주 금성산 '천구아구대맹이' 이야기로 이어진다. 그다음에 땅칠성, 즉 일뤠할망〔七日神〕'본향칠성', 그리고 집을 지키는 '뱀칠성' '부군칠성' 이야기로 이어진다. 그렇게 해서 풍요다산의 수 '7'과 별 그리고 '하늘의 별이 내려와 아이로 탄생'한 '생불生佛=아이' 에 관한 신화가 탄생하였다.

한국인이 사랑하는 칠성 이야기와 '7의 수철학'은 칠석날에 듣던 칠성七星과 삼칠성〔七七七〕 이야기를 통해 전해졌다. 한국의 아이들은 그렇게 별을 세며 수를 배웠다. 땅에 태어난 별, 생명의 별 이야기는 '생별은 아이다'라는 생각으로 이어져, 언제부턴가 아이는 생별이 아니라 '살아 있는 부처〔生佛〕'라는 생불 신화를 만들어냈다. 제주의 칠성 이야기는 여러 가지 문화 계통을 따라 다양한 큰굿 속에 칠성굿으로 전승되었다. 그러므로 칠성 신앙은 북방 문화가 제주에 들어와 제주의 하늘굿, 칠성굿으로 완성되는 1만 년의 민족사를 이야기한다고 할수 있다. 이 이야기의 계통은 본래 북두칠원성군이라는 하늘칠성〔天神-별〕과 시베리아 북방 문화에서 시작되었지만, 한반도에 들어와서는 벼농사 지역의 도작 문화稻作文化와 나주 금성산을 지키는 산신칠성山神七星 용龍 이야기로 전해진다. 그리고 남방의 해양 문화와 사신칠성蛇神七星 뱀 이야기로 전승되면서 칠성 신화로 완성되었다.

「칠성 본풀이」 속에는 북녘 하늘에 반짝이는 별(북두칠성)인 '하늘칠성' 이야기뿐 아니라, 시베리아에서 발원하여 바이칼과 몽골을 거쳐 만주 대륙에서 요하 문명을 만든 배달과 고조선과 고구려를 거쳐 한반도에서 꽃피운 용봉龍鳳 문화의 이야기, 그리고 '용(천구아구대맹이)'과 '삼족오'로 상징되는 산신칠성山神七星 나주 금성산 '용칠성' 이야기, 마지막으로 땅칠성과 집칠성 '사신칠성' '부군칠성'이라는 뱀신〔蛇神〕의 이동 경로를 풀이하는 이야기가 모두 담겨 있다. 이것이 제주의 칠성 신앙이다.

제주의 칠성 신앙과 함께 완성된 칠성 신화는 여러 가지 칠성굿으로 제주 큰굿 속에 전승되어 왔다. 단독제로 치러지는 칠성굿으로는 '북두칠성을 모시고 무병장수와 아이들의 건강을 비는 굿'인 칠원성군제(칠성제)와 '뱀을 잘 모시지 않아 병을 얻었을 때 하는 굿'인 칠성새남굿(칠성제)이 있다. 또 큰굿 속의 작은 굿으로는 굿판의 부정을 정화하는 굿 제차인 '제오상계' 때 큰 구렁이를 잡는 굿〔大蛇除治굿〕 '용놀이'와 토산리 본향당신인 뱀신을 놀리는 놀이굿 '아기놀림'과 '방울풂'이 있다.

그러므로 제주의 칠성 신앙은 하늘의 별 이야기에서 시작하여, 별들이 지상에 내려와 많은 생명의 신으로 자리 잡아 인간을 지켜주는 칠성신이 되었다는 이야기로 발전한다. 칠성올레에 들어서면서 만나게 되는 칠성 이야기는 어렸을 때 밤하늘의 별을 세던 꿈의 세계에서

　　　　　　　　　　　　　　　미여지벵뒤에 서서

출발한다. 여기에 생명의 굿판과 하늘에서 귀양 와 본향신이 된 별공주 따님아기, 인간에게 부와 풍요를 가져다주는 사신칠성과 칠일신七日神들의 이야기가 하나로 이어져 칠성의 세계를 그려나간다. 칠성 이야기는 반짝이는 별, 살아 있는 별[生佛], 지상의 생명인 아이[生佛]에까지 옮겨간다. 그럼으로써 칠성신은 장수수복의 신, 다산풍요의 신인 동시에 뱀이나 용, 수신水神이나 해신海神으로 변형하고 발전하여 다양한 세계를 완성해 나간다. 「칠성 본풀이」는 북두칠성의 상징이자 칠원성군이라는 칠성신으로 신격화된 하늘칠성이 지상에 내려와 생산과 풍요, 산육과 치병, 다산과 불사의 마을의 수호신이 되었다는 이야기로 끝을 맺는다.

하늘칠성-북두칠성 이야기

제주 읍성에는 칠성대七星臺가 있다. 칠성대는 북두칠성을 땅에 새긴 우주의 조감도다. 제주에서 큰굿을 할 때는 올레에 큰 대를 세워 하늘 길을 열고 집안에 당클(선반에 매어 놓은 제단)을 맨다. 당클은 굿을 할 때 집안의 중심이 되는 마루의 상단에 하늘과 땅의 높은 신들을 모시는 신 자리(제붕祭棚)를 말한다. 당클은 두 개의 하늘(삼천천제석궁과 시왕당클)과 두 개의 땅(문전본향당클과 마을영신당클)에 맨다. 집안 상방 사방에 네 개의 당클을 매는데, 사당클은 하늘과 땅, 우주의 모형, 소우주를 완성한다.

여기에서 칠성대의 수수께끼를 풀 근거가 생긴다. 고대의 하늘제[天祭]인 칠성제는 큰굿을 할 때 집안에 가상으로 건설하는 우주의 모형

관덕정의 입춘굿.

인 '당클'을 매면서 시작된다. 이처럼 읍성 안 북두칠성 자리에 칠성대를 세워 하늘길을 열고 거기에 집안의 당클을 맨 것이다. 마찬가지로 고대의 하늘굿은 읍성의 중심인 관덕정에 임시로 칠성단을 마련하여 지냈던 것이다.

큰굿(하늘굿)—큰대(＝우주목)—집안 상방마루—당클(우주의 모형 무대)
칠성제天祭—칠성대(별자리)—읍성 중앙(관덕정)—칠성단(우주를 복제한
신시神市)

위의 가설에 따르면, 큰굿의 마당에 세우는 큰대(우주목)는 고대 하늘굿 칠성제의 제단을 상징한다. 이제 읍성의 칠성 별자리에 세웠던

미여지뱅뒤에 서서

칠성대를 통해 고대 탐라 문화를 스케치하는 칠성 신앙 이야기를 해 보자. 『탐라지』에 의하면, 칠성대는 제주 읍성 안의 일도, 이도, 삼도 등 일곱 지점에 있었고, 그 지점을 이으면 국자 모양의 별자리(북두칠성)가 된다. 이곳이 읍성의 중심이고, 이는 고대 탐라국의 중심이자 수도와 같다.

제주 큰굿의 초감제에서는, 우주의 배경을 설명하는 발생 신화 '곱 가르는 이야기'와 함께 천지혼합-천지개벽-동성개문으로 우주 창조의 과정을 설명하는 「천지왕 본풀이」가 펼쳐진다. 이 본풀이에서 별 이야기가 시작되는데, 별 이야기는 하늘칠성, 북두칠원성군 이야기이다. 큰굿에서는 하늘옥황 삼천천제석궁을 이야기하고, 다시 하늘칠성은 땅의 칠성 이야기로 이어진다. 칠성 신화는 변이형을 만들면서 산신칠성(용), 사신칠성(뱀)이 되며, 또다시 별은 용, 뱀과 같은 다른 상징과 다른 계통의 칠성으로 확대 재생산되어 많은 칠성 신화를 만들어 냈다.

하늘에서는 청이슬이 내리고,

땅으론 물이슬 솟아나, 떡층같이 금이 생겨나,

갑을동방甲乙東方은 견우성牽牛星,

경진서방庚辰西方은 직녀성織女星,

병정남방丙丁南方은 노인성老人星,

임계북방壬癸北方은 태금성太金星,

삼태육성三太六聖 선후성별先後星別 별자리는

칠원성군七元星君님,

북두칠성 태성군太星君

원성군元星君은 직성군直星君,

무성군繆星君은 강성군綱星君,

기성군紀星君은 별성군開星君 도웁하니

「천지왕 본풀이」는 천지 창조 과정을 담은 창세 신화로, 거기에 그려진 우주의 지도가 맨 처음 만들어진 우주의 설계도라 하겠다. 그리고 그곳에 나오는 별 이야기는 칠성의 천문학인 동시에 고대의 도시 계획서이다. 하늘칠성 이야기는 칠성대를 통해 고대 문화를 복원하는 것이 의미있는 일이라는 암시를 준다. 필자는 칠성 연구의 한 방법으로써 칠성 신화를 소개한다. 별들의 탄생과 소멸에 관한 이야기는 생명의 탄생과 소멸, 생명의 법칙으로 확대되어 생명 신화를 만들어낸다.「천지왕 본풀이」이외에도 '농경신이 된 별공주 이야기'로 와산리 「불돗당 본풀이」, 용강리 웃무드내 「굴당 본풀이」와 같은 '하늘 옥황의 별공주가 땅에 귀양 와서 마을의 본향당신이 되는 신화'가 만들어지고, 이 당 본풀이의 당신堂神은 '아기를 점지해주는 삼싱할망[産育神]의 기능을 한다'는 이야기가 만들어진다.

이와 같은 이야기 구조를 갖춘 「천지왕 본풀이」나 하늘칠성 별 이야기는 하늘옥황의 별공주가 땅의 신, 아이를 돌보는 산육신이자 농사를 돌보는 농경신이 된다는 새로운 신화가 형성되는 사례를 보여준다. 그러므로 큰굿의 칠성 신화는 다양한 형태로 존재한다. 그러면 제주의 칠성 신화를 완성한 제주 사람들의 상상력은 어디에서 비롯되었을까? 하늘에 떠 있는 '수많은' 별과 그중 '하나'인 나의 관계를 관찰

미여지벵뒤에 서서

해가는 과정의 '수數의 철학'에서 생명 신화가 이루어졌다고 할 수 있을 것이다.

북두칠원성군은 하늘칠성

시베리아 북방 문화의 근원인 바이칼 호수 인근에 사는 이르쿠츠크족이나 알타이족의 샤머니즘 굿판을 그려보는 것은 별의 이야기를 시작하는 것과 다르지 않다. 칠성의 천문학인 칠성과학은 잠시 접어두고 초과학超科學적이고 주술적呪術的인 방법으로 북두칠성 풍수학을 생각해 본다. 북두칠성의 신이자 칠성신인 칠원성군은 한류의 조상신이라는 생각을 지울 수 없기 때문이다. 탐라 문화의 계통이 시베리아 계절풍을 타고 날아온 북방의 샤머니즘 문화와 쿠로시오 난류를 따라 흘러온 남방의 불교 문화가 만난 것이라면, 또 설문대할망이 창조한 땅 한라산에 생활의 터전을 이룬 삼신인三神人 자손들의 토착 문화가 합쳐 새로운 탐라 문화를 이룩한 것이라면, 북쪽 하늘에 국자 모양의 별자리를 가진 별의 신 칠원성군은 샤먼의 조상일 것이다. 제주의 문화는 지금도 큰굿을 통해 탐라 문화의 원형을 간직하고 있다. 이 큰굿이 기원한 시베리아와 바이칼 호수, 몽골의 고비사막 등 알타이와 야쿠트족의 터전은 오랜 옛날 선조들이 말을 타고 달리던 북두칠성의 나라다.

시간이 시작되고 공간이 끝나는 북쪽 끝, 한류가 시작되는 곳에서 만난 밤하늘의 북두칠성에서 칠성문화학이 시작되었다. 고대의 별의

제주시 관덕정.

나라 시베리아를 조상의 나라로 가진 탐라의 문화는 큰굿이 고대의
칠원성군제였다는 가설에 따라 그 원형을 그려볼 수 있을 것이다.

북두칠성 별자리 칠성대

　고대의 제주읍성은 삼을나가 나라를 열던 그 시절 일도, 이도, 삼도
의 북두칠성 자리를 새기듯 이루어진 계획도시였다. 이렇게 완성된
도면을 「북두칠성도北斗七星圖」라 한다. 칠성신을 모시고 제사를 지낸
탐라인들은 관덕정에 모여 가지고 온 물건들을 교환하고 거기에서 축
제도 열었다. 바닷가 사람들은 해산물과 생선을, 웃드르 사람들은 지

　　　　　　　　　　　　　　　미여지뱅뒤에 서서

들커(땔감), 사냥감, 약초를 한 짐 지고 와 서로 바꿔 가는 물물교환을 통해 정치와 경제가 소통하는 축제가 관덕정에서 이루어진 것이다. 이러한 풍경은 고대의 모습을 상상할 필요도 없다. 1970년대까지만 해도 관덕정에 시장이 서고 가수가 내려와 공연을 하였다. 그러니 시장이 섰던 관덕정은 현재도 칠성인문학과 신화학의 중심이다. 신에게 제사하고, 왕은 집정하고, 시민은 물물교환이란 형태로 경제 활동을 하는 곳. 관덕정은 '두 이레 열나흘'을 가무오신歌舞娛神하는 고대 탐라국의 하늘굿 칠성제가 열리는 신시였다.

유배된 별 '하늘옥황 별공주 따님아기'

　인간 세상을 탐한 옥황상제의 일곱째 딸이 제주에 귀양을 와서 본향신이 되었고, "별공주 따님아기가 아기의 포태를 시켜주고 농사를 돌보는 칠일신 일뤠할망이 되었다."는 이야기는 눌미〔臥山〕 당오름 불돗당〔佛道堂〕과 봉개 용강동 웃무드네 궤당의 본풀이 내용에 담겨 있다.

　　와산 당오름 「불돗당 본풀이」
　불돗당 한집님(와산 당신)은 옛날 옥황상제 막내딸 아기다. 부모 몸에서 열 달 만에 탄생하니, 아버님 눈에 나고, 어머님 눈에 나서 진녹색 저고리에 연반물 치마, 백능白綾 버선 나막 창신을 신고, 용얼래기로 긴 비단

와산리 불돗당.

머리 빗어 꽃댕기 머리를 하고 인간 땅에 내려 당오름 산상山頂에서 할머
니가 중허리로 내려와 다시 앉아 천 리 서서 만 리를 보니 단풍 구경도 좋
았고 아래쪽 샘물도 맑았다. 할머니는 앉아서 정중하게 인간 자손들을 짚
어 보았다. 어느 자손을 상단골로 삼을까 하여 짚어 보니 저 내생이(와산
리 지명) 묵은가름(마을 이름) 김향장 집 따님이 부모 몸에 탄생하여 결
혼을 하고 출가를 했는데 사십 마흔이 다 넘어가도 대를 이을 아이가 없
었더라. 남전북답 넓은 밭도 있었고 유기전답과 마소가축도 많았으나 후
세전손할 아기 없어 탄식하고 있으니 할마님이 이를 상단골로 정하고 밤
에 꿈에 현몽하여 말하기를, "야하, 너 김향장집 따님아기야, 너는 부모 몸
에 탄생하여 열다섯 십오 세 넘어 출가를 했으나 마흔이 넘어가도 전손
할 아기가 없어 탄식하고 있구나. 너 내일 아침 밝는 대로 저 당오름 중허

미여지벵뒤에 서서

리엘 올라가 보아라. 거기에 석상石像 미륵彌勒이 있을 테니 올 때는 산 메를 찌고, 백돌래떡 백시루떡에 계란 안주, 미나리 채소, 청감주를 차려 와서 나에게 수룩[水陸齋: 아이 낳기를 비는 제]을 드리면, 석 달 열흘 백일이 되기 전에 무신 소식이 있을 것이다." 하고 현몽을 하니, 뒷날 아침 깨어나 꿈에 들은 대로 제물을 차려 저 당오름에 올라가 중허릴 돌다 보니, 거기엔 석상보살 은진미륵이 있었다. 거기서 수룩재를 지내고 돌아오니 석 달 열흘이 채 못 되어 포태姙娠가 되었고 해산 일이 다가오니 고맙다는 수룩재나 올리려고 올라가는데, 재물을 지고 당오름 올라서려니 앞동산은 높고, 뒷동산은 얕아서 네발 손으로 간신히 기어 올라가 수룩을 드리고 내려오며, "아이고 할마님아 이만큼만 내려와서 '고장남밧'으로 가서 좌정했으면, 저도 오고 가기가 편안해서 좋았을 텐데, 할마님아, 올라오려니 앞동산은 높게 보이고 뒷동산은 얕게 보여, 간신히 기어 수룩을 드리고 갑니다." 하고 내려왔는데 그날 밤에 벼락천둥이 치며 하늘과 땅이 맞붙게 억수같이 비가 내렸다. 할마님은 당오름서 '대통물(샘물명)' 머리에 와서 마음 돌에 마음 싣고, 시름 돌에 시름 싣고 '고장남밧'으로 와 좌정하여 앉아 있었다. 뒷날 아침에 김향장 집 따님아기는 지난밤 일을 피라곡절[必有曲折]한 일이로구나 하여 가서 보니 할마님이 지금 당이 있는 자리에 와서 좌정하여 앉아 있었다. 그로부터 김향장 집 따님은 상단골이 되었고 동수문밧[東小門外] 서수문밧[西小門外]으로 할마님 영력이 권위權威 나고 위품位品 나 가난한 자손도 아기 없어 탄식하다 성의성심껏 할마님 전에 와서 수룩을 드리고 가면 포태가 되고 귀한 집안 자손들도 할마님 전에 와서 원수룩을 드리고 가면 포태를 시켜주었다. 옛날은 윗한길(=내륙의 큰길)이 나 있어 말을 탄 양반들도 이리로 해서 정의 쪽으로 지나가려면 말을 하마下馬시켜야 여기를 넘어갈 수 있고 말을 하마시키지 않고 넘어가려면 말발을 둥둥 절게 하였다. 길가는 보부상들도 여길 넘어가려면, 청매실, 홍매실을 할 마님전에 올리고 가지 않으면 장사를 망하게 하는 신이다. 한집님은 청명 꽃삼월 열사흗날, 제일을 받는다. 당굿을 하려면 저 '새통물머리(지명)'로 가서 삼석을 울리고, 동네 안으 동카름 안가름으로 웃동네로 해서 당기를 들고 걸궁을 하며 가름(동네)을 돌고 불돗당 한집님 전에 와 당굿을 하였다. 지금은 한집님전 축원원정 하게 되면 전에는 양씨 댁에서 산신놀이 할 말을 맞춰 바쳤는데, 요즘은 제물은 이장 집에서 차리고 닭은 상단골 고씨 할머니(78세)가 여러 해 성의로 내놓고 있다.

용강동 웃무드네 「굴당 본풀이」

옛날 하늘 옥황에 막내딸 별공주 따님아기가 살았다. 심심소일하던 중에 지상에 있는 제주 한라산에 내려오면 구경거리가 많다는 소문을 들었다. 사흘 먹을 양식을 짊어지고 혼자 내려온 이 처녀는 구경에 팔려 먹을 것이 떨어지는 줄도 몰랐다. 사흘이 지나 배가 고프니 눈은 흘깃흘깃거려지고 목은 홍시리처럼 늘어지고 배는 등가죽에 달라붙었다. 허기져 앉아 있는데 까마귀 한 마리가 이리저리 날아다녔다. 염치불구하고 "까막아 까막아, 너 이제 내 부탁 좀 들어다오." "뭣 말입니까?" "배가 고프니 저 해변 내려가서 나락밭의 나락 한 고고리만 해다 다오." 하니 까마귀는 날아가 벼 한 꼭지를 까다가 아기씨 손바닥 위에 떨어뜨렸다. 손바닥으로 그것을 부벼 까서 입에 물고서야 겨우 허기를 면한 따님아기는 옥황으로 달려가서 아버님께 문안을 드렸다. 인간 냄새를 맡은 옥황상제는 "이년 괘씸한 년, 인간의 공한 쌀을 먹었더냐?" 하고 죽일 듯이 야단을

미여지벵뒤에 서서

용강리 궤당.

쳤다. 어머님 눈에도 난 옥황상제 막내딸 아기는 세 살 때부터 입던 옷
을 다 꾸리고 쫓겨나 다시 한라산에 내려왔다. 풍수 보는 지관처럼 좌우
청룡을 살피며 좌정처를 찾아 내려오다 보니 들오름→흙붉은오름→물
장오리→큰가오리오름→샛두둥이오름→작은가오리오름→일뤠동산→
여드레동산→명도암→형제봉을 거쳐 건지동산에 다다랐다. 건지동산
에서 방패건지를 하고 구실잣밤나무 아래 큰 굴속에 본향신으로 좌정하
였다.

산신 칠성-나주 금성산신 천구아구대맹이 이야기

토산여드레할망, 토산여드레또, 토산서편한집, 동의할망이라 부르는 여드레할망을 모시는 여드렛당[八日堂] 신앙은 한반도 논농사 지역의 문화인 도작 문화稻作文化와 곡물신穀物神, 부신富神을 모시는 뱀 신앙이 제주에 들어와 형성되었다. 나주 금성산을 지키는 곡물 수호신 '천구아구대맹이'라는 뱀신은 진상선을 타고 왕래하던 도중의 이야기에서는 풍우신風雨神으로 등장한다. 즉 무역신貿易神의 성격을 지닌 농경신이다. 입도 후에 이 사신은 미식米食의 농경신으로 그 기능과 역할이 변하였고, 아름다운 미모의 여신으로 그려지고 있다. 그러나 여드레할망이 토산리에 좌정하자, 누구도 신으로 대접해 주는 이가 없었다. 신은 화가 났다. 여드레할망은 바람을 일으켜 왜선을 난파시키고, 토산리의 처녀인 오씨 아미를 왜구에게 강간당해 죽게 하였다. 이 처녀의 원령이 강씨 아미, 한씨 아미에게 빙의하여 병들게 하였다. 따라서 여드레할망은 재앙신災殃神으로 두려움의 대상이 되어 비로소 토산알당 본향당신으로 모셔지게 되었다.

토산 여드레할망 신앙은 어머니로부터 딸에게 전승된다. 딸은 시집갈 때 이 신을 모시고 간다. 이 여신은 잘 모시면 집안에 부를 가져다주고 처녀의 순결을 지켜주지만, 잘 모시지 않으면 그 원한은 '방울'로 맺혀 병을 일으킨다. 방울은 나주 금성산의 화신인 사신의 노여움을 상징한다. 이 사신의 노여움 때문에 토산리 강씨 처녀가 순결을 잃고 겁탈당해 '처녀 원령의 한'으로 맺힌 것이다. 굿을 하여 방울을 풀어야 병이 낫는다. 때문에 토산리의 뱀신은 처녀의 순결을 지켜주고 집

미여지벵뒤에 서서

안에 부를 가져다주는 긍정적인 면보다는 두려움과 병을 주는 부정적인 측면이 더욱 강조되었다. 제주 사람들은 뱀을 집안과 마을을 수호하는 토지신, 처녀의 순결을 지켜주는 신이라 믿는다. 그러나 뱀 신앙에 대한 부정적 인식은 '정의 여자'와 결혼하면 뱀이 따라간다 하여 결혼을 꺼리는 풍속이 되기도 하였다.

제주의 칠성굿

신화마을 제주시 칠성골

사신신화蛇神神話「칠성 본풀이」에 나오는 뱀신〔蛇神〕들은 제주시 칠성동과 제주 읍성 안 제주목 관아를 지키는 신이 되었고, '칠성'이 지키는 마을이라 하여 '칠성동'이라는 마을이 생겼다. 제주목을 지키는 '칠성신'은 세부적으로 과원果園을 지키는 '과원 할망', 관아의 곡물 창고를 지키는 '창倉 할망', 동헌을 지키는 '관청官廳 할망', 감옥을 지키는 '옥獄 할망'으로 나뉘었다. 칠성의 어머니와 막냇동생은 집안 고방을 지키는 안칠성, 뒤뜰을 지키는 밧칠성이다.

칠성동은 언제부터 칠성동인가? 북두칠성의 일곱 별자리가 관덕정, 칠성동 등 일곱 군데에 있어 이곳을 칠성대라 했다. 『탐라지』에는 이곳에 칠성단이 있어 북두칠성에 천제를 지냈다는 기록이 있다. 그리고 앞에서 살펴보았듯이 「칠성 본풀이」에 따르면, 외국에서 들어온 뱀신 칠성한집 마누라님은 날 적에 칠성단에 명을 빌어 태어났다. 태어났을 때는 뱀이었지만, 죽어서 갈 때는 칠성이 된다고 한다. 그러니 칠성한집님도 하늘 옥황의 칠원성군이고, 동두칠성, 서두칠성, 남두칠성, 북두칠성 등을 말하는 칠원성군도 칠성이다.

북두칠성의 칠성과 칠성한집의 칠성은 같은 칠성인가, 칠성신의 다른 두 모습인가? 전혀 다른 두 개의 신인 북두칠성을 가리키는 칠원성군과 뱀신 칠성을 지칭하는 칠성한집인가? 이 문제를 풀다 보면, 제주시 칠성동 마을의 문화적 의미를 찾을 수 있다. 제주시 거리마다 북두칠성 별자리 칠성등이 켜진 것도 그런 바람인 것 같다.

제주 신화 열두 본풀이 중 「문전 본풀이」에서 문신門神, 무역의 신, 곡물의 신인 남 선비의 아들 일곱 형제는 하늘에 올라가 북두칠성의 신 칠원성군이 되었다. 「칠성 본풀이」의 칠성한집은 사신蛇神 칠성이며, 이 신은 북두칠성에 빌어 태어난 칠성이다. 그리고 이렇게 태어난 칠성은 죽는 법이 없다. 아홉 번 죽어도 열 번 환생하여 살아난다. 그리고 칠성은 칠원성군이든 사신칠성이든 모두 곡물신이며 부신이다. 뱀과 북두칠성은 깨끗한 미식신米食神이다. 신화는 칠성과 북두칠성의 의미가 상당 부분 겹쳐지는 두 가지 형태로 나타난다.

큰굿에서는 아이를 위한 불도맞이 상에 북두칠성을 위한 칠원성군 상과 칠원성군송낙을 올리며, 이외에 칠성새남굿이나 굿의 막판 각도비념 등 칠성을 위한 굿은 모두 뱀신 칠성을 위한 굿이다. 토산 여드렛당의 당굿, 집안에서 하는 철가리, 올레고사, 칠성굿 역시 모두 뱀굿이다. 그리고 『탐라지』를 비롯한 역사서의 기록을 보면 조선시대에 칠성단에 제를 지냈음을 알 수 있다. 이때 '칠성'은 하늘의 북두칠성에 제를 지냈다는 천제天祭라고 볼 수 있다.

미여지뱅뒤에 서서

칠성동의 칠성제는 북두칠성을 위한 천제인 칠원성군제와 땅을 지키는 지신地神이자 부신富神, 곡물신인 사신칠성제의 의미가 복합적으로 뒤섞인 축제이다. 큰굿의 젯다리(祭順)대로라면 아이를 위한 불도맞이에서 하늘 옥황을 위한 천제인 칠원성군제를 먼저 하고, 그 후대에 북두칠성을 위한 천제와 함께, 북두칠성에 빌어 태어난 사신칠성을 위한 당굿과 칠성제로 축제를 완성한다. 제주 읍성과 제주 400리 마을 집집마다 있는 안칠성, 밧칠성을 집안의 곡물과 부를 지켜주는 칠성제로 확대해 나간다면, 오늘날 칠성은 21세기 귀중한 문화콘텐츠로 활용될 수 있을 것이다. 나아가 제주시 칠성동의 신화마을 칠성문화축제를 완성할 수 있을 것이다.

칠원성군제=칠성제

칠성제는 집안에 북두칠성을 조상으로 모시고 있는 집에서 하는 조상굿이다. 제주도 무속에서는 특히 북두칠성의 수호를 숙명적으로 타고난 사람이 있다고 하는데, 그런 사람은 해마다 칠성제를 지내야 장수하고 부귀하게 된다고 한다. 제주도에서는 두 종류의 칠성제가 있다. 하나는 아기를 잘 키워주고 집안의 수복을 북두칠성에 비는 칠원성군제이고, 다른 하나는 농사의 풍등을 뱀신에게 비는 칠성제이다. 여기서는 북두칠성에 비는 조상굿으로 하는 칠원성군제를 칠성제라 부르겠다.

이 제는 밤에 지내는데, 「초감제」를 하여 칠원성군을 비롯한 각각의 별들을 제장에 불러들인다.

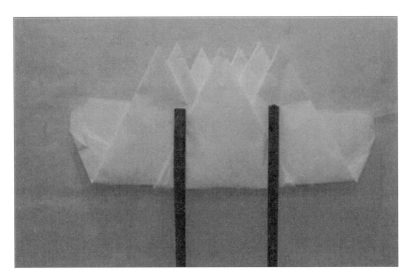

칠원성군 송낙.

동성개문東星開門 수성개문西星開門 삼경개문三更開門입니다.

삼경개문三更開門 제祭次를 이르니,

천고일명天高日明하고, 지후초목地厚草木 황해수黃海水하니

검고 희고 높은 건 하늘이요, 무거웁고 산발散發한 건 땅이 되고,

깊고깊은 물은 대해 바다가 되었구나.

맑고 청량淸凉하니,

갑을동방甲乙東方은 견우성牽牛星

경진서방庚辰西方은 직녀성織女星

병정남방丙丁南方은 노인성老人星

임계북방壬癸北方은 태금성太金星

미여지벵뒤에 서서

삼태육성三太六星 선후성별先後星 별, 별자리는

칠원성군七元星君 님,

북두칠성北斗七星 대성군太星君

원성군元星君은 진성군直星君

옥성군繆星君은 강성군綱星君

기성군紀星君님은 별성군 도읍입니다.

이와 같이 초감제 베포도업에서 별들을 모으고, 아기를 지켜주는 삼신불도할망, 천황불도, 지황불도, 인황불도를 비롯해 아기를 키워주는 보살들을 제청에 모셔 연유를 닦고, 「회심곡」을 불러 해원하는데 초감제는 신청궤를 해 신이 모이면 소지를 올려 수복 장수를 빌고, 문전, 조왕 비념을 하고, 액을 막는 것으로 굿을 마친다. 칠성제를 관찰해보면, 칠원성군은 큰굿의 불도맞이처럼 아기를 위한 굿이자 아기와 식구들의 무병장수를 칠성에 비는 집굿[家祭]이며 조상굿이다.

칠성새남굿＝칠성제

칠성신상은 창호지를 접어 묶어서 서려 앉은 뱀 모양을 만들고 쌀을 담은 사발에 세워 앉힌 것이다. 뱀신 칠성이 준 병을 치료하는 칠성새남굿 때 위패 대신 제상 위에 놓는다.

뱀의 저주를 받아 병이 생겼을 때 이를 고치는 치병굿으로 칠성새남굿이 있다. '칠성'으로 해서 생긴 병은 뱀을 죽였을 경우나 남이 뱀

칠성신상.

을 죽인 것을 보아 그 죄를 업어 쓴 경우이다. 이런 경우 칠성새남이
란 굿을 하여 그 뱀을 살려내면 병이 치료된다. '허멩이놀림'은 칠성새
남에서 하는 '굿중 놀이'이다.

　칠성새남굿의 대상이 되는 환자의 병은 누가 뱀을 죽여버린 것을
처음 보고 그 죄를 뒤집어써서 걸린 것이다. 그러므로 이 병을 치료하
는 것은 그 뱀을 죽인 자를 찾아 처형하여 환자가 무죄임을 밝히는 동
시에 죽은 뱀을 살려내는 것이다. 이때 뱀을 죽인 자를 찾아내어 죄를
다스리는 대목을 허멩이놀림이라 한다. 허멩이놀림은 뱀을 죽인 자를
교만한 악신 허멩이라 단정한다. 그리하여 허멩이(짚 인형)를 호출해
다가 그가 뱀을 죽였다는 자백을 받는다. 그래서 허멩이를 가다귀섬
으로 귀양보내고 죽은 뱀을 환생시키는 극적 행위를 연출한다.

　　　　　　　　　　　　　　　　　미여지벵뒤에 서서

수심방: 급창及唱!(큰 소리로 부른다)

소무: (문밖에서) 예.

수심방: 거, 문 밖에 나가 보아라. 장안 안에 판치고 돌아다니는 한량 같은 하늘은 보고 땅은 못 보는 허멩이라 한 놈이 있겠느냐?

소무: 예, 여기 있습니다.(허멩이 인형을 들고 들어온다)

수심방: 이 아래로 업질러라.

소무: (댓돌 밑에 엎드려 놓는다)

수심방: 얼굴을 처들어 보라. 허, 이놈 얼굴을 보니 양진(얼굴은) 세 뼘 세 치나 하고 눈썹은 붓으로 그린 듯하고 너 이놈, 어찌 그리 다니면서 민간에 작폐 짓을 하느냐? 너 바른 대로 말을 아니 하여서는 각각脚脚 갈기갈기 찢어다 불천수燒却 시킬 테니 바른 대로 말을 하라.

소무 : 예, 아무 달 아무 날 어느 지경에서 꿩사농 매사농 주치사농(꿩사냥) 다니고 있으니까 매로 타살打殺을 시켰더니, 이 주당 신병자身病者가 지나가고 있길래 눈에 편식을 시겼수다.

수심방: 그리하니 이 주당 신병자는 아무 죄罪도 없는 게 아니냐? 모든 죄는 너 죄 아니냐?

소무: 예.

수심방: 그러면 너가이 주당 신병자 죄책罪責을 모두 받아사 할께 아니냐?

소무: 예, 소원이 없습니다.

수심방: 사령使令!

소무: 예.

수심방: 양 곤장 대령하라.

소무2인: (양편에서 버드나무 막대기를 들고 선다)

허멩이 인형.

수심방: 허멩이가 너의 외삼촌이 아니거든 사정보지 말아서 단매로 매우 쳐서 피 찍어올리라.

소무2인: (양편에서 한 번씩 친다)

수심방: 거, 왜 아이고 소리가 없느냐? 너희들 뇌물賂物 받아먹느냐?

소무2인: 너가 뇌물 먹었지. 너네 웨삼촌 아니냐? 잘못하다 감옥살이한다.(2인이 서로 잘못했다고 다툰다)

수심방: 자꾸 매우 쳐라. 뭘 흐느냐?

소무: 아이고, 아이고(소리하며 내려친다)

여기서 수심방은 굿을 집행하며, 신병자의 무죄를 입증하고, 칠성

미여지벵뒤에 서서

신을 죽인 자가 허맹이라는 악신임을 닦달하여 죄를 밝혀내는 재판관의 역을 한다. 1인 2역을 하는 것이다. 소무는 굿의 진행을 도우면서 인형 허맹이와 사령의 역할을 하여 1인 3역을 한다. 허맹이는 하늘은 보고 땅은 못 본 교만한 악신으로, 화재를 주고 '칠성'을 죽게 한 죄인이다.

큰굿 제오상계의 용놀이

용놀이는 '천구아구대맹이'라는 큰뱀[大蛇]을 잡는 희극적인 놀이굿이며, 신성 공간인 굿청의 부정不淨을 말끔히 씻는 일종의 정화의례淨化儀禮이다. 이 용놀이를 다른 이름으로 갈룡머리 또는 아공이굿이라 하는데, 큰굿의 제오상계에서 행해진다. 제오상계는 굿의 절정이라 할 수 있는 시왕맞이와 삼시왕맞이(당주연맞이)에 들어가는 예비 굿이다. 이들 굿에 모실 미참한 신들을 재차 정하여 모셔 놓고, 화려하고 웅장한 자리에서 신들을 접대하고, 굿을 준비하는 과정을 보여준다. 용놀이는 산신칠성 나주 금성산신 천구아구대맹이라는 하늘과 땅에 붙은 큰뱀을 잡는 대사퇴치신화大蛇退治神話를 놀이굿으로 보여주는 굿이다.

용놀이 때 신들을 모시는 당클에는 청룡과 황룡 두 구렁이가 들어서 있다. 시각적 효과를 위해 양쪽 당클에 긴 광목천을 바닥까지 늘어지게 드리워 놓은 것이다. 당클이 하늘이고 바닥이 땅이라면, 구렁이가 머리는 하늘에, 꼬리는 땅에 늘어뜨린 것이며, 이는 신성한 공간인 제장이 부정을 탄 것이다. 그러므로 심방은 이 두 구렁이를 술을 먹여 잠들게 하고, 잠이 든 뱀 천구아구대맹이를 신칼로 죽인다. 그 뒤 뱀의 골을 후벼 약으로 파는 뱀장사 놀이를 한 뒤, 제장에서 뱀을 퇴치하여 치워버리는 순서로 진행된다.

뱀을 발견하면, 자기 힘으로 뱀을 죽일 자신이 없다 하며 구경꾼과 의논하여 술을 먹이기로 한다. 청룡·황룡이 술을 먹고 잠들면, 그때야 자신만만하게 왕년에 중국에서 무술을 배우던 자랑을 하며 제장을 웃기고, 뱀 있는 데로 살며시 기어가서 신칼로 단숨에 뱀을 쳐 죽인다. 이때 신칼은 뱀을 물리치는 영웅의 신검이다.

심방이 본주의 인정을 받아 집안의 우환과 흉험을 가져오는 '나쁜 전상'을 밖으로 내놀리는 것으로 용놀이는 끝난다.

서귀포시 서른여덟 곳에 분포하고 있는 토산 이레당과 여드렛당의 당굿, 집안에서 큰굿을 할 때 석살림굿의 토산 당신놀림에서 토산당의 당신을 놀리는 심방굿놀이로는 일뤠할망을 놀리는 아기놀림과 여드레할망을 놀리는 방울풂이 있다.

아기놀림

아기놀림은 토산 일뤠할망의 본을 풀고, 그 일뤠할망이 낳은 일곱 아들을 놀리는 굿이다. 그러므로 아기놀림은 일뤠할망 본풀이를 해 잃은 아기를 찾는 대목에서부터 신화의 내용을 극화한다.

먼저 심방이 아기를 찾아 돌아다니는 춤을 추다가 젯상 앞에 놓여

아기놀림.

있는 아기 인형을 등에 업고 놀리며 짝자꿍 죄암질을 한다. 심방은 인형 아기를 업은 채로 힘겹게 신칼을 들고 방아를 찧는다. 이때는 〈방아노래〉를 한다. 방아를 찧은 다음 산대를 가지고 체질하는 모습의 춤을 추고, 쾌자 앞자락으로 키질하는 시늉을 하고, 이어서 아이를 부리고 목욕을 시키는 시늉, 아기를 구덕에 놓고 흔들어 재우는 시늉을 한다. 자장가를 부르고, 또 아기의 몸에서 이를 잡아주는 시늉을 하며 제장을 한바탕 웃기고, 밤이 되면 발로 아기 구덕을 흔들며, 손으로는 삼실을 뽑고 감는 시늉을 한다. 마지막에는 아기 인형을 눕힌 채롱을 들고 본주와 구경꾼에게 인정을 받고 아기 인형을 젯상에 올리는 것으로 끝난다.

방울풂

    방울풂은 토산 여드레당신을 놀리는 굿이다. 사신 칠성을 안내하는 본도지관 본향당신은 '토산 여드렛또'이기 때문이다. '토산당신놀림'은 나주 금성산 산신 천구아구대맹이란 구렁이가 제주도에 들어와 변한 여드레할망이라는 토산리 알당의 당신을 놀리는 굿이다. 이 굿은 육지의 고풀이처럼 긴 광목천으로 고를 만들어 '방울'이라 하며, 방울을 환자의 아픈 곳에 대고 당겨 풀어가는 치병굿이다. 이때 심방은 "마흔여덟 상방울도 풀어내자. 서른여덟 중방울도 풀어내자. 스물여덟 하방울도 풀어내자." 하며 방울을 풀어 환자를 치료한다. 환자의 몸에 빙의한 강씨·오씨·한씨 아미라는 처녀 원령의 맺힌 한을 '방울'이라 하여, 이 방울을 푸는 굿인 것이다.

미여지벵뒤에 서서

2° 영감 본풀이

「영감 본풀이」1

　도깨비(榊監) 신앙은 사신(蛇神) 신앙과 함께 이를 조상으로 모시고 신앙하는 경우 결혼을 꺼릴 만큼 두려움의 대상이 되기도 한다. 하지만 해신당에서는 무역과 풍어의 신으로 선왕신(船王神) 도깨비를 모시고 초하루와 보름날 당에 가서 당제를 지내고, 뱃전에서 연신맞이나 뱃고사를 지냄으로써 해상의 안전을 기원한다. 따라서 도깨비 신앙은 사신 신앙과 함께 '치병신 신앙'으로 숭앙되기도 하고, 돈짓당 신앙 또는 해신 신앙으로 치제되기도 한다. 신당의 수가 적은 데 비하여 제주도 당 신앙에 상당한 비중을 차지하고 있다. 공동체 안에서 신의 노여움을 풀어야 환자의 병이 치유된다고 하는 관념은 공동체의 일탈을 예방하는 정신적 구속력을 가진다. 환자의 병은 공동체로부터 일탈하여 얻은 것이고, 건강을 회복하려면 공동체로 다시 귀속되어야 하는 것이다.

　옛날 옛적 서울 먹자고을 논노물 수박골에서 아들 칠 형제가 태어났다. 아버지는 허 정승이라고도 하고, 유 정승이라고도 하지만 확실하지 않다. 별도 지고 달도 지는 넓고 큰 밭에 많은 가축을 길렀고, 가재 유기 가득하고, 전답이 많은 부자였다. 가을 농사 추곡 수확이 많았고 처마 높은 기와집에 네 귀에 풍경을 달고, 동남풍이 불면 서남풍에 문이 와랑지랑, 서남풍이 불면 동남풍에 문이 왕강싱강 열리는 소리를 들으며 살았다. 허 정승의 아들 칠 형제는 우리나라 팔도의 산천을 유람하다 모두 각 지역의 명산을 차지한 산신선왕이 되었다.

　큰아들은 서울을 차지했다. 서울 삼각산, 송악산, 인왕산과 남한산성과 남산 일대, 동대문, 서대문, 남대문, 종로 사거리, 을지로, 원효로, 충무로, 충정로를 거느리고, 물로 가면 한강 다리에 의지해 뻗어 나갔다.

　둘째 아들은 함경도를 차지했다. 한만 국경선, 함경도 백두산을 차지했다. 두만강수, 압록강수 차지하였다.

　셋째 아들은 강원도를 차지했다. 강원도 금강산 일만이천봉에서 놀고, 대엄산, 소엄산, 백설산에서 놀고, 춘천 구만리 발전소 수력전기로 오락가락, 포천 일대, 화천 일대에서 놀고, 춘천 소양강 다리에서 놀았다.

　넷째 아들은 충청도를 차지했다. 충청도 계룡산에서 놀고, 노들강변에서 놀았다.

　다섯째 아들은 경상도 태백산 차지했다.

　여섯째 아들은 전라도 지리산, 목포 유달산, 삼학도에서 놀고, 육형제는

　　　　　　　　　　　　　　미여지뱅뒤에 서서

종이탈을 뒤집어쓴 도깨비.

흩어져 평안도 올라서면 모란봉, 황해도 구월봉에서 놀고, 경기도로 해서 연불에 신불에 맞추어 놀고, 광주 지면 내려서면 무등산에서 놀고, 경상도 낙동강에서 놀고, 대동강 신의주 부두에 청진, 나진, 원산 부두에서 놀고, 속초 고을 연평 바다에서 놀고, 노들강변 임진강에서 놀았다.

　일곱째 아들 오소리잡놈. 얼굴은 관옥이요, 몸은 풍채가 좋더라. 제주도 구경 좋다. 놀기 좋다 하여 제주 바다로 들어올 때, 망만 붙은 패랭이에 한 뼘 못한 곰방대 담배를 퍼삭퍼삭 피워물고 깃만 붙은 베도포를 입고 줄줄이 누빈 상목 무명바지 저고리 통행전, 협수쾌자에 미투리 신들메를 메었다. 한 손엔 연불, 한 손엔 신불을 들고, 연해변 들고나올 때, 진도 안섬, 진도 바깥섬, 추자도, 관탈도, 벽파진에 놀며, 무인도로 하여 큰개꼴, 사서꼴로 들어선다. 한골로 신모래줄기 모퉁이왓으로 소곡소곡, 썰물 중에는 동

바다, 들물 중엔 서바다 흥당망당 물이 썰면 강변에 놀고, 물이 들면 수중에 놀며 제주 바다로 들어온다.

마른 데로 들어서면, 한라산 올라서면, 한라산 장군선왕에서 놀고, 서늘곳 애기씨 선앙에서 놀고, 대정곳 각씨선앙, 뒈미곳 도령선왕에서 논다. 산으로 가면, 어승생 단골머리 아흔아홉골에서 놀고, 백록담 갈대밭에서 논다. 속밭 영림소에서 놀고, 일소장, 이소장, 삼소장, 구십소장까지 놀며, 높은 것은 산이요 얕은 것은 물이로다. 냇골짜기마다, 골짜기 개울마다 논다.

비 오는 날 좋아하고, 안개 낀 날 좋아하고, 2, 3, 4월 풀 돋을 때 되고, 오뉴월 녹음방초 승화시綠陰芳草勝花時 때가 되고, 칠팔월, 구시월 천고마비 계절이 와도 바람섶 구름섶에 연불에 신불에 맞추어 놀고, 성널오름으로 수많은 백성이 여름철이 되면 물 맞으러 갔다가 열두 흉험 조화풍운 주어 남자로, 여자로 나타나, 어서 같이 살자, 마음씨 좋다 하여, 의탁되어 천변 흉험을 불러주던 어진 조상님네, 절물오름으로 가아오름, 지그레기오름, 작은 지그레기, 바농벵디에 논다. 바농오름으로 돔베오름, 대천이오름, 노여오름, 거꾸리오름, 원오름에서 논다.

조천면 일대 내려서면, 웃바매기, 알바매기에 논다. 웃구름에 논다.

구좌면에 이르면 높은봉, 둔지봉 다랑쉬에 도두봉에 놀고, 국립목장에도 놀고, 한쪽으론 도루 내리면 소섬 진질깍에서 논다. 성산 일출봉에서 놀고 대정 산방산에 논다. 가파도, 마라도, 비양도에 놀고 섬 중마다 산골짝에 물골짝에 곡선 능선 골짜기에 놀던 조상. 연해변으로 내려서면 별방(하도리) 상굿에 놀고, 종달리 소금밭에 놀던 어진 조상님, 어느 포구 여끝 돌끝마다 놀고 평대리 수데깃도(평대리 지명) 아래 여끝 돌 끝에 놀고, 한동리는 어둥개 멸치밭, 김녕리 하개콧에서 놀고, 동복리 너분코지에 놀고, 북촌리는 다려도 세베코지 펭풍여에서 노시는구나. 다심여 숨은여에 놀,고 함덕은 양산통빠기 넘어 구한방, 구셍기 아래 말퉁이, 큰사스미에 논다. 셋사스미에 놀다가 안여, 밧여, 정살여, 숨은여, 도랑여에 놀고, 함 덕 길 뒤 해수욕장에 놀던 조상, 강도이 아래 드르메깍, 한개코지, 느릿질 코지, 함덕 소여루코지, 지방여, ᄃ릿대짐에 놀던 조상, 신흥리는 흐곳머 리 소금밭과 양어장에 놀던 조상, 마농개로 어속곡질에 놀던 조상, 조천리 는 대섬코지 놀던 영감참봉님네, 삼양리 원당봉 알숨은여에 놀고 삼양해 수욕장에 놀고 그 뒤로 사라봉 등댓불 아래 화북리 일대 갯가 연변에 놀던 어진 조상님, 영내 읍중 들어서면 먹돌개에 놀고, 산지축항 외항선, 우리 나라 철선, 목선, 건착선이나 어선에 기관배, 운반선에 어느 연락선에 놀 던 선왕님도 살아서 오십시오.

「영감 본풀이」 2

서울 사는 진씨 아들 삼형제가 불량하여 동네 처녀들의 몸을 더럽 히니 만주 '드른들거리'로 쫓겨나 귀양정배되었다. 만주 '드른들거리' 에 사는 가난한 송 영감이 삼형제 도깨비를 만나 돼지를 잡고 수수떡 수수밥을 하여 대접하였다. 송 영감은 삽시에 천하 거부가 되었다. 도 깨비를 사서 부자가 되었다는 소문이 마을에 퍼지자 송 영감은 병이 들어 이울어갔다.

송 영감은 꾀를 내어 "세경 넓은 밭을 문밖에 떼어다 놓으면 데리고 살고, 그렇지 못하면 쫓아버리겠다"고 했다. 이에 응한 도깨비들은 열심히 밭을 떼어 문밖에 갖다 놓으려 했으나 실패했다. 이를 핑계 삼아 송 영감은 도깨비를 나무에 묶고 네 토막으로 쳐 죽여서 쫓아버리고 는 백마를 잡아 문밖에 말가죽을 잘라 붙이고, 집 좌우로 돌아가면서 말 피를 뿌리고 백마의 고기를 걸어 도깨비가 들어오지 못하게 예방했다.

네 토막으로 잘려 쫓겨난 죽은 도깨비는 열두 도깨비가 되어 천기 별자리를 짚어 점을 치고, 각기 사방으로 흩어졌는데, 위로 삼형제는 서양 각 나라 기계풀무〔야장신冶匠神〕가 되고, 그 아래 삼형제는 일본 가 미산 마쯔리의 신이 되어 철공소, 방직회사 초하루·보름 제의를 받 는 신이 되었고, 그 아래 삼형제는 서울 호적계〔호조戶曹〕로 좌정하였 다. 막내 삼형제는 갈 길을 몰라 방황하다가 흉년이 들어 장사하러 온 제주 선주의 아들에게 "나를 잘 사귀면 부귀영화를 시켜준다." 하고 제주 절섬에 실어다 줄 것을 부탁한다. 두 형제의 허락을 받은 세 도 깨비는 제각기 조상신이 되었다. 도깨비 삼형제는 모두 도민이 모시 는 일월조상이 되었는데, 한 가지는 갈라다 뱃선왕〔船王神〕으로 모시고, 한 가지는 갈라다 산신일월또(목축 또는 수렵신)로 모시고, 한 가지는 갈라다 솥불미또(야장신)로 모시게 되었다.

낙천리 도체비당——「영감 본풀이」 2

옛날 서울 남대문 밖에 진씨 댁에 아들 삼형제가 있었다. 아이들이 열다 섯 십오 세가 되니 건달 부량배로 놀아 동네 처녀 허주내고, 동네 존장 박 대하니 이 아이들을 이 마을에 두어서는 마을이 허주가 나고, 마을이 개판 이 될 듯하니, 서울 양반들이 진씨 아들 삼형제를 만주 '드른들거리'로 귀 양을 보냈다. 진 영감의 아들 삼형제는 만주 송 영감 집에 들리게 되었다.

미여지벵뒤에 서서

"지나가는 아이들이 들었습니다. 이 저녁만 묵고 가겠습니다." 뒷날 아침 일어나니, 송 영감은 집이 가난하였다. "우린 잘 먹으면 잘 먹은 값하고, 못 먹으면 못 먹은 값 합니다. 우릴 잘 대접하십시오. 우릴 잘 대접해주면 부귀영화를 시켜드리고 가겠습니다." 그러니 송 영감 집에서는 "무엇을 좋아합니까?" 하고 물었다. "돼지를 통째 잡아 올리는 돈육제나 닭을 통째 잡아 올리는 대잔치." "소 잡아도 전몰제나, 우머리나 좌머리나[右頭·左頭], 우부피나 좌부피나[肺], 우황정 좌황정, 우목도루기 좌목도루기, 우전각 좌전각[前脚], 우일룬 좌일룬, 우갈리 좌갈리[肋], 우숭 좌숭[胸], 네발공양, 더운 혈血, 콩팥 태두[腎臟], 시원한 생간, 수수하다 수수떡, 수수하다 수수밥을 좋아합니다. 네발공양 시원한 간회, 간회 올린 대잔치가 좋습디다. 이런 잔치 해주면 부귀영화를 시켜드리고 가겠습니다." 그러니, 송 영감 집에서는 그런 잔치를 해주었다. 이렇게 돼지를 잡아 통째 올리고, 수수떡 수수밥에 시원한 간회 올려 대잔치를 드리니, "이제는 만주 '드른들거리', 만주 장판으로 가서 많이 농사를 지으십시오." 농사를 지으니 송 영감은 삽시에 큰 일등 부자가 되었다. 그 진씨 아들 삼형제를 사서 일등 부자가 되었지요. 이렇게 부자가 되어 잘살았지만, 또 그렇게 잘살게 되니 이젠 쇠[牛]를 통째로 잡아 전몰제를 잘 치렀다. 쇠를 통째 잡아 또 간회 올려 대잔치를 했고 송 영감이 돈을 많이 빚내어 만주 장판에 가 쇠장사를 하였다. 쇠장사를 하니 삽시에 쇠가 물이 부풀듯 부풀어 송 영감은 천하거부가 되었다. 만주 장판에 가 우마 장사를 하니 삽시에 부자가 되어 만주서 거부로 살게 되니 동네 사람들이 말하기를, "송 영감 집에 사는 청년 세 사람은 사람이 아니고 분명 '생도채비'다." 하였다. 이젠 동네 사람들이, "저 집에선 분명 사람을 닮았지만 사람이 아닌 도깨비를 사고 저렇게 잘 되었지, 영감이 산 세 청년은 사람이 아니야." 송 영감도 분명 사람으로 알았다가 그 눈치를 알아가니 병이 들어 이울어갔다. 이젠 어떤 별 약을 써봐도 소용이 없었다. 하는 걸 보니 원 사람 행동은 착실하고 똑똑하고 온순하고 아기 닮으니, 무신 일인지 그들을 내쫓지 않으면 다 망해버린다 하고, 내쫓으려 하면 내쫓을 수도 없으니, 이젠 영감님네가 "똑똑하고 재주가 좋으니 우리 집의 세경너븐드르 밭을 저 올레로 끊어다 놓으면 생전 데리고 살 것이고, 그 밭을 잘라 옮겨다 놓지 못하면 우리 집 바깥으로 떠나가야 합니다." 내쫓을테니 그리 아시라 하니, 이젠 "에이구 그렇다면 저, 송 영감이 쇠코지 일흔아홉 개를 만들어 오십시오." 쇠코지 일흔아홉 개를 대장장이冶匠에게 가 송 영감이 쇠갈퀴를 만들어 오니, 석 달 열흘 백일을 땅을 떼어다 저 올레에 갖다 놓으려니 전혀 할 수 없었다. 밭을 떼어다 놓지 못하니 송 영감은 그 트집을 잡아 진씨 아들 삼형제를 저 올레 밖 나무에다 질긴 밧줄로 단단히 달아매어 묶어놓고, 이젠 몸을 꽁꽁 묶어서 나대 닮은 걸로 탁탁 세 토막에 찍어놓고, 네 토막에 찍으니, 삼형제가 열두 동무가 되어, 그래 내쫓아버렸습니다. 다시 못 들어오게 내쫓으니 죽은 도채비 삼형제는 열두 형제가 되어 "마바세계 자자(주문)" 하며 저리 나가버리니, 이젠 다시 생도채비는 그 집에 못 들어오게 백매[白馬] 말을 잡아놓고, 백마 말 잡아 저 올레로 말가죽 끊어 놓고, 잣담으로 돌아가며 말피를 뿌리고, 문전門前마다 돌아다니며 백마 고기를 다 걸어 놓으니 도채비가 말고기 노랑내가 나니 그 집에, 송 영감 집에 다시는 들어오지 못하게 예방을 시켰습니다. 예방을 시키니, 도깨비들은 어디로 가면 좋을까? 천지 안 별자리를 짚어 보니, 못하는 게 없는 것이 도깨비니, 위로 삼형젠 서양 각국에 기계 풀무신이 되었고(기계의 신), 중간의 삼형젠 일본 지경에 대판 대미산 마쯔리, 대미리공원 청도 청돌목 철공소에 방적회사를 지키는 신이 되어 초하루 보름 제향祭享을 받고, 그리고 아래 삼형젠 우리나라 호적과尸曹를 지키는 신이 되고, 또 맨 아래 삼형젠 갈 길을 몰라, 천지 별자릴 짚어보았다. 강경 벼락바위 동지기남밧디 굴막[東福里] 사람 장씨선주張氏船主 집 아드님, 김녕은 송씨 선주 아드님 장사 치러 무역 치러 갔다 오다 강경 벼락바위에서 만났다. "어디 사는 어른입니까?" 하고 진 영감 아들 삼형제가 물으니, "제주 절섬[絶島] 삽니다" "무슨 일로 왔습니까?" "우리 제주는 흉년凶年 되니 무역 치러 장사 치러 왔습니다." "우리 삼형제 선비 받지 마시고 제주 절섬 데려다주면 부귀영화를 시켜드리겠습니다." "어서 그건 그리하십시오." 명주바다 실바람 부니, 한나절에 제주 절섬을 그 뱃선왕(도깨비)이 타고 들어오게 됐습니다. 풍선의 돛폭을 팽팽하게 펴서. "어느 포구가 제일 좋습니까?" 하니, "김녕 일곱 마을 좋은 포구浦口가 있습니다." 김녕 포구로 배를 대니, 이물대 잡아라, 고물대 잡아라. 이물대 고물대 잡아 포구로 내리니, 우리를 데려온 배는 선왕일월船王日月로 모시고. 장군선왕, 참봉선왕, 도령선왕, 아기씨선왕으로 모시라 하니 한 가지는 갈라 뱃선왕으로 모시고, 또 한 가지는 대장간을 지키는 어드름 솥불미또[冶匠]로 모셔서 뱃보섭에 모시장태 가재미주고 돼지고기가 좋아하고, 더운 혈血 단 혈에 네발공향 시원한 간회 좋아하여 먹으면 잘 먹은 값하여 뱃보섭도 잘되게 하고 많은 걸 하니, 어드름 솥불뮈또[冶匠神]라 하고, 한 가지는 갈라다 하루산[漢拏山]에 큰장오리, 족은장오리, 어승생 오백장군에 놀고, 올라서면 선답취이, 내려서면 가죽감태 모자, 열대작 작둘리. 오르고 내리며 대각록[獐]도 일천 마리, 소각록도 일천 마리, 더운 혈 단 혈, 그 노루의 간, 고기와 간에 조수지[燒酒], 산신일월또로 들어서고 한 가지는 갈라다가 청수 당멀(지명) 솥불미또로 들어서서 얻어먹고, 스록낭ᄆ들(낙천리 지명)도 솥불미에서 놀며 가시나무밭(스록낭ᄆ들) 오일본향午日本鄕으로 좌정하였고, 새당 덕수 김씨댁이 줏하르방 섯동내또(신명) 줏하르방[鑄物神]으로 좌정하여 뱃보섭에 모시장태 가재미 주고 포구로 가면 축일본향丑日本鄕이나 오일본향으로 좌정하여 명이 짧은 생목生木 끝, 여 끝마다 아뜩아뜩 놀아오던 임신이라 합니다. 그것도 열두 형젭니다. 일대 장원, 이대 장원, 삼대 장원, 사대, 오대, 칠대, 팔대, 구대 장원, 십대 장원, 열한 형제, 열두 동무, 펜지만 붙은 망이 쓰고, 망만 붙은 씨피지에 깃만 붙은 지도포에 목만 붙은 씨일목에, 깃만 붙은 행전 치고, 구기남발 붙여 끼고 반달 부채 달아매고 한 것만 못한 담뱃대에 새암초를 피워물고, 앞에는 청사초롱 불 밝히고, 뒤에는 흑사초롱 불 밝히고 이놈의 귀신鬼神이 어뜩 하면 천리를 가고 어뜩하면 만리를 가, 천방은 진방, 진방은 간방, 짓 비추면 서에 으쓱하고, 남자에게 가면 여자인 듯, 여자에게 가면 남자인 듯, 한 가지로 천 가지 아뜩 사뜩 놀아오던 임신이라 합니다.

　　—제보자: 조술생(여무, 70세), 일시: 1982. 5. 2.

「영감 본풀이」 3

　이본異本 「영감 본풀이」 3을 보면, 다른 「영감 본풀이」와 달리 도깨비 칠 형제의 신통력을 말하고 있다.

　　　　　　　　　　　　　미여지벵뒤에 서서

형제 서열	도깨비의 이름	지니고 있는 신통력
첫째	먼 산 허망댕이	천기를 아는 천리안
둘째	ㄹㄱ뭇 열쇠	정밀한 기계의 어려움을 푸는 열쇠
셋째	지어야 갸븐쇠	아무리 무거운 물건도 가볍게 지는 힘
넷째	ㄸ려야 ㄱ려운쇠	어떤 매(고통)도 참아내는 인내력
다섯째	지퍼야 야튼쇠	깊은 물도 발등에 안 차는 장신
여섯째	잡아야 부뜬쇠	몸을 아무리 베어도 다시 붙는 생생력
일곱째	구워야 언쇠	태워도 타지 않는 불연소성

이를 정리하면, 도깨비들은 첫째, 미래를 예견하는 능력을 가졌다. 둘째, 정밀한 기계 조작 능력을 지녔다. 셋째, 엄청난 힘을 가졌다. 넷째, 강인한 인내력을 가졌다. 다섯째, 거대한 장신이다. 여섯째, 죽여도 죽지 않는다. 일곱째, 태워도 타지 않는다.

서울 먹장골 허 정승·김 정승·유 정승 삼부처夫妻가 아들 일곱, 딸 일곱을 낳았다. 이 아이들은 태어나자 글도 장원, 활도 장원이라 서울의 삼정승 육판서들은 밥줄을 놓게 되었다고 나라 안이 떠들썩하였다. 허 정승의 아들들을 잡아 죽이려 하여도 산천영기를 타고난지라 잡을 수도 죽일 수도 없었다. 아버지가 허 정승이 이 아이들 이름을 짓기를, 큰아들은 멀리 세상을 보는 천리안을 가졌으므로 '먼산 허망댕이', 둘째는 복잡한 가계를 갖다 놓아도 어렵지 않게 푸는 '잔 금 열쇠', 셋째는 아무리 무거운 물건도 가볍게 지는 힘을 지닌 '지어야 갸븐쇠', 넷째는 어떠한 매를 맞아도 가렵다 가렵다 하며 거뜬히 참아내는 인내력을 가진 '때려야 가려운쇠', 다섯째는 깊은 물도 발등에 안 차는 큰 키를 자랑하는 '깊어야 야튼쇠', 여섯째는 몸을 아무리 베어도 다시 붙는 생생력을 지닌 '잡아야 붙은쇠', 일곱째 아들은 아무리 태워도 타지 않는, 타는 물 같은 불연소성을 지닌 '구워야 언쇠'라 했다.

허 정승의 아들 도깨비 일곱 형제가 삼정승 육판서 원로대신의 집이거나 천제의 집일지라도 다 털어먹고, 난리를 일으키니 조정에서는 역적을 잡아 죽일 궁리를 하였다. 그러나 도깨비 형제들도 큰아들 '먼산 허망댕이'는 좌우 천기 짚어보고 내일은 잡아 가둘 듯하니, 둘째를 내보내기로 한다. 둘째 '잔 금 열쇠'는 열쇠가 없어도 문을 여는 능력이 있어 잠궈 놓은 인두집을 풀고 빠져나와 셋째를 대신 보낸다. 셋째 '지어야 갸븐쇠'는 인두집을 지어도 무거운 줄을 모르니 얼마든지 형을 살릴 만했다. 허망을 짚어 다 아는 '허망댕이'가 내일이면 이들을 때려 죽이려 한다는 걸 알고, '지어야 갸븐쇠' 대신 '때려야 가려운쇠'를 보낸다. 넷째 '때려야 가려운쇠'를 때려 죽이려 하자, 여기 때려도 가렵다 저기 때려도 가렵다 하므로 깊은 물에 던져 죽이려 한다. 다섯째 '깊어야 얕은쇠'가 대신 나서서 아무리 깊은 곳에 던져도 발등에도 안 찬다 하니, 만상 천제들은 때려도 못 죽이고 깊은 물에 던져도 못 죽이니 칼로 베어 죽이자 의논한다. '허망댕이'는 이 사실을 알고 여섯째를 대신 보낸다. 여섯째 '잡아야 붙은쇠'가 나간다. 칼로 벨 때마다 탁탁 붙으니, 진퇴양난 삼정승 육판서들은 때려도, 물에 던져도, 칼로 베어도 못 죽이니 화형을 시키자고 의논한다. 일곱째 '구워야 언쇠'가 가슴에 '얼음 빙氷' 자를 쓰고 나가니, 화염 속에서도 죽지 않는다. 결국 삼정승 육판서는 역적 도깨비 일곱 형제를 죽이지도 잡지도 못해, 살려줄 테니 떠나라 한다. 위로 아들딸 사형제는 서울 삼각산, 강원도

미여지벵뒤에 서서

건입동 칠머리당 요왕질치기.

금강산, 충청도 계룡산, 전라도 지리산으로 내려가고, 아래로 아들딸 삼형제는 제주도로 내려왔다. 딸들은 배를 지키는 '아기씨 선왕'이 되었다. 그런데 막내아들은 피리단자 옥단자 검은 대악기를 잘 불고, 노래 잘 부르는데다 얼굴도 천하일색으로 잘 생긴 똑똑한 천하 오소리 잡놈이다. 이게 들어서 천변흉험千變凶險을 주는데, 처녀를 잘 유혹하여 범접하고, 어물어장에도 참석하고, 돼지 잡아 영감놀이하는 데도 참석하여 놀고 간다. 영감놀이 할 때는 도깨비 일곱이 등장하는데, 처녀 도깨비 일곱까지 남녀 도깨비 모두 열넷이 등장하여 밤새도록 놀고 제주를 떠난다.

도깨비굿 영감놀이

영감 도깨비

도깨비를 제주도에서는 '도채비'라 하며, '영감' '참봉' '야채', '뱃선왕'이라는 별칭으로도 부른다. 도깨비를 신으로 모시고 제사하는 방법도 큰굿의 영감놀이에서부터 어부들이 고기잡이 나가기 전 매달 초하루 보름에 하는 '뱃코스(뱃고사)'에 이르기까지 다양한 형태로 연행된다. 도깨비는 외래신으로 남여 양성을 구유한 선·악 양면성을 지닌 신이며, '불의 신', '선박의 수호신', '기계의 신', '야장신', '부의 신', '목축신', '산신'이며, 춤 잘 추고, 술 잘 먹고, 노래를 잘 부르며, 놀기를 좋아하는 '천하 오소리 잡놈'이니, 좋게 말하면, 예술을 아는 광대의 신, 축제의 신, 술의 신이다.

영감은 양면적인 신이다. 남자와 놀면 여자 같고, 여자와 놀면 남자 같은 양성 구유의 신이다. 부와 풍어의 신으로서는 선신善神이며, 호색의 역신疫神이고, 인간에 병을 주는 재앙신災殃神으로서는 악신惡神이기 때문에 선악 양면성을 지니고 있다. 영감 신은 양성 구유의 신으로 영감·도령·각시·아기씨의 모습으로 제주 삼읍 정한 장소(숲이나 해변)에 모신 선왕船王 신당이 있다. 또 영감신은 잘 먹으면 선신으로 인간에게 부와 재물을 가져다주며, 못 먹으면 앙심을 품고 질병과 재앙을 주는 선악 양면성을 지닌 신이다.

잘 먹는 신은 역시 축제의 신이다. 특히 고기와 술은 축제의 음식이다. 「영감 본풀이」에 따르면, 영감이 좋아하는 음식은 돼지고기와 술,

도깨비탈.

수수 범벅이고, 좋아하는 장소는 산과 바다와 어장촌漁場村이며, 좋아하는 잠자리는 과부의 방이다. 영감은 미녀를 좋아하고 음침한 곳에 깃들인다. 미녀를 좋아하는 호색성은 도깨비가 불의 신으로서 '생식의 불'이 타는 것이며, 이는 풍요로운 수확으로 이어질 수 있다. 그러나 이 '성적인 에너지'는 너무 넘치거나 부족할 때, 질병으로 나타난다. 과부의 병이 그렇다.

영감 도깨비의 춤

영감놀이에서 죽음을 극복하는 춤, 소생의 춤은 환자가 살기 위하여 추는 춤인 동시에 영감 신을 놀리는 신명의 춤으로, 예술의 힘으로 발현되는 춤이다.

두린굿을 고찰해보면, 환자의 마음에 맺힌 한이 환자를 병들게 한 것이며, 이 병은 영감 신이 들린 것이다. 굿판은「서우젯소리」로 신명을 부추기며 환자를 울린다. 주위에서는 환자가 춤을 추기를 권유하지만, 환자는 의욕을 잃고 춤을 추지 않는다. 환자 속에 빙의한 영감신, 즉 눈에 보이는 처참한 모습의 환자와 눈에 보이지 않는 영감신瘦神=病이 한 몸이 되어 전혀 떨어질 조짐을 보이지 않는 갈등의 극한 상태에 빠져 있기 때문이다. 환자를 치료하는 것은 영감놀이를 통해 외부로부터 들어온 살煞을 물리치는 것인데, 살을 물리치려면 춤을 통하여 영감신을 놀려야 한다. 환자가 춤을 추어야 병이 낫는다고 하는 것이다.

춤추는 영감신은 술의 신이며 광대의 신이다. 낮에는 연불, 밤에는 신불, 인간의 가슴 속에서 타오르는 불은 생산의 불이든 생식의 불이든 파괴의 불이든 어둠을 현란하게 밝힌다. '어기여차 살장고 소리'에 맞추어 또는 '서우젯소리'에 맞추어 신명의 춤을 추는 도깨비의 축제, 영감신을 놀리는 '광란의 축제'는 원초적 연극이라 할 수 있다. 영감놀이에서 영감신 역할을 맡은 사람은 종이 탈을 쓴다. '종이 탈'은 가면극 형성의 일면을 보여주는 것이며, 영감신을 전형화하는 도구이다. 단순히 백지로 얼굴을 가릴 정도의 소박한 가면이다. 백지로 얼굴을 가렸다는 것은 악신은 인간의 모습이 아니라는 부정적 관념을 표현한 것이다. 악신은 무형의 존재이며, 인간에게 재앙이나 질병을 주는 불가시적인 공포의 대상이기에 이를 안전하게 노출시켜 희극적으로 형

도깨비춤.

상화하려는 의미로 종이 탈을 선택하였을 것이다.

영감놀이는 분명히 풍자와 해학의 놀이굿이다. 영감신, 곧 양반은 굿청에 들어오면 제 입에 맞는 음식이나 찾고, 너무 술을 처먹어 수전 증이 심한 주제에 술과 돼지고기를 실컷 얻어먹는다. 그러고는 해녀 들이 사경을 헤매면서 따낸 전복 · 소라 · 미역 등 제주의 특산물을 한 배 가득 싣고 치송해야 병의 원인인 동생을 데려가 준다. 이것은 과거 제주 목민관들이 늘상 했던 행위를 반영한 것이다. 괴인성 · 호색성 · 호식성 · 우둔성 등 도깨비의 인격성이 목민관의 그것에 딱 들어맞다 고 제주 서민들의 눈에 비친 것이 분명하다. 그래서 목민관들의 그 부 패한 행위를 굿으로 풍자하고 있는 것이다.

「두린굿」 영감놀이

이 자료는 고향을 떠나 서울 왕십리 구슬 공장에서 일하던 19세 처녀가 정신병이 들어 제주시 함덕리로 낙향해 그 병을 치료하기 위해 1984년 3월 14일부터 17일까지 열린 굿에서 채록한 것이다. 병의 원인은 제주도에서 '영감신'이라 부르는 도깨비의 범접 때문에 얻은 것이라 했다. 굿의 진행은 환자가 '언제, 어떻게 하여 정신 이상이 되었는가' 하는 연유를 닦아가는 '초감제'로 시작하여 '서우젯소리' 장단에 맞추어 환자가 춤을 추게 하는 '춤춰움', 환자가 정신없이 춤을 추다가 쓰러져 환자에게 들러붙은 귀신이 누구인지 자백을 받는 '대김받음', 귀신을 달래어 쫓아 보내는 '옥살지움'과 '도진'으로 끝을 맺는다.

연유닦음

스물한 살 이 애기, 돈 벌어 어리고 미혹한 동생들 공부나 시키자고, 태 슨땅(태 사른 땅) 떠나, 경기도라 서울 객지에 나가, 공장 생활로 밤엔 밤대로 고생, 낮엔 낮대로 고생하여, 어리고 불쌍한 이 아이, 어느 누구 넋들이고, 혼 들여 줄 사람 없어, 온갖 잡귀, 허튼 넋 다 붙었으니, 이 모든 허튼 넋 거두어다 넋 한번 못 들여 줘 이 불쌍한 아이, 넋이 나고, 혼이 났습니다. 지치도록 공장일 하다 정신없고, 정신 이상까지 되어지니, 불쌍한 이 아이 먹던 밥 멀리 두고, 자던 잠 멀리 두어, 그리운 건 고향산천, 그리운 건 저 어멍 하나. 배고파 울던 내 그리운 동생들, 고생하는 김에 늙으신 어멍 고생시키지 말고, 나대로 돈 모아 시집도 가야지 하며 죽도록 일만, 일만 하다가 이 아이 넋이 났습니다.

미여지벵뒤에 서서

서우젯소리는 춤의 신명을 부추기는 민요조의 무가다. 이 노래는 한의 가락에 맞추어 신명 나게 부른다. 서우젯소리를 '내냉김소리'라고도 하는데 '내'는 '물살' 또는 '파도'를, '냉김'은 '넘김'을 뜻하니 파도를 타고 넘듯 삶의 극단적인 어려움(＝병)을 극복해 나가는 한恨의 가락이라 할 수 있다. 환자는 심방이 부르는 서우젯소리에 맞추어 춤을 춘다. 춤은 고난을 극복하는 수단이며, 춤의 신명으로 삶의 위기를 극복하는 것이 서우젯소리에 의한 '한풀이'인 것이다.

서우젯소리는 환자가 춤을 추고 쓰러질 때까지 몇 날 며칠까지라도 계속된다. 서우젯소리는 귀신과 생인을 울리는 노래이며, 귀신을 생인으로부터 떨어져 떠나가게 하는 노래이다. 심방의 서우젯소리에 환자는 울다가 춤을 추고, 춤을 추다 운다. 우는 환자는 생인의 참모습이요, 춤추는 환자는 환자에게 범접한 귀신의 모습이다.

이 두린굿에서 환자의 병은 영감(＝도깨비)의 범접에 의한 것이다. 신을 놀리는 것은 춤이요, 생인 환자를 놀리는 것은 눈물이다. 눈물은 고통스러운 현실을 반영한다. 환자는 자기가 직면한 비극적 상황을 긍정하고 눈물을 통하여 한을 풀고 신명을 획득한다. 환자의 살려는 의지가 끊임없이 춤을 추어 신을 놀린다. 춤을 추던 환자가 쓰러지면 영감신은 환자로부터 떠난다.

환자가 정신없이 춤을 추다가 쓰러져 환자로부터 범접한 귀신이 누구라는 자백을 받는 것을 대김받음이라 한다.

두린굿의 막판은 환자에게 범접한 영감신을 쫓아보내는 영감놀이이다. 영감놀이는 주술적 치료다.

두린굿의 진행은 ① 환자가 언제, 어떻게 하여 정신이상이 되었는

가 하는 연유를 닦아가는 '초감제'로 시작하여 ② 서우젯소리 장단에
맞춰 환자가 춤을 추게 하는 '춤춰움', ③ 환자가 정신없이 춤을 추다
가 쓰러져 범접한 귀신이 누구라는 자백을 받는 '대김받음', ④ 귀신을
달래어 쫓아 보내는 '옥살지움', ⑤ 그리고 굿의 마지막에 '영감놀이'
를 하고, ⑥ '배방선'하여 신을 보낸 다음, ⑦ '도진'으로 끝을 맺는다.
두린굿을 하는 과정에서 중요한 것은 환자의 몸에 빙의한 신의 정체
를 밝혀내는 일이다. 처음 한 몸에 붙어 있던 환자와 영감(역신)은 분
리될 조짐을 보이지 않는다. 서우젯소리에 따라 환자가 춤을 추기 시
작하면 그제야 환자 속에 빙의한 신이 감응한다. 분위기가 고조되고
신이 나면 춤은 격렬해지고 환자는 격렬히 춤을 추다 쓰러진다. 춤을
추다 쓰러질 때마다 환자는 온전한 정신이 들곤 하는데, 이때 심방은
버드나무 회초리를 들고 환자를 협박하며 환자 속에 빙의한 신의 정
체를 밝혀낸다. 이를 대김받음이라 하는데, 환자를 춤추게 하는 과정
에서 세 번 행한다. 초대김, 이대김, 삼대김의 과정을 거치면서 환자
속에 빙의한 영감신의 정체가 드러나게 되는데, 구체적으로 '아무 날
아무 시에 죽은 아무개 귀신'이란 것까지 밝혀진다.

　다음은 대김받음의 한 사례다. 이 굿은 앞서 소개한 19세 함덕리 처
녀를 치료한 두린굿의 일부다. 처녀가 살던 평사동에는 '돈짓선왕'을
모신 당이 있고, 평사동 사람들 중 해녀와 어부가 다닌다. 따라서 집
안에 환자가 있어 두린굿을 하기는 하되 동시에 그들의 선왕신인 '영
감'을 모시고 하는 굿이다. 그러므로 이러한 굿은 병굿인 동시에 당굿
이라 할 수 있다.

　　　　　　　　　　　　　　미여지뱅뒤에 서서

(서우젯소리에 맞춰 춤을 추던 환자의 춤이 빨라지면 서우젯소리는 멈추고 연물소리만 굉장히 빠른 속도로 일제히 울린다. 이에 환자는 발작적으로 펄쩍펄쩍 뛰며 춤을 춘다. 죽어가던 환자에게 언제 그런 힘이 생겨나는지 모를 정도다. 춤이 극치에 이르고, 더 이상 힘을 감당할 수 없을 만큼 실컷 춤을 춘 환자는 지쳐서 쓰러진다. 갑자기 심방이 버드나무를 들고 쓰러져 있는 환자에게 달려간다.)

심방: (위협조로) 이리 와, 이리 와! 너, 춤추는 이유를 말해, 빨리!

이모: (달래며) 어서 대답해 불라, 응.

마을 사람: 어서 대답ᄒ여, 하고 싶은 말을. 어서.

환자: (흐느껴 운다)

(중략)

환자: 그냥, 막 병을 고치려고 췄수다.

심방: 뭐? 병을 고치려고? 춤을 춘다고 병이 고쳐지나? 어디서, 어째서?

환자: 서울 마장동에서.

심방: (이 말을 놓지지 않고) 마장동 어디?

환자: 화장실에서 넋났수다. 또 사람 죽은 시체도 봤수다.

심방: 음, 사람 죽은 것, 그럼 그게 꿈에 나타나나? 그것밖에 없어, 또?

환자: 아버지만 생각납니다.

심방: 그 귀신 갈 꺼, 안 갈 꺼?

환자: 갈 꺼우다.

심방: 언제? 내일? 모레?

환자: 오늘.

심방: 몇 시에? (말이 없자) 몇 시에 갈 꺼냐?

환자: 열시에.

심방: 어디로 갈 건지 방향을 말해!

환자: ·······.

심방: (버드나무 회초리로 때리며) 어디로 갈 꺼냐?

마을 사람: 가고픈 디를 흔저 골으라.

환자: 가겠습니다.

심방: 그럼 어디로 갈 꺼냐?

환자: ·······.

심방: 여기 있겠대? 너하고 다시 살림 살 꺼?

환자: 아닙니다.

(중략)

심방: 네게 의탁해서 춤추는 귀신들 어디로 갈 꺼냐니까, 그냥 배를 태워두면 제멋대로 갈 꺼? (답답하단 듯이) 이게 정말 속태우네·······. 갈 곳을 말해 봐, 그래야 배를 띄우지, 어디로 배를 띄울까?

환자: 서울로.

심방: 어디로?

환자: 서울.

심방: 서울, 그럼 너, 이다음부터 아픈 데 없고, 신체 건강할 꺼?

환자: 예.

심방은 이렇게 환자의 몸에 의탁한 신의 정체를 알아내고, 언제 어디로 떠날 것인지를 환자의 자백을 통하여 확인한다. 그 뒤 환자에게 마지막 '막석풀이'로 춤을 추라 하고, 무악에 맞춰 빠른 도랑춤을 춘

미여지벵뒤에 서서

영감놀이의 벙것을 쓴 도깨비들.

다. 넋을 찾았으니 영감놀이를 하여 영감을 보내고, 넋들임과 푸다시 굿을 한다. '막푸다시'를 할 때는 환자의 몸을 돗자리로 싸고 돗자리에 불을 붙여 활활 태운다. 이때 불은 환자의 몸속에 붙은 도깨비불을 상징한다. 불은 병이며 신의 모습이다. 마지막으로 영감놀이를 하는데, 환자의 몸에서 영감신을 찾았으니 다른 도깨비들을 불러 환자의 몸속에 빙의한 도깨비를 데리고 나가게 하는 것이다. 먼저 영감상을 차려놓고 영감을 청한다. 제장 안으로 들어온 여섯 도깨비는 상에 차려놓은 돼지고기, 술, 수수떡, 담배 등을 잘 대접받고, 환자의 몸속에 있는 호색신 '천하 오소리 잡놈' 막냇동생 도깨비를 데리고 떠난다. 그러니 이 여섯 도깨비는 동생을 데리러 온 것이며, 동생을 데리고 떠나면 환자는 정상으로 되돌아오는 것이다.

3° 군웅 본풀이

 제주도의 큰굿에서 모든 맞이굿이 끝날 때면, 그 대상이 되는 신을 기본 제상祭床인 큰상으로 모셔 들인다. 이 모셔 들이는 과정은 광목천으로 된 긴 '신다리[神橋]'를 밖에서 안으로 끌어들이는 것으로 표현된다. 이를 '메어 든다'고 하는데, 이렇게 메어 든 후 조상을 놀리는 석살림굿을 한다.

 석살림굿은 집안에 모시고 있는 일월조상日月祖上 또는 군웅軍雄이라고 하는 조상신을 즐겁게 놀리는 굿으로, '군웅덕담' 또는 '군웅석시'라고도 한다. 또 이러한 전 과정을 "잉어 메어 석살린다"고 한다. 석살림굿의 내용은 다음과 같다. 심방은 신다리를 메어 든 후 향로香爐를 들고 춤을 추다가 송낙을 쓰고 치마를 둘러 가사를 걸친 승려의 복장으로 차려입는다. 그 뒤 바라哱囉를 양손에 잡고 춤을 추다가 바라점을 친 뒤 군웅덕담 재차祭次를 이어간다. 재차의 순서는 덕담, 군웅본판,

미여지벵뒤에 서서

「조상 본풀이」로 이어진다.

군웅본판은 집안의 조상을 수호하는 조상신의 내력담인 「군웅 본풀이」를 노래하는 것이며, 「조상 본풀이」는 그 집안에서 조상신으로 보시고 있는 '산신일월', '불도일월', '첵불일월', '현씨일월', '양씨 아미', '고전적', '김전적', '송동지 영감' 등 일월조상의 내력담을 노래하는 것이다.

이 노래는 제주도 특유의 굿노래로, '덕담창德譚唱'이라 할 수 있다. 이 덕담창의 가락은 판소리처럼 쉰 소리를 내지 않고 맑고 구성지게 부른다. 중간중간 판소리처럼 추임새가 들어가는데, 소무小巫들이 북이나 장구로 장단을 맞추고 흥을 돋우며 "좋다" "하고 말고" 한다. 아니면 북을 '쿵덕' 하고 친다. 그리고 하늘에 기원하는 경우, 요령을 흔든다.

「조상 본풀이」에는 원한을 품고 죽은 조상이 "나를 위해 큰굿에서는 열두 석, 작은 굿에서는 여섯 석, 앉은제에서는 삼 석으로 나를 놀려 맺힌 간장을 풀어 달라."고 간절히 당부한다. 그리하여 "3년에 한 번 큰굿 하면, 큰 밭 사게 하고, 작은굿 하면 작은 밭 사게 해서 부자가 되게 해주마."하고 약속을 한다. 그러므로 굿을 할 때는 맞이굿의 막판에 석살림굿 한 석席을 더하여, 조상의 맺힌 한을 풀어 주는 것이다.

군웅덕담(「군웅 본풀이」)

1986. 10. 24(김윤수 구송본)

(사설)

어- 군웅軍雄은, 팔자 궂은 성안 삼촌님네, 형제간네 지치고 다쳤구나.

소무들: (추임새) 하고 말고.

(사설)

　신의 성방(심방)이 놀자는 게 아니라(요령), 원전생 팔자 궂은 성은 김씨, 병술생丙戌生 마흔하나, 옛 부모 조상님네 매어 오던, 일월조상 몸 받은 당주일월 본명두와, 고씨 어머님 편으로 발이 번고 줄이 번던, 일월조상이 놀려고 하니 지치고 다쳤구나. 저 뱃사람漁夫沙工은 내일 내일로 놀고, 우리 신의 성방은 어제 오늘로 다 풀려 놀자.

(노래 – 덕담창으로 부른다)

어제 오늘 오늘 오늘이 오늘이라. (좋다)

날도 좋아 오늘이라 (좋다)

달도 좋아 오늘이요, 일이 없어 오늘이요 (좋다)

김치염라金緻閻羅 대왕님도 신나시라

(채록 불가)

달까지나 낮까지 놀자.

얼음산氷山도 놀고 넘자 구름산雲山도 쉬고 넘자

앞마당에선 남사당男寺黨 놀고

뒷마당에선 여사당女寺黨이 논다

월매 달 춘향이는 이 도령 품에서 잠들었구나.

에-(노랫말의 내용이 바뀔 때는 '에-' 하고 길게 뽑다가 '-잇' 하고 짧게 끊는다.)

노세 놀아 젊아 놀아 (늙어지면 못 나나니라)

명사십리 해당화야 꽃 진다고 너는 설워마러

너도 명년 춘삼월 되면, 죽었던 낡에도 순이 나서

황국단풍 제갈량도 한번 죽엉 가난 그만이여

우리나라 육국을 살면서 육국을 찾아내어도

저승 염라왕 몸 받은 차사는 언제 오나

목 따 내어 죽어버리니 그만이로구나.

일정승 이정승 삼정승이여, 육판서 양반도 죽어 가니 그만이여.

우리나라 영웅열사 같은 양반도 한번 죽엉 가난 그만이여.

에- 나무도 늙어서 고목이 뒈면 앉던 새도 아니 앉고,

꽃도 피었다가 낙화 되면 앉던 나비도 아니 앉고,

우리 인간도 늙어지면 오던 임도 되돌아간다.

에- 젊은 소년들아. 백발을 희롱 마라

어제 청춘이었다가 오늘 백발이로다

백발이 되면 서럽나니,

에- 우리나라 팔명산八名山을 다닐려우.

함경도라 백두산은 두만강으로 둘러 있고

강원도라 금강산은 동해 바다로나 둘러 있고

경기도라 북한산은 임진강으로 둘러 있고

평양도라 묘향산은 청천강 대동강이 압록강으로 둘러 있고

경상도라 테벽샌太白山은 낙동강 줄기로 둘려 있고

전라도 지리산은 섬진강 줄기로 둘러 있고

광주 무등산은 섬진강수로 둘러 있고

호남 목포 유달산 영암 월출산은 영산강 줄기로 둘러 있고

우리 제주 할로영산漢拏靈山은 남해 바다로 뚝 떨어진 섬입네다

이태조왕李太祖王 오백년 국이 등등할 때(태평성대인 때)

(채록 불가)

낙화암 숨비 궁이 한데

삼만관속三萬官屬 육방하인六房下人

대정 현감大靜縣監이여 정의 현감旌義縣監

목안제주목 내 판관判官 명월明月 만호萬戶

하도진下道鎭 조방장助防將을 마련하고

면面도 팔八도 설연 하여,

군웅본판

(베포도업침)

에- 천왕베포도업天王配布都業도 제祭 이르자.

지왕베포地王配布 인왕베포人王配布

왕베포 국베포 산베포 물베포여 일천도업 제 이르자.

「사설」

 (날과국 섬기고 연유닦음)

 - 어느 고을 어떤 자손들이 이 공사公事 올리느냐 (요령)

　하면, 국國은 갈라 대한민국 제주도 제주시 동문 바깥 나서면, 조천읍은
신촌리 대수동 '분동산'입니다. (북: 쿵딱)

　들어서면, 서 아래쪽, 가지 높은 기둥 기와 높은 신전집 법당집 지어 살

고, 마흔여덟 초간주初間柱, 서른여덟 이간주二間柱, 스물여덟 하간주下間柱 바람 분다 바람벽, 뜻 분다 뜻도벽, 청산靑山 세별(동산 샛별이 와전된 것이다. "동산샛별 견우성, 서산샛별 직녀성"이란 문구가 초감제 베포도업 칠 때 나온다.) 상간주上間柱 영연육법靈筵六法 동성개문東星開門 지어 사는 원전생 팔자 굿고 사주四柱 귀한 성은 김씨 억만 상신충입니다.

병술생丙戌生 마흔하나 받은 공사公事이옵고, 당줏하님 이씨로 을미생乙未生 서른둘 받은 공삽니다. 당줏아기 장남이 열두 살, 차남이 아홉 살, 장녀 아기 갓 스물, 차녀 아기 열세 살 받은 공삽니다. (요령)

사는 애기 위해 어떤 때문에 이 공사냐 하시면, 올해도 영혼님 이거 열하룻날 아침부터 오늘까지 열이틀 연유 올리던 말씀입니다. (요령)

성은 김씨 병술생 마흔하나, 당주하님 성은 이씨로 서른둘과 (요령)

원전생 팔자 굿고 사주 귀함 하여 (요령)

칠성七星 가위, 내당內堂 가위 마련하고, 마흔여덟 상단궐, 서른여덟 중단궐, 스물여덟 하단궐 거느려, 아이 노세 기민其民 수많은 만민제단궐萬民諸丹骨을 거느려 (요령)

삼시왕에 벌어먹은 역가役價를 바치고 (요령)

집안의 맑고 맑은 일월조상日月祖上 님과 (요령)

부모 영혼들 어두운 가슴을 열리려고 (요령)

붉은 날[吉日] 택일 받아 이 공사 올렸습니다. (요령)

오늘 이거 어제 그저께 삼시왕 삼하늘 고 옛 선생님네 청하여 (요령)

명두명관 삼차사冥道冥官三差使 관장님 전, 신의 아이 벌어먹은 역가役價를 바찌고 (요령)

삼시왕에 약밥약술藥飯藥酒을 타먹고 어인타인御印打印 타 맞아 오늘은

삼시왕 삼하늘 옛 선생님네 안으로 잉어메어살려 군웅 석시로 어서 간장 풀려 놀저 합니다.(북 덩덩)

잉어메어살림은 맞이굿이 끝나면, 그 대상이 되는 신을 기본 제상인 큰상으로 모셔 들인다. 이때 광목천으로 된 긴 '신다리'를 밖에서 안으로 끌어들이는 것으로 표현한다. 이를 '메어 든다'고 하는데, 이렇게 메어 든 후 조상을 놀리는 석살림굿을 하며, 이를 군웅석시라 한다. 이러한 과정을 "잉어메어 석살린다"고 한다.

「노래」「군웅 본풀이」(군웅본판)

군웅軍雄에 놀자 군웅 놀자

조상祖上에 본本을 풀며 놀자

군웅에 난산국본향 어딜러냐.

군웅 하르바님[祖父] 천앙제석[天皇帝釋]

군웅 할마님[祖母]은 지왕제석[地皇帝釋]

군웅에 아바님[父]은 낙수개남

군웅에 어머님[母]은 해수개남

아들이사 낳느니 삼형제 낳네.

큰아들은 동해바다를 차지하고

둘째 아들은 서해바다 차지하고

셋째 아들은 한편 궂어서 내 팔자야

한편 궂어부난 내 사주야

줄줄 누벼단 삼동바지에 저 저고리 수패미녕[明紬] 두루막 입고 간다.

미투리 깊이 신고 굴송낙 둘러쓰고

목에 염줄[念珠] 손에 단줄[短珠] 잡고 가니

오른손에 금바랑 잡고 왼손에는 은바랑 잡아

한 번을 뚝딱 둘러치니, 강남은 가면 황제군웅皇帝軍雄

두 번을 궁굴치니, 일본은 가면 소자군웅小者軍雄

세 번을 다가 궁굴치니, 우리나라에 대왕대비大王大妃 서대비徐大妃

한사병풍韓紗屛風 족자병풍簇子屛風 위에서 놀던 조상

군웅에 본을 풀어 놀자. 맺힌 간장 풀려 놉서

고맙습니다 고맙수다.

에헤- 성은 김씨 마흔하나 섬깁니다.

옛날 윗대 선조 부모 하르바님.

얼굴은 보난 관옥冠玉이고,

눈은 보난 효성曉星이고,

곤룡포袞龍袍 관룡포官龍袍 설연하고,

윗대 나라에서 철중장군도 벼슬 내려온다.

삼만관속三萬官屬들 내어준다

한재大財 일가속 내여주어 (좋아 좋아)

(군웅본판 덕담창에서 "좋다, 좋아"는 추임새로 흥을 돋우는 역할을 한
다. 그냥 북만 치기도 한다.)

일월조상도 풀려 놉서.

4° 조상 본풀이

굿에서 말하는 조상은 한 집안의 영혼, 죽어서 귀신이 된 조상, 어제까지 살았던 과거의 사람 가운데 '반드시 풀어줘야 할 생전의 사연 때문에 신격으로 인정받는 조상'이다. 조상신은 굿을 통해 인정받는 신이기 때문에 하늘과 땅의 신들을 알아본다. 조상신을 위한 굿은 언제 하는가?

하늘에는 두 하늘이 있고, 두 하늘에는 열두 큰 신이 있다.

첫째 하늘 삼천천제석궁(삼시왕)에는 천지왕, 일월, 불도, 초공, 이공, 삼공 신이 있다. 이 여섯 신을 위한 제사로는 맞이굿, 천지왕 초감제, 일월맞이, 불도맞이, 초공맞이, 이공맞이, 삼공맞이, 삼천천제석궁의 종합제로 삼시왕맞이(제오상계, 삼시왕질치기, 고분맹두)가 있다. 둘째 하늘 열두시왕궁(열시왕)에는 시왕차사, 세경, 지장, 본향, 군웅과 조상, 문전과 조왕, 칠성과 영감신들을 위한 맞이굿과 놀이굿, 시왕맞이, 차사영맞이(질치기), 말놀이, 세경놀이, 전상놀이, 토산당신놀림, 군웅만판 조상 본풀이, 영감놀이가 연행된다.

「조상 본풀이」는 큰굿에는 열두 석, 작은굿에서는 여섯 석, 앉은제에서는 세 석을 논다. 큰심방이 큰굿 속의 맞이굿 하나를 마치는 것을 '굿 한 석'이라 하며, 굿 한 석이 끝날 때마다 해당 신을 놀리면서 심방과 구경꾼이 함께 춤추고 노는 '석살림굿'을 한다. 그러면 큰굿에서는 '석살림굿'을 열두 석, 작은굿에서는 여섯 석, 앉은굿에서 세 석을 놀린다.

「조상 본풀이」는 석살림굿에서 하는 한 집안의 귀신, 죽은 조상이면서 집안의 자손들을 지켜주는 영혼, 자랑할 만한 벼슬 한 사람, 마을을 설촌한 입도 조상, 힘이 장군인 장사, 풍수사, 의원, 심방이나 스님처럼 신역을 하다가 죽어서는 삼시왕에 올라가 '고 옛 선생'에 등록된 큰심방, 예인광대, 육지에 벼슬하러 갔을 때 살다가 따라온 처녀 혼령, 집안에서는 굿할 때마다 원혼을 달래주어야 할 청원한 귀신들, 역사시대의 신들을 조상이라 한다.

그러므로 「조상 본풀이」는 석살림굿에서 굿을 집행하는 큰심방이 선택한 한 집안의 죽은 조상들 이야기다. 조상신은 살았을 때 맺힌 한을 굿으로 풀어주어야 할 한 집안의 귀신이다. 굿을 할 때마다 풀어주어야 하는데, 그렇게 굿을 할 때 큰굿 하면 큰 밭 사고, 작은굿 하면 작은 밭을 사게 할 만큼 '집안의 중요한 귀신'이다. 이러한 조상은 '석살림굿'에서 큰굿에서는 열두 석, 작은굿에서는 여섯 석, 앉은제에서는 세 석을 놀리는 집안의 조상이다.

'동이풀이'는 굿을 이루는 본풀이의 신화적 진실과 굿을 하는 사람들의 역사적 사실이 어떤 관련을 맺고, 굿을 통하여 어떻게 역사적으로 해원하여 왔는가를 보여 준다. 이는 「조상 본풀이」 중 '고전적 본풀이'와 '양씨 아미 본풀이'를 가지고 '맞이굿'처럼 신들을 놀리고 보내는 조상굿 이다.

제주 사람들의 역사라 할 수 있는 것들 가운데는 100년 안팎의 이야기지만 거의 신화의 성격을 지니고 있는 '죽은 조상의 이야기'가 있다. 이를 「조상 본풀이」 또는 '조상굿'이라 한다. 동이풀이는 '사려앉아 죽은 아기씨'의 혼령을 위무하는 석살림굿이다. 석살림굿은 큰굿의 한 석(마당)이 끝날 때마다 집안의 조상신을 놀리고 맺힌 것을 풀어주는 '해원굿'이다.

동이풀이를 할 때 심방은 '고전적 본풀이'와 '양씨 아미 본풀이'를 풀며 춤을 추는데, 처녀의 고운 옷을 쌀 동이에 입힌 '동이'를 입에 물고, 옷소매를 놀리며 추는 '동이춤'을 춘다. 따라서 '동이풀이 조상굿'이라 한다. 현재 이 굿은 무형문화재 71호 김윤수 큰심방이 전승하고 있다.

선흘리 안판관본

안동 땅에서 삼형제가 제주에 들어와 한라산에 올라가니, 할 일이 없어, "밭이나 있으면 농사라도 지을 걸." 하며 차차 내려오는 것이 선흘리 '이데기머들'에 왔다.

"큰 형님은 어디로 가시려오?" "난 과납納邑里으로 가마."

"셋 형님은 어디로 가시려오?" "나는 가시오름(가시리)으로 가마."

"족은 아신 어디로 갈래?" "난 여기 살겠습니다."

'베남ᄆᆞ를'서 삼형제가 의논하여 은지남목(지명), 매앚인목, 꿩앚인목을 지나가는데 비는 너신너신 오는 날, 암석 안에 앉았더니, 귀는 작박(주걱)이요, 몸은 머들(돌무더기)인 부군(뱀)이 나왔다. 큰 형님이 옷을 벗으며, "저의 옷 안으로 들겠습니까?" 뱀은 눈도 아니 거듭 떴다. 셋 형님이 약도리를 내어놓으며, "이곳으로 들겠습니까?" 뱀은 눈도 아니 거듭 떴다. 족은 아시는 귀약통 남눌개를 벗었으나 당초 들어갈 수가 없더라. 윗옷을 벗어서, "제에게 태운 조상이로구나, 이리 드십시오." 부군이 윗옷 안으로 살살 들어오니, 들 적에는 삼형제가 어기여차 들었지만 업은 듯 만 듯했다. 선흘곳 '베남ᄆᆞ를' 동백나무 아래 와, "어디로 좌정하겠습니까?" 윗밭으로 좌정하여 가마위판駕馬位版에 모시고 살아가는데, 대대로 벼슬이 나와졌다.

배남지좌 정조상 통훈대부 배숙부인 현씨 자

가선대부부군 배 정절부인 나주김씨 자 참봉 참판부군

배 정부인 한씨 자 제주진관 겸 명월만호부군

배 숙부인 부씨 자 장사랑 제주판관이 나니까, 성내 읍중 도성 삼문 들어가서, 골체(삼태기) 장사 올리(오리) 장사 고씨대 선생을 청하여다가 굿을 하는데 안판관이, "어찌하여 나는 서울에 상경하여 낮은 벼슬을 하게 됐는고? 제주판관이 뭣하는 판관인가? 목사나 벌려고 하였는데." 그러니 조상은 신길 바르게 한 조상인데 애달프다. "에, 나 굿 잘 해주고, 나 신 가슴 풀려준 심방 안체포에 따라가려." 그 조상이 심방 안체포에 드니, 신소미가 저도 안체포가 무거워서 못 지고, 겨우 'ᄀᆞ으니ᄆᆞ를' 가며 풀어 보니 청 만주애미(뱀)가 있었다. "벌써 안 칩 조상이 왔으니 우리도 잘 될 것이다."

고씨 선생이 억만상신충을 거느려 천변기도 대양청을 했더니마는 고동지 고청주 별장 벼슬에 올라갑디다.

—박인주 고 옛선생 구송 한문 기록물

고대정현감본

제주시 삼도동(진성동陳城洞) 고만호씨댁高萬戶宅 조상

옛날 영천 이목사 시절, 우리나라 국이 덩덩할 때(태평성대)에, 대정 가면 대정현감, 정의 가면 정의현감, 제주목에 판관, 명월 만호, 항파두리 조방장, 삼고을에 사관장 마련할 때, 영천 목사가 제주에 도임하여 산 뒤 산 앞 다니며 당도 오백 불천수[瓚燧]시키고 절도 오백 파괴 파산시켜, 그때에 동양 일대 중이 들어와 부처 한 가지 갈라다 동양 삼국에 절당을 마련할 때, 영천永川 목사가 당과 절을 파괴파산破壞破産하며, 제주 삼문 안에 들어와, 남문 밖 만년폭낭 아래 좌정한 옥황상제 말잣뜰아기 귀양으로 내려와 일곱 자 걸랫배 거느리고 굴송낙을 둘러써 인간 자손을 그늘루는디(도와 기르는데), 영천 목사가 마지막 당을 파산시키려고 동헌 안에서,

"삼문 안에 신의 성방 있다니 신의 성방을 불러들이라."

그때에 무근성[陳城洞] 고만호 대정 원천강袁天綱 팔자 궂어 신의 억만상신충으로 전생 궂어 다닐 때, 눈을 감으면 저승이고 눈을 뜨면 이승이 상통천문 하달지리하니, 동헌에서 고씨 상신층 대동시킵디다. 고씨 선생이

동헌 이아 앞으로 엎드리니 영천목사가 말씀하시길,

"네가 신의성방(심방)이냐?" "예"

"네가 신의성방이면 당에도 영급靈及이 있느냐?" "예, 영급이 있습네다."

"그러면 아무 날 아무 시에 당에 영급을 보여라." "예, 영급을 보이겠습니다."

영천목사에 어인타인御印打印을 놓아두고 집으로 오는데, "어떤 명을 내려 이 몸을 목 베어 죽이려는지" 근심과 수심이 가득 찼다. 그때, 절당에 스님을 불러 놓고 영천목사가 "너의 절당에 영급이 있겠느냐?" 절당 지키는 중도, "예. 부처님에 영급이 있습니다."

"아무 날 부처님의 영급을 보여라." "예."

아무 날 아무 시엔 동헌에 부처님을 눕혀 놓고 이 부처님이 일어나도록 절당 지키는 중에게 불공을 하라 하니, 그 부처님이 일어나지 못하고 영급을 못 보입니다. 그때, 남문 밖 '각시당 한집'에 병마기兵馬旗 꽂아 놓은 걸 보고, 영천목사가 명을 하되,

"저 병마기가 관덕청 동헌까지 걸어오게 굿을 치라." 신의 성방은, "예, 소인도 소원의 말씀을 올리겠습니다." "무슨 말이냐?" "저 혼자 기도를 드릴 수 없으니 칠일 일주일 정성을 드리게 해 주옵소서." "어서 그리하거라."

그때에 신의성방은 집으로 돌아와 영연靈筵 당주 전에 모든 신원伸寃을 올려 두고, 면이면 면공원 면황수를 부르고, 도면 도공원 도황수를 불러 7일 되는 날 동헌 마당에서 신정국(무악기 소리)을 내울려 굿을 할 때, 삼천군병 지사비고(사귀고, 달래고), 음복지주잔을 동헌 관덕정 지붕을 넘겨 나문밧 각시당 한집 옥황문과 불도문을 열고, 신당문 본당문을 열어 본

향한집이 동헌에 신수퍼 오저(신이 숙어 내려오고자) 신청궤가 근당하여 신의성방 오른쪽에 석자 오치 본향 '팔찌거리'를 둘러메어 각시당 한집에 신청궤를 지날 때, 삼천병마기가 동헌 마당까지 걸어온 건 아닙니다마는 삽시간에 천하가 요동하고, 천만년 폭낭이 홀연 광풍을 만난 듯이 낭썹(나뭇닢) 낭가지에서 회오리바람 소리가 지나가더니, 버쩍 섰던 삼천벵맷기가 하늘과 땅 사이 와드드드 털기 시작해가니, 그때 영천목사가 손바닥을 탁 치면서, "삼문 밖에 신당 본당은 나 손으로 파산 불천수를 시켰지만 삼문 안 신당 본당은 영급이 있었구나."

영천목사가 삼문 안 신당은 파산을 못 시키고 출도를 하옵데다. 그때에 낸 법으로 오늘까지도 삼문 안 각시당, 삼문토주관, 과양당 고산태오시오 전한집과 서문밧 상동낭물 가 정절상군농 시내왓당 열두시오전十二神位前과 상서대왕上事大王 상서부인 삼월 열나흘 날 꽃놀이 하던 여리불도如來佛道 녹디하르방 녹디할망(궁당의 신), 밖으로 남돔배(나무도마) 낭칼에 쉐돔배 청도 황도 거느리던 본당한집, 동문밖 운지당, ?시락당 용여국대부인龍女國大夫人, 산지 용궁칠머리 세변도원수世變都元帥 해신국 파산을 못 시키고 오늘까지 만대유전을 시켜 옵데다.

 一제주시 용담동 고 옛선생 남무 안사인 구송본

양이목사본

옛날 탐라국 때, 양목사梁牧使가 삼문 안에 살았을 때, 상서울 상시관의 명을 받아 양목사가 목사를 살았습니다.

미여지벵뒤에 서서

양목사 시절, 제주에서는 1년에 한 번 백마 백 필을 진상 올리라 하여 어느 목사를 막론하고 1년이 다 그믈면, 입춘 새해 나기 전에 백마 백 필씩 진상을 올렸다. 첫 번, 두 번, 세 번까지는 진상을 고이 올리고, 네 번째 백마 백 필을 진상하려 할 때, 양목사가 제주 목사로 내려왔습니다. 백마 백 필을 진상하려고 삼문 안 마장에 모아 놓고 보니 백마 백 필에 탐심貪心이 나서 양목사가, "백마 백 필을 진상 올리면, 제주 백성이 곤경에 빠져 어느 마장이나 탄복과 근심을 안 할 수 없습니다."고 상시관에 진정을 올리고, "진상하는 말이지만 상시관보다 내가 먼저 먹으면 어떨까?" 하여, 마장에 마부를 불러다 놓고 "지금까지 진상은 마부들 손으로 가져다 바쳤을지라도 앞으로는 내가 직접 상시관에 진상하겠다."

어느 진상 때나 한 번에 백 필을 모두 받지 않고 상시관 눈에 보기 싫은 건 다 퇴척退斥을 당하여 마부들이 그 대충을 구하여 보내려면 어느 때나 수심이 안 되고 걱정이 안 될 때가 없었다. 이번은 양목사가 목사대로 진상을 가겠다 하니, 마장의 마부들은 이젠 살았다고 기뻐했다. "어서 걸랑 그리 하십서." 백성과 마부들 손으로 화북禾北 '돈짓가름'(지명)으로 마선馬船에 백마 백 필을 주어 싣는 데 조력을 하였다. 양목사는 전배독선하여 진상하러 간다고 영암靈岩 '덕진다리'로 배를 붙여, 한양 고을 어느 관중마다 다니며 백마 백 필을 다 팔고 그 돈으로 물건을 사 전배독선하여 돌아와 팔았다. 상시관에서 첫 번째에 백마 진상이 아니 오니 양목사가 얼마나 한 근력과 고집이 있는가 하여 독촉을 않았다. 양목사는 첫째 진상이 고이 지나가고 마지막에도 고이 지나가겠지 하여 첫 번, 둘째 번, 제삼번까지 백마 삼백 필을 진상하지 않으니 모두 양목사 재물이 됐다. 셋째 번까지 진상을 않으니, 상시관에선 하졸을 제주로 보내 이 정보를 조사해 오라는 분부가 내렸다. 하졸이 입도하여 조사를 해보니, "양목사가 괘씸하구나." 하여 금부도사 자객 놈을 앞세우고 양목사의 목을 베어 올리라고 제주로 보냈다. 양목사는 눈치를 알아채어 금부도사가 오게 될 때, "제주에 어느 누구 가진 배가 그중 빠르고 좋으냐?" 묻고, 이방 형방을 불러 명을 내리니, 하졸에게 분부가 하달되어, 제주 고동지 영감 배가 그중 좋다 하여, 고동지 배를 화북 돈짓개로 드려 메라고 하였다. 양목사가 유람을 간다 하여 단독으로 고동지 영감하고 사공을 거느리고 '돈짓가름'으로 배를 띄웠다. 제주 물마루를 지나 울돌목에 이르니, 난데없이 배 한 척이 맞걸어, 고사공 몸 받은 배에 대는 걸 보니, 금부도사와 자객 놈이 탄 배가 틀림없었다. 금부도사가 "어디로 가는 배요?" 하고 물었다. 고사공이 양목사보다 먼저 대답했다. "제주 양목사가 유람가는 배요." 그말 끝에는 양목사가, "아차, 일이 틀렸구나." 뺨에는 방울땀이 흘러내렸다. 그 말 들은 금부도사가, 양목사 오른 뱃장으로 뛰어오르며, "어느 게 양목사냐?" 양목사 언뜻 일어서며, "내가 양목사다." 금부도사는 비창금을 내어들고 자객 놈은 자객 칼을 휘둘러 양목사에게 한 범같이 덤벼드니, 우김 쎈 양목사 한 손으로 드리받아 자객 놈의 쥔 자객 칼이 눈도 깜박하는 새 없이 양목사 손에 쥐여져, 일광빛이 비치는 듯 하늘에서 번개 치듯 한 번을 휘두르니 자객 놈도 머리가 간 곳 없고, 몸천만이 머리에기 삼형제 저 절고개(물결굽이) 올랐다. 걸쎈 금부도사도 비창금을 내어놓고 삼세 번을 휘둘러 벼락같은 소리를 질러도 양목사한테는 어찌할 줄을 몰랐다. 마지막에 금부도사도 양손을 결박한 것같이 온몸이 저려서 양목사 앞의 양 무릎을 꿇려 앉아 사과의 말씀을 올렸다. 양목사가 호령하되, "내 이럴 줄도 알았다. 금부도사 들어라. 우리나라 상시관이 굶주리는 백성 좋은 세상에 살리겠다 다스리고, 백

미여지벵뒤에 서서

성은 임금을 모셔 한 마음 한 뜻 한 집안 한 가족같이 살아보려는 모든 백성에, 특히 불쌍한 제주 백성, 1년에 한 번 백마 백 필씩 진상을 올리라 하니, 임금이 배는 얼마나 큰 배 건데, 1년에 백마 백 필씩을 먹고 새기는 배가 있겠느냐? 임금이 먹는 백마 백 필 진상 나도 한번 먹어 보려고 입을 벌려 먹었더니, 백마 백 필 다 삼키지도 못하고 제주 불쌍하고 굶는 백성 생각하니, 산 짐승이 목에 걸려 목 안으로 내려가질 않더라. 하다 하다 백마 백 필을 육지 모든 백성한테 갈라 주고 우리 제주서 귀중한 물품을 얻어 제주 백성을 도운 이내 몸이다. 네가 내 목을 베려 한들 하느님인들 무심할 수 있겠느냐? 자, 부디 이 말을 용상에 앉은 임금에게 잘 여쭈어 올려라." 양 무릎 꿇고 이 말을 듣던 금부도사 펄쩍 뛰어 양목사 상투를 잡고 감태줄같이 흐트러진 머리 배 닻줄에 꽁꽁 매어, 고사공에게, "배 닻줄을 당겨라." 고사공은 떨리는 양손으로 배닻줄을 잡아, 양목사는 어느새 돛대에 매달린 몸이 되고, 금부도사에게 말하기를, "비창금으로 어서 내 목을 베라." 금부도사도 비새같이 눈물을 흘리며 은하비창금을 한 번 휘두르니, 양목사의 한 몸이 두 개가 되었다. 뱃장 아래로 떨어지는 양목사 몸은 요왕국 물개끔(파도) 속에 떨어지니, 어느새 청룡 황룡 백룡으로 몸이 변색돼 깊은 물 속 요왕국으로 들어가 버렸다. 양목사 머릴 안아 붉은 피를 닦고 두 판 위에 머릴 놓아 흰 포를 덮고 금부도사가 탄 배에 이물로 놓았더니, 몸천 없는 양목사가 고사공한테 마지막 소원으로, "고향으로 들어가면, 영평 8년 을축 삼월 열사흘 자시 생천生天 고이왕, 축시 생천 양의왕, 인시 생천 부의왕, 삼성 가운데, 토지관 탐라 양씨 자손 만대까지 대대 전손하여 신정국을 내풀리고, 이 내 역사 신풀어, 난산국을 신 풀면 우리 자손들에 만대유전시켜주마." 몸천 없는 머리로 입문을 열어 말씀하고 고

사공을 이별하여, 상시관에 올라갑디다. 금부도사 양목사 목을 바치옵고 양목사 모든 사실을 상시관에 여쭈어 양목사 한 몸 희생으로 제주 어려운 마장 백마 백 필 진상을 면합디다.

이 조상이 고사공이 고향으로 돌아와 토지관 양가에 상가지로 줄이 벋어, 큰굿에는 열두 석시 중당클에 여섯 석시 앞인제에 삼 석시 해 넘어가는 '철갈이'에 신과세를 받아오던 양목사 난산국(본풀이) 과광성에 신푸오니, 일천간장 풀리는 대로 자손 번성시키옵고 만대유전시켜줍서.

—제주시 용담동 남무 안사인 구송본

구실할망본

나주김씨羅州金氏 집안의 조상

옛날 신촌리 '큰물머리'에 김동지 영감이 살았다. 그때는 김동지 영감이라 아니 하고 신촌 큰물머리 김씨 사공이라 하였다. 김씨 사공이 제주 관원에서 우리 제주서 나는 산지의 재물, 산으로 초기, 바다에 나는 우무, 청각, 미역, 오징어를 서울 상감에 진상 상납하러 가옵디다. 전배 독선시켜 상시관에 진상상납을 하고 제주 고향으로 돌아오려 한 때, 서울 서대문 밖을 나서니 날이 어두워 먹장 같은 밤에 인간처도 없는 무주공산에서 인간의 소리가 들려왔다.

김 사공은 '필유곡절 이상하다. 사람 없는 곳 밤에 무슨 소린가? 가만히 귀를 기울여 들으니 아무래도 인간 소리. 숨을 초차 이차 죽여가고 귀를 기울여 들으니, 난데없는 어린 계집아이가 목을 놓아 우는 소리 틀림없어 김사공은 소리 나는 곳을 한 발자국 두 발자국 가다 보니 어스름한 논두렁 아래서 서럽게 우는 소리가 더욱더 들려옵디다.

우는 소릴 좇아 논두렁 아래를 보니 먹장 같은 야밤에 어떤 아가씨가 앉아 목을 놓아 우는 걸 보고, "너는 귀신이냐 생인이냐? 귀신이면 어서 천당으로 오르고 생인이면 내 눈앞에 똑똑히 보여라." 아가씨가 말하기를, "어찌 귀신이 날 바가 있습니까? 나는 서울 서대문 밖 허정승의 딸인데 아버님 눈에 거슬리고 어머님 눈에 시찌나 우리 집 하녀를 빌어 가마에 나를 놓고 죽으라고 인기척 없는 이 논두렁 아래 와서 내버리니 나는 사람이 그리워 모든 일이 칭원稱冤하고 서러워 목을 놓고 대성통곡 울고 있습니다." "하하, 이게 왼 말이냐?" 아가씨가 그 말 끝에, "영감님. 나를 살려 줍서." 베도포 자락을 잔뜩 잡고, "살 도리를 해 주세요." 애원을 하니, "내 고향 사람이면 너를 데리고 가 살리겠다마는 이 고을 사람이 아니니 어찌하면 좋을까?" "영감님은 어디 영감님 됩니까?" "나는 제주 사는 사람이요." "제주 살아도 날 꼭 데려가 줍서." 김사공은 그리 하고픈 마음 백볼이 있어도 그땐 제주 사람 육지 못 가고, 육지 사람 제주 못 오게 되어, 어찌할 도리를 몰라 곰곰이 생각할 때, "어서 그러면 나하고 같이 가자." '베진 고달또'(지명)를 와서 뱃장 위로 올라갈 때 배에 사공이나 볼까. 화장이나 볼까. 어느 다른 사람이 볼까. 베도포 자락에 아가씨를 숨기고 김사공 눕는 뱃장 아래로 들어갑디다. "영자야, 호장아, 닻을 감고 돛을 달라."

깃발을 내거니, 제주를 향해 둥둥 떠갑디다. 연평바다 실바람 나는 대로 배를 몰아 제주 물마루가 가까워지니 관원이나 알면 엄중한 처벌을 내릴까. 뱃장 안에 감췄던 날이 저물어 개 고양이 잠잘 때가 되어 살짜기 살짝

달아나 상다락에 문을 잠가 아가씨를 기릅다.

한 해 두 해 하는 것이 아가씨가 이구십팔 열여덟이 되니, 하도 갑갑하고 민망하여 상다락 남창문南窓門을 제쳐보고 아기씨가 말하기를, "영감님. 영감님. 저 소를 몰고 가는 건 뭣하러 가며 저 머슴 등에 진 건 무엇이 됩니까?" "우리 제주 사람은 악한 일만 해야 산다. 저건 떠렁쇠를 몰고 머슴 등에 진 건 쟁기다. 오늘날도 세경 땅에 농사지으러 가는 거요." 아가씨가 북창문을 열어 놓고, "호이 호이 긴 솜비(솜비는 해녀가 전복 등을 따려고 물속으로 잠수하는 행위 또는 물 위로 나올 때 급히 숨을 내쉬는 일. 이때 '호이'하는 소리가 남.) 짧은 솜비 하는 소린 무슨 소립니까?" "그것도 우리 제주산은 악산이라, 악한 일만 하여야 사는 데라 물망사리(해녀 기구) 작은 테왁(해녀 기구 바가지) 작은 비창을 가지고 대점복, 소점복 소라, 미역, 우무 하는 해녀 잠수가 된다." "남잡니까, 여잡니까?" "여자가 하는 일이여."

"영감님. 그러면 나도 작은 물망사리 큰 물망사리 작은 테왁, 작은 비창, 물적삼, 물소중이 해 줍서. 나도 한번 긴 솜비 쉬고 짧은 솜비 쉬며 해보겠습니다."

"어서 걸랑 그리 하라."

그때 김사공이 작은 물망사리 일천기덕을 다 차려주니 아기씨가 그날부터 신촌리 '큰물머리' 선창가 동어귀로 들면 섯어귀로 나오고 섯어귀로 들어가면 동어귀로 나오며 긴 솜비 짧은 솜비 하며, 하루 이틀 지나는 게 날이 갈수록 달이 갈수록 아가씨가 더군다나 상잠수가 되고, 대숨물(신촌리 앞바다 이름) 들면 큰물머리 선창으로 나고 큰물머리 선창으로 들면 '바랑녀'로 나고, 바랑녀로 들면 조천리 새콧 알로 나고, 새콧 알로 들면

원당 알로 나옵디다.

대접복도 일천 근 소점복도 일천 근, 대점복 속에는 은진주여, 금진주여, 금진주, 진주 진주가 나옵디다. 대점복 일천 근에 진주는 닷말 닷되 칠세 오리 나옵디다.

김사공도 앙천대소 웃음이 되고 그때야 허정승의 따님아기 김사공에게 말을 하되,

"영감님. 영감님. 내 부모 몸에 탄생하여 백년의례를 기다린 것이 김사공에 인연인가 합니다." 아가씨 세갑머리 여섯 갑에 갈라 따워 허정승 따님아기 허씨 아기씨가 김사공하고 백년의례를 맺습디다.

"대감님아. 우리가 한 금진주나 은진주나 내 제주 좋아하게 된 일 아니니, 이건 천운으로 도운 일인가 합니다. 이 물건을 우리가 그냥 삼켜버릴 수가 없습니다. 우리나라 상서울 임금님께 진상을 올리면 어떻겠습니까?"

"그렇게 하자. 좋은 일이로다."

전배독선 잡아, 김사공은 상시관에 진주 상납을 바칩디다. 임금에서는 "이런 충실한 백성이 어디 있으랴. 이런 귀중한 물건을 나만 먹고 나만 쓰자고 욕심한 마음을 아니 먹어 나라를 생각해 온 일이니 이런 기특함이 어디 있으리."

김사공 보고 말을 하되,

"어떤 벼슬이라도 좋으니 너의 소원대로 이르라."

김사공의 좁은 마음에, "큰 벼슬을 어찌 바랠 수 있겠습니까. 상감의 분부이니 거역할 수 없고 소인이 원하는 동지 벼슬이나 주십시요."

"이게 기특한 마음이고 솔직한 마음이로다."

어인타인御人打印 놓고 금인 옥인 놓아 동지벼슬을 받습디다. 상시관에

서 허씨 아기씨 허정승의 따님은 구슬동이작저고리(구슬 끝동을 단 저고리) 구슬동이작치마 붉은 구슬 노랑 구슬 흰 구슬 푸른 구슬 칠색 구슬을 내어놓고, 참씰로 구슬을 메어 은비녀여, 놋비녀여 금비녀도 내어놓고 금가락지 은가락지 놋가락지 귀이개 상통 진상을 내립디다.

김대감은 동지 벼슬을 메어 김동지가 되옵고 아기씨는 감부인甘夫人 도대부인都大夫人 수절부인守節夫人 열녀부인烈女婦人 부인까지 책지를 내려 부인 벼슬을 줍디다.

김동지 영감과 아기씨는 천상배필을 맺어 자식을 낳는 것이 여자식만 딸 아홉 형제를 낳습디다. 딸 아홉 형제 불러 앉혀, "너희 아버진 동지 벼슬로 난 상시관에서 구슬을 진상 내렸으니 구슬할망으로, 딸 아홉 형제에 줄이 뻗을 터이니, 삼명절, 기일제사 때에도 영연靈筵 상고팡으로 상 한 상을 바치고 큰굿엔 열두 석시, 작은 굿엔 여섯 석시, 앉은제에 삼석시, 해 넘는 철갈이로 풍악으로나 간장을 풀려주라."

딸 아홉 형제 아홉 마을을 팔아보니 외손자 방상 줄이 뻗어 동여국이나 차지 됩디다.

이 조상은 나주 김댁의 딸 자손으로 줄이 뻗어 자손번성시켜주던 조상이 됩니다.

신정국 태추태로 일천간장 풀려 놉서.

―제주시 용담동 고 옛 선생 남무 안사인 구송본

광청아기(송동지 영감)본

　　동김녕리 송댁의 송동지 영감 송선주가 살았을 때, 사또의 명을 받아 섣
달그믐이 되자 송동지 영감은 상서울 상시관에 진상을 바치로 갑디다. 산
으로 초기, 해각으로 우무天草 청각, 미역, 편포 진상을 바치고 송동지 영
감은 집으로 돌아올 때, 광청고을에 들르고 싶어 광청고을 허정승댁에 유
숙하여 저녁상을 받고 나니 남은 먹장같이 어두워지고 창문 밖을 바라보
니 모든 집안 초경 잠이 고이 든 밤에 이상하게도 초이경이 넘어 삼경이
가까워도 잠이 오지 않는다. 가깝하게 앉았다가 마당에 나와 동서로 사방
을 두리두리 바라보니, 이상하게도 문밖 사랑방에 희미한 불빛이 비쳐와,
송동지 영감이 발자국을 죽여가며 숨결 소리를 낮춰가며 문가에 차차 몸
을 붙여 사랑방을 바라보니, 어여쁜 아가씨가 총각머리 풀어놓고 무엇을
앉아 생각하는 듯 마주 창문 밖을 내다봐, 송동지 영감이 아기씨 모르게
뒤돌아서려 하니, 넓은 창문을 열며 아기씨가 말하기를, "제주 송동지 영
감님, 할 말이 있으니, 어서 바삐 문안으로 들어오십서." 송동지 영감 어쩔
수 없어 마음이 충천하고 가슴이 뛰어 온몸을 덜덜 털며 가다가 몸을 돌려
아기씨 방 안으로 들어가 몸을 추슬러 앉았더니 아기씨가 말하기를, "겁
내지 말고 편히 앉읍서." 미리 올 줄을 안 듯이 술상을 차려놨다 얼른 가져
다 놓고, "내가 이 밤중까지 영감님이 나오실까 하여 창문 밖을 살피는 중,
영감님이 나와 뜻이 맞은 듯이 이제까지 잠이 안 오고 오죽이나 심심하셔
여기까지 왔습니까. 잠도 아니 오시는 이 술 한 잔을 드시와 나의 뜻대로
심심풀이나 하는 게 어떱니까?"

　　"어서 그리 합시다."

한 잔 술을 거푸 먹는 게 술이 만족한 것 같아서 아기씨가 말하기를, "저는 허정승의 따님으로 총각머리 등에 진 처녀이건만 광청 고을 안 궁녀의 몸으로 장차 부모의 명령대로 혼인을 하여야 할 몸이고 그러니 이 앞으로 혼인을 하려면 내가 그 행동을 한번 하고 싶으니, 서로 반대로 내 옷은 영감이 입고 영감님 옷은 내가 입어 남도 자는 야밤에 단둘이서 이 날이 새도록이라도 새각시놀이 해보면 어쩔까요?"

술에 만족한 송동지 영감 대답만 예예 하다 보니, 어느새 내 몸이 변색되고, 연분홍 저고리에 대홍대단 연분홍 치마에 구슬 족도리 꽃족도리가 머리 위에 오른 것 같아지고, 눈앞엔 입 넓은 깃갓(깃을 꽂은 갓) 백도포를 둘러 입고 쉰쌀 부채로 앞을 막아서서, 눈을 바라보니 인연이 딱 들어맞은 하였다.

아기씨도 올바른 정신이 간 곳 없고 물명주 한삼 붙잡고 얼음같은 손길을 마주 잡더니 이마에 족도리도 벗어지고 연분홍 다홍치마도 벗어져, 아기씨 입넓은 깃갓도 벗어지고 백도포를 벗어젖혀 꿈결같이 지나는 게, 송동지 영감도 세상이 내 세상이고 광청아기도 영감의 신원伸冤과 원정原情을 다 들어줬다.

먼동이 잇몬 들러 개 쥐도 모르게, 송동지 영감 이녁 이불 속으로 돌아와, '장차 이 일이 어찌 될 일인고.'

아침 밥상이 들어오고 허정승을 이별하여 먼 문밖 나서서 영암 덕진드리 베진고달또 포구 안까지 오도록 자국자국 생각해도 꿈인가 생중인가. 베진고달또 배를 놓아 고향에 돌아와 동헌 안 관원에 원정을 들고, 다시 두 번째 상시관 진상을 바쳐두고 내려올 때, 광청고을 허정승 댁에 또 유숙하여 '이 날이 어느 제면 어두우리. 기다리다 그 날이 겨우 어두워져, 광

청아기 사랑방을 달려든다.'

달려들어 보니 아기씨 비옥 같은 뺨에는 서산에 비지듯이 눈물을 흘리며, "자, 이 일을 어찌하면 좋으리까?"

아기씨 흰 얼굴이 검은 얼굴 되고 배는 태독같이 불어가고 송동지 영감 배도포 자락을 붙잡고 놓을 줄을 모르고 울면서 초이경이 다가왔다.

그때 시절, 육지 사람 제주 못 오고 제주 여자 육지 못 갈 때니, 송동지 영감 아기씨 베도포자락 놓은 틈을 얼른 타, 창문 밖을 내달아 아무 말 없이 영암 베진고달또 내려와 뱃장 아래 앉았더니, 아기씨는 이날 밤을 새면 아버지 손에 죽을 생각하여 흰비단 홑저고리 대홍대단 홑단치마 둘러입고 대바구니 옆에 차고, 두룽배(불룩 나온 배)에 영암 덕진ᄃ리 베진고달또 내려와 송동지 영감 배를 찾고, 이물사공한테 말하기를, "송동지 영감을 만나러 가오니 발판다리나 놓아 주시겠습니까?"

이물사공이 얼른 발판을 놓고 아기씨 조심조심 무거운 몸으로 올라가는데 이물사공 배판다리를 안으로 들어 당겨 서대상자(대바구니) 옆에 찬체로 감태 같은 머리 골골산산 흩어놓고 아기씨는 물로 첨벙 빠져 이삼사일 박이순(ᄏ순) 버리듯 외쳐야 얼음산 구름같이 진녹아집디다.

물때가 좋아져 연평바다 실바람 나니, 송동지 영감, "이물사공 고물사공, 닻줄을 걷어 배를 놓아라." 이물닻, 고물닻 당겨 깃발을 둥둥 올려 사수바다 배를 놓았더니 송동지 영감 총각머리 등에 진 아기씨가 이물 끝으로 뱃발판을 밟아 올라오다 물에 떨어지는 듯, 눈에 편식이 자꾸 되어 '필유곡절 이상한 일이로다.'

고향으로 돌아와 동김녕 포구에 배를 들여메어, 이때 송동지 영감 말잿딸아기뱃머리 아버님을 대동하고 인도하여 가서 기다리다 난데없이 아기씨가 허파에 바람이 든 듯 감태 같은 머리 풀쳐 놓고 부모 형제도 모르고 동김녕 포구안 쌀대 같은 물절드레(물결로) 달려들자고, 송동지 영감 달려들어 아기씨 허리를 붙잡아,

"이거 웬일이냐?"

대답하는 아기씨 말이, "나는 광청고을 광청아기 궁녜로다. 신녜로다. 어야뒤야 살강깃소리 긴 바당 긴소리로 어서 놀자."

광청아기 혼령이 송동지 영감 말잿딸아기에 의탁이 되어, 그제야 송동지 영감이 내 잘못을 알고, "청춘의 원혼이나 풀어주저. 신의성방 불러라."

신의성방 불러라. 요왕국으로 광청아기 초혼 이혼 삼혼 건져, 송동지 영감 셋째 아들 성명 올려 축지방 쓰고 아기씨 맺힌 간장 서린 간장 원성기도 제맞이굿 올려 신정국태추태로(무악기) 일천간장 풀었더니, 송동지 영감 댁이 삽시에 거부되고, 생월 생명 올리고 축지방 고한 셋째 아들 상시관에 무과급제하여, 광청아기 혼령으로 만대 유전을 시키고 보니, 동김녕 송댁의 줄이 벋고 줄이 벋어 광청아기 광청일월 만대 유전을 시켜옵고 신정국태추태로 사당클에 열두 석시, 중당클에 여섯 석시, 앉은제에 삼석시, 해 넘기는 철갈이로 서대상자 안에 물명주 강명주 열두 무색 차려놓고 상고팡으로 위망하여, 삼명일 기일제사 일체를 하옵고 가지가지 벌어지던 자손들에 조상의 간장을 풀리면 좋은 벼슬도 신나수와 주고, 없는 재물, 짧은 명, 짧은 복도 이어주고 송댁에 전대전승을 시켜오던 송동지 영감 광청아기 광청일월 본산국 신산국이 됩니다. 난산국이 됩니다.

　　―제주시 용담동 고 옛 선생 남무 안사인 구송

　　　　　　　　　　　　　　　　미여지벵뒤에 서서

윤대정 대정현감본

조천읍 북촌리 윤씨택담尹氏宅耽 조상

윤대정 님은 얼굴이 좋고 풍채 좋고, 몸은 풍성하고 얼굴은 관옥이요, 말 잘하고 똑똑하고 역력하여, 연무정(동문동 동초등학교 서쪽에 있었던 정자) 거리에 가서 백이른 명이 나서서 활쏘기를 하는데, 활을 쏘니 명사수요, 글을 쓰니 명필이요, 집에 들어가면 아들 자손 많고 딸 자손 많고, 바량밭 된밭 서두밭(북촌리의 밭 이름)도 내것이요, 기는 종도 열다섯, 노는 종도 열다섯.

"내가 이만 기골을 가지고 이만 재산財産을 가지고 남도 하는 벼슬인데 벼슬이나 해 보자."

서울 상경할 때, 칠머리 고 사공 배질 잘하고 가늠사공 키를 잡은 사공 잘 봤더라. 뱃구들 이 사공 가늠사공 킷사공을 잘 봤더라. 한 사공 영재 하재 물때를 잘 봤더라. 일 제주 넘어, 이 거제 넘어, 삼 남해, 사 진도 넘어, 오 강화도 넘어, 서울, 인천으로 배를 들이대어 들어가서, 활을 쏘니 명사수요, 글을 지으니 명필이요, 얼굴이 관옥이요, 인물이 충성이요, 말 잘하고 똑똑하고 일기생, 이기생에 노는 기생첩이 나와서 노념놀이 거문고 생금玄琴 죽적竹笛 주네(피리) 사납 풍악하고 춤도 잘 추더라.

"야, 연단 위로 오르라."

일정승 이정승 삼정승 육판사 외팔백 내부대신 영웅열사 일곱제왕이 "연단 위로 오르라."

우리나라 궁전에서 윤대정 벼슬을 내어줍디다. 그 배 당돌이배 선왕으로 내려오라. 억광대, 빗광대, 할미광대, 초란광대, 재인광대, 활 든 이, 불을 든 이, 창 든 이, 등을 든 이, 노래 잘하는 허대득산이, 춤 잘 추는 멩필이, 피리 잘 부는 역광대 빗광대청들, 초란광대 할미광대청들 내려오라. 제주성내 도성삼문, 이 사당 산지축항으로 배 다리대어 연무정 거리에 하루 놀이 이틀 놀이 연사흘 놀아, ᄀ으니ᄆ를 와 초취영기 한쌍 불러 진드르 와서 초추영기 한쌍 불려두고 조천 금선동산 함덕 금성물, 뒷개 정지폭낭에 와서 사리꼴폭낭에 섯동네 폭낭에 정지폭낭 삼거리로 줄걸어 놓고 줄잘 타는 멩필이 허대득산이 얼시구 좋구나 절시고 좋구나. 청부채를 내어놔 흔들며 수재인 광대청들 노념놀이 잘 한다.

"원래 똑똑하고 역력하다. 대정원 살러 오라."

영천 목사의 영이 난다. "어서 가 모셔 오라."

조천읍 옛날 시절에 신좌면이 됩디다.

"신좌면 북촌 가서 윤대정님을 모셔 오라."

원앙칭칭 걷는 말 호피 도듬 샤우리질메(질마) 수리등대 만주에미(뱀) 가달석(가죽) 왕강싱강(말방울 소리)홍마음(말방울) 홍굴레 마정방에 불리 사령 한 쌍식 차려놓고 등을 든 이 차려놓고 해 든 이 차려놓고 어서 단마 단군졸을 거느려 신좌면 북촌리 와서 "윤대장님 모시러 왔습니다."

"어떤 일이냐?"

"예, 영천 목사님이 모셔 오라고 해서 영을 맡아 왔습니다."

"어서 가자."

삼백도리 진사냥갓(검은색을 진하게 먹인 갓) 외올망건 검상투 수마노 동곳 차린다. 진양도포차려 어서 단마 단군졸 거느려 도성삼문 이사당 연무정 거리로 들어가니 유향좌수 전송처로 다 나섰더라. 사또 별감 들이 다 나섰더라.

미여지벵뒤에 서서

"어떤 일로 저를 청합디가?"

"대정원을 살아보라. 힘도 세고 하니 대정원을 살아보라. 대정에 강적수적도 많고 길에 마적단도 많고, 여기가 대국 땅이 아닌 이상 왜 이럴 필요가 있겠느냐? 이놈들을 다 잡아 들여서 대정원님으로 한 고을 지켜라."

"저에게는 원님 벼슬을 아니 준데 어쩝니까?"

"내 명령대로 대정원을 살아서 원님 벼슬을 하라."

대정원을 살아 옵던 윤대정님, 어서 히히낙락이 큰굿에 열두석 작은굿에 여섯석 앉은제에 삼석으로 놀던 조상님네 히히낙락 어서 노옵소서. 나무아미타불로 어서 노옵소서. 풍류에 놉서. 장단으로 노옵소서.

　　―조천읍 북촌리 고 옛 선생 박인주 구송

평대리 부대각본

평대리에 부ᄎ가 성을 가진 이가 살고 있었는데, 부인이 하루는 이상한 꿈을 꿨다. 하늘에서 황룡이 내려와 부인의 몸속으로 들어오는 꿈이었다. 그들 부부는 귀한 자식을 얻을 꿈이라 생각했다. 그 후 아닌 게 아니라 부인이 아기를 가졌는데 어찌나 식욕이 좋은지 소 한 마리를 잡으면 며칠 만에 다 먹어치울 판이었다. 날이 차고 달이 차 해산을 하니 아들 쌍둥이를 낳았다. 아기 쌍둥이는 어찌나 큰지 모두들 놀랄 정도였다. 쌍둥이는 무럭무럭 자랐다. 열 살 무렵에는 거의 열여덟 살 정도 된 소년만큼 우람할 뿐만 아니라 힘이 세고 또 영리하기가 하나를 들으면 열을 깨우쳤다. 그 아이를 부모는 사실 걱정이 됐다. 자식들 크는 양이 남들과 같지 않게 너무 빼어났기 때문이다.

옛날에는 집안에 영웅이 나면 역적으로 몰리고, 역적으로 몰렸다가는 삼족을 멸하였으니 부모가 걱정하는 것도 무리가 아니었다. 하루는 부모가 쌍둥이 거동을 살폈다. 이웃 마을에 마실갔다 올 테니 잘들 놀고 있으라고 타이르고 그들 부모는 집을 나섰다가 아이들 몰래 다시 집에 돌아와 숨어서 지켜보기로 했던 것이다. 쌍둥이는 부모가 나들이 간 줄 알고 저희끼리 노는데, 저마다 온갖 재주를 다 부리면서 노는 게 아닌가. 쌍둥이가 옷을 활활 벗었다. 보니 가슴을 명주로 꼭 싸고 있었다가 그걸 푸니, 이게 웬일인가, 겨드랑이에 날개가 달려 있다니, 쌍둥이는 날개를 펴서 파닥파닥 날갯짓하면서 한 아이가 날면, 다른 아이도 덩달아 그 뒤를 따라 날았다. 서로 날면서 잡히고 잡으면서 아주 신나게 놀았다. 한참 그렇게 날갯짓하며 놀던 아이들이 방으로 내려오더니 날개를 접고 명주로 감싼 후 옷을 입고는 태연히 앉았다. 모든 걸 다 지켜본 부모는 자신들 걱정이 틀리지 않았음을 확인하고는 시름에 잠겼다. 당시는 날개 돋은 아이가 집안에 나면 관가에 알리도록 되어 있었다. 관가에서 이 사실을 알면 집안이 무사할 리 만무였다. 오래 시름에 잠겨 고민하던 부모는 자식들의 날개를 잘라버리고 우환을 미리 막고자 했다. 쌍둥이 생일이 됐다. 부모는 생일상을 잘 차렸다. 맛있는 음식은 물론이고 술까지 준비했다. 쌍둥이는 좋아라고 술이며, 음식을 배불리 먹고 잠에 곯아떨어졌다. 아버지는 날랜 장도칼을 가져다가 작은아들의 날개를 딱 찍었다. 순간 두 아들이 눈을 번쩍 뜨고 일어났다. 자식들의 날개를 부모가 절단하는 것을 알아차린 큰아들은 날개를 펴고 훨훨 날아가 버리는게 아닌가. 작은아들은 형의 뒤를 따라 마당까지 날아갔으나 한쪽 죽지를 잘렸기 때문에 더 날아갈 수 없었다. 큰아

미여지벵뒤에 서서

들은 그 후 돌아오지 않았다. 작은아들은 자랄수록 더욱 힘이 세어져서 세상에 당할 자가 아무도 없었다. 그는 커서 사공이 됐는데, 배를 한 손으로 쳐들 만큼 힘이 천하제일이었다. 그가 바로 부대각이다. 후세 사람들이 힘세 사람을 일컬어 부대각 자손이라 하게 된 이야기는 바로 이러한 사연에서 유래한다. 부대각은 실제로 평대리에 살았던 인물로 그의 묘가 마을에서 남쪽으로 약 3킬로미터쯤 떨어진 곳에 있다. 부씨 가문의 가보에 의하면 부대각의 본명은 부시흥夫時興으로 조선조 인조 4년(1626) 어모장군禦侮將軍 벼슬을 지낸 아버지 부경필夫景弼과 어머니 숙인淑人 김해김씨金海金氏 사이에 장남으로 태어났으며, 무가武家의 혈통을 이어받아 힘이 장사였으므로 세칭 부대각夫大脚이라 하였다. 일찍 무과에 급제하여 숙종 4년(1678)에 벼슬이 겸사兼司 복장僕將에 올랐으며, 훗날 조정에서 통정대부만호萬戶를 재수하였다. 그런데 당시 제주목사는 그의 5대조의 어모장군부유렴夫有廉의 묘가 성산읍 오조리 식산봉 정상에 있는 장군석을 정면으로 비추어 후세 희세稀世의 대장군이 태어난다는 설을 믿고 군사를 보내어 장군석을 자르고 사람들이 경외하고 있는 부대각을 제거하려고 기회를 노리고 있었다. 마침내 부대각이 경관직을 그만두고 명월만호明月萬戶가 되어 귀임한다는 정보를 입수한 제주목사는 부대각이 배를 타고 제주에 건너올 때 암계暗計를 써서 수장시켜 버렸다. 그의 륵지勒旨를 가진 종자의 배가 먼저 도착하고 부대각이 탄 배가 오기를 기다렸으나 끝내 행방이 묘연하였으므로 훗날 그 애석한 사연과 그의 위적을 기리어 평대리 해변 '베드린개'에 비를 세워 추모하였다고 한다. 지금도 평대리 중동 해안가 '도깨동산'에 세워진 그의 비에는 위와 같은 내용의 비문이 새겨져 있다.

심돌(시흥리) 부대각본

　시흥리 부대각은 도자道字, 생자生字, 도생이라는 장사다. 이 양반은 힘
이 세어서 대장으로 있는데, 젊은 때부터 미역을 받아서 충청도 논산 같
은 데, 강경 같은 데 가서 팔고 대신 무곡貿穀을 받아 와서 여기 와서 교환
하는 장사를 많이 하였는데, 그런데 그 때에는 보길도 추자도 등 남해안에
해적이 있어서 배를 띄우고 다니다 어디서 좋은 거 발견하면 모여서 그 배
에 그걸 털어 빼앗고 하였는데, 이 양반이 한번은 미역을 실어 가지고 강
경에 가서 팔고 무곡을 사 싣고 오는데, 보길도 가까이 와서 해적을 만났
다. 해적을 만나니까 그 부대각이, "그냥 그렇게 과히 힘으로 요구하지 않
아도 내가 순순히 준다. 배에 있는 거 털어 줄 터이니 걱정 말고 배에 가만
히 있으라. 오라오라 아니 해도 좋다." 그래서 그 부대각 전용하는 배에 무
곡 싣고 온 것을 즉 말하자면 무곡이면 다 한 칭(60킬로그램) 이상 아닙니
까. 백 근 이상이니 그것들을 한쪽 손으로 잡아 가지고 잡아 던지고 이렇
게 하니까, 그 한 칭 이상 된 것을 그 배에 잡아 던지고, 던지고 하니까 배
가 궁글락도 하고 요동도 심하고, 어떤 배는 그 배 선원 놈들이 머리빡
도 쳐 가고 이렇게 해가니 이제야 그 선원놈들이 알아 가지고, "잘못했
습니다." 하고 용서를 빌어가니 괘씸한 놈들 해 가지고, 옛날에는 배 닻
이라는 거 풍선에 뭣으로 만드는가 하면 칡을 걷어다 노를 꼬아 가지고
이것을 대와서 세 곱을 져 봤어, 그래서 이만큼 (팔목을 내보여 가리키
며) 살찌게 해가지고 배 닻을 만들었는데, 그 배 닻을 쓱 당겨 가지고서
뿌린 딱 끊어 가지고, 이젠 허리를 딱 처매고 장작 가지 하나 들어 가지
고 뚝 나서니까 그놈들이, "대단히 잘못했습니다."고 아주 앙탈을 해서,

　　　　　　　　　　　　　　　　　미여지뱅뒤에 서서

그래서 해적선에 싣고 있는 무곡을 다시 돼 받아 가지고 들어왔다는 얘기도 있고,

또 하나는 그렇게 힘이 세고 얼굴이 잘나고 하니까 어디 갔던지 대장 격으로 보일 것 아니라? 육지 가도 강경 장판에 갈 것 같으면, '제주 부장군'이라 이렇게 명칭을 하여서 아주 좌지우지 대장 노릇을 하고 다녀가니까 아무 때도 그 지방마다 텃세하는 권한이 있었을 것이라. 강경 장판 청년들이, 제가 아무리 힘이 세고 부대장이라 하지마는 제주 섬놈이 어디 대륙인 강경 장판에 와 가지고 너무 거들거리니까 이놈 한번 손봐야겠다 할 게 아니우꽈? 그래서 한 부대 요새 말할 것 같으면 수십 명이 한 부대를 꾸며 가지고 손에는 장작 가지를 들고 들어와 가니, 그 여관집 주인은 그 기척을 알아 가지고설랑 대각한테, "아, 저 제주 부 생원 좀 이상한 일이 있습니다."

"무슨 일이요?"

"강경 장판 청년들이 당신에게 유감을 가져 가지고 저녁에 꼭 소개를 할 것 같은 기색이 있어요."

그날 밤 말씀이, "남아가 세상에 나서 일생일사一生一死는 법률적 제한과 같은 것이니까, 내가 힘이 부족해서 그 사람들에게 맞아 죽는 것이야 할 수 없지요."

그런데, 부자지간에 갔거든, 부도생 씨는 나이 한 사십 됐을 거고, 아들 부주사라고 나이는 한 십 칠팔 세인데 같이 갔는데, 그 아들 분, 남규 씨라고, 여관 주인이 저녁에, "강경 장판 청년들이 당신 부친에게 소개를 주겠다고 해서 지금 음모를 하는 것 같다." 하니, 당신 아들도 잘 났어요. 그 양반이 지금 살았으면 백여닐곱인데 참 잘났어요. 힘이 장사고 얼굴이 잘나

고 했지만 객지에 가서 아버지를 소개 준다고 하니 마음이 조마조마할 게 아닙니까? 그래서 문간 딱 지켜 섰다가 그 소개꾼들이 부대를 꾸며 가지고 척 들어오니까, 그 부감득 씨가 참 아명은 감득이고 관명冠名은 남규지만, 부남규 씨가 사정을 하기를, "강경 장판 청년 어른들 살려주십서." 하니까 그 도생 씨 부장군이란 양반은 안에 앉았다가 그 아들이 그 사람들에게 비는 소릴 듣고 문을 활딱 열고 나와서는 아들을 불러서 책망을 했어, "죽으면 죽는 것이지, 남에게 그런 응응 애걸을 하면서 하찮은 목숨 살아서 뭘 할 것이냐?" 이렇게 하면서, "내버려 둬라."

이렇게 해서 당신은 떡 들어 앉아 가지고 벽장에 등을 떡 대고, (시늉을 하면서) 이렇게 떡 앉아 가지고 하니, 그 쓰개꾼들은 아들 된 사람이 문 바깥에 나와 가지고 애걸복걸 빌어 가니까 행여나 이 기회에 요샛말로 돼지나 한 머리 하고 술이나 한 통 해서 자기네를 만족하게 먹일 것 같으면 어떻게 무마시킬까 그렇게 생각하며 오는 중에, 그러니 본인이 아들을 부르면서 생야단을 하고 세상에 나서 한 번 죽으면 그만이지 그까짓 놈들한테 꼭 애걸복걸할 게 뭐 있느냐 이렇게 할 때 감정이 더 날 거 아니오. 게(그래서) 우르르하고 문을 차고 들어와 가지고 사랑방 안에까지 들어와 가니까, 여기에[벽에 등을 붙이며] 등을 딱 붙여 앉아 가지고는, "너희들 마음대로 해보아라." 이제 주막 주인, "욕을 주던지 소개를 주든지 상관은 없으되 내 이 가옥 문제는, 이 집안에서 싸워 가지고 가옥을 부수거나 이렇게 할 것 같으면 나도 대책이 있으니까 싸움을 하던지 쓰개를 줄 테면 이 사람을 끌어 가지고 마당 바깥까지 나가서 죽이던지 살리던지 하라." 이렇게 하니까 거기 주장하는 사람이, "그러면 끄집어내라." 이렇게 하니 한쪽에 둘씩 와서 양팔을 잡아당겨도 등을 벽에 대이니 등을 떼진 못해, "이거 안 되

미여지뱅뒤에 서서

겠습니다." 하니, "또 둘씩 더 들어가라."고 여덟이 와서 등을 뗄려고 해도 죽어도 당기지 못해. 등을 떼지 못하니까 하나씩 둘이 더 들여보내 가지고 이쪽에 다섯, 저쪽에 다섯, 열이 들어 가지고 마당으로 끄집어내려고 해도 벽장에 대인 등을 떼지 못하더라고. 못하니까, "하, 이놈 장군이라더니 정말로 장군이로구나." 하는 통에 거기 조금 점잖은 사람이 있다가 그 사람이 수령일런지는 모르지요. 들어와서는, 그 사람들보고 그만 놓으라고 해서 놓아서 돌려보내라고, 이제 참 무릎을 꿇고, "우리가 대단히 잘못했습니다."

그래서 사정해 가지고 자기 부하들 보고, "이러한 힘을 가진 이를 우리가 억지로 할려고 하다가 용기를 쓸 때에는 장작개비 하나만 맞아 가지고도 우리는 모두 죽을 텐데 공연한 것을 한다."고 해서 말려 가지고, 그 도생 씨가 주막 주인을 불러 가지고설랑 저기가 승자가 되었으니깐 이긴 예를 헤서는 막걸리 몇 동이 하고 이렇게 해 가지고 그 사람들을 대접해 돌려보냈어. 그 후로는 강경 장판에서 가위 호령을 하면서 다녔다고.

──성산읍 시흥리, 1981. 1. 28. 현길언 조사

시흥리 심돌 부대각을 따라온 처녀원령

시흥 본향당은 수산서 가지 갈라다 모신 울뤠ᄆᆞ루 하로산이다. 이 시흥 본향당에는 울뤠ᄆᆞ루하로산과 함께 불쌍한 처녀신을 모시고 있다. 옛날 시흥리에 부대각이란 양반이 살았다. 부대각이 서울 과거를 갔다 돌아올 때 한 여인을 데리고 오는데 얼굴이 천하일색이요 굿을 배우는 무녀였

다. 서울에 과거를 하러 갔다 돌아오던 부대각은 그녀의 미모에 홀딱 반해 온갖 방법으로 그녀를 꾀어 제주에 데려오려 하였다. 부대각 어른은 그 여인을 두고 갈 수가 없었다. 결국 그 아기씨를 구슬러 제주도 가면 제주에서도 좋은 큰 심방에게 굿도 배우고 얼마든지 굿을 할 수 있으니 제주도에 같이 가자 하였다. 그리하여 부대각은 처녀를 꿰어 제주에 함께 데리고 왔다. 데려 와서는 그 처녀 심방을 첩을 삼아 데리고 놀았다. 그리고 데리고 올 때 약속을 하나도 지키지 않았다. 양반의 집이니 심방 일을 못한다며 방안에 가둬 두었으니 결국 처녀는 심방의 꿈을 이루지 못했고, 방에 갇힌 채 굶어 죽었다. 아기씨는 결국 혼자서 심방질도 못하고 말라 죽어버렸다. 그때부터 동네에 억울한 아기씨 이야기로 시끄럽게 되었다. 그러자 마을에서는 처자가 칭원하여 '물머리' 가서 모셨다가 '물머리'도 가기 불편해서 지금은 본향한집과 함께 모시게 되었다.

　─문무병 신당 조사

조상굿 동이풀이

다음은 조상굿 동이풀이로, 김윤수 큰심방 구송본이다. 「조상 본풀이」는 고전적본과 이씨불도할망본, 양도아미본이 전해진다.

고전적본高典籍本은 명도암明道菴 고씨, 김씨댁 조상을 향해 올리는 것으로, 남긴 이의 본명은 고홍진高弘進이다. 조선 현종顯宗 때의 풍수가風水家로 유명하다. 제주시에서 태어났다.

고전적본

「노래」

에헤- 그뿐만 아니라 한 가지가 더 있습니다. (요령)

옛날 고전적高典籍 하르바님.

부모 몸속에서 탄생하니,

얼굴을 보니 관옥冠玉이요,

노는 것은 글발이요, 자는 것도 글소리로다. (요령)

「사설」

아- 일고여덟 살이 되었구나. 일천서당一千書堂에 글공부를 가면, 선생님이 하늘 천天 자를 읽으면, 고전적 하르바님은 따 지地 자를 먼저 읽고, 읽는 것도 장원壯元이고, 쓰는 것도 장원을 하고 (요령) (덩덩, 북소리 취임새)

열다섯 십오 세가 되고 이십 스물이 가까우니, 혼인을 하였구나. 혼인하여 아기를 낳는데, 외딸 아기씨가 탄생을 하였구나. 옛날은 부유하게 잘살 때니, 종 하님을 데리고 살 때니 (장고) 악생이를 종으로 데리고 살아서, 이십 스물 넘어가니 서울 상시관에서 과거를 보러 오라고 방傍이 내렸구나. 그때 옛날 양반 집 아기들은 태어나면 구덕혼사(아기구덕에 놓아 키우는 1~2세 때 양쪽 부모 사이에 혼담이 오가고 약혼을 하던 일)를 삼을 때니, 저 예촌禮村(서귀포시 남원면 신·하예리) 양좌수梁座首 댁에 구덕혼사를 삼아두고, 고전적高典籍 하르바님은 과거 보러 올라가는구나.

「노래」

과거둥당 올라간다

삼천선비들이 모여든다.

동헌東軒 앞에 모여 든다

하루 날은 과거科擧를 실시한다.

「사설」

에헤– 이 그때 벼슬을 하여, 제주도 고전적高典籍 하르바님 이름 석 자를 부르며 벼슬을 하였구나. 쿵덕. (추임새)

「노래」

첫 벼슬은 내직內職 벼슬

둘째 벼슬은 외직外職 벼슬

셋째 벼슬은 참의참판參議參判 벼슬이여

넷째 벼슬은 전적典籍 벼슬

다섯째 벼슬은 현감縣監 벼슬

높이 떴다 청일산靑日傘도 내어준다.

낮게 떴다 흑일산黑日傘도 내어준다.

육광대 비광대(제광대諸廣大 제사령諸使令이 아닐까 함.) 내어준다

삼만관속三獻官屬 육방하인六房下人

일관장一官長(현감이나 만호를 관장官長이라 함.) 일관노一官奴 내어준다. (요령)

「사설」

야- 와라차라 때가 되었구나.

당직으로 올라온 현감이요, 장의 현감을 다 살고, 고향에 내려오려니, 고향에 산 아기씨 하나 있으니, 애기도 보고 싶어, 모든 살림을 다 종결하고 오려고 해 가니, 그 마을 백성들이 현감님이 하도 마음 좋고 인심이 좋아니, 현감님아, 현감님아. 연삼년連三年만 더 살고 가면 안 되겠습니까? 덩더덕

하도 벡성들 권勸에 부대껴서, 연삼 년을 더 살았더라. 현감님이 오려하니, 수장남首長男(머슴) 수별감首別監들을 다 모아주고, (요령)

「노래」

와라차라 영암 '덕진다리'(지명) 가까워지니,

와라차라 내려간다 에- 제주절도濟州絶島로 제祭 올린다.

굴장당堂 해경당堂에도 제祭 올린다.

높이 떴다 청일산이여

낮게 떴다 흑일산이로다

삼만관속을 내어준다.

「사설」

야- 와라차라 인간의 영암 '덕진다리'가 가까워졌다. 영암 덕진다리 가까이 오니, 열칠팔 세(17, 18세) 난 어여쁜 아기씨가 머리에 오합상자五色箱子를 이고 가다가, 이고 짐까지 매고 가는데, 현감님 하는 말이, 야, 수장남 수별감아. 어찌하여 여자女子라는 게 꿈에만 나타나도 사물邪物이라 하

는데, 웬 여자가 남자의 행차行次 가운데 길가림을 하느냐. 어서 저 아기씨를 가서 잡아드려라.

그때야 수장남 수별감들이 잡으러 가니, 아기씨는 큰 소나무밭 작은 소나무밭 들어가 살그머니 기어들어 버렸구나. 가서 보니 인간은 간데 온데 없이 사라지고, 오색상자만 있었구나. 야, 이게 무엇인고. 그걸 풀어보니, 진녹색 저고리에 연반물 치마에 은비녀랑 녹비녀랑, 은가락지 녹가락지 청매씰[靑絲] 흑매씰[黑絲] 주황당사 벌매듭(주황색 당사로 만든 벌매듭. 주머니끈의 매듭의 한 가지)이 있었구나. 야, 이거 우리 현감님 모르게 제주도에 가지고 가면 한 재산財産이라며, 그때 장옷 속에 숨기고 와서, 현감님 앞에 와서, 현감님. 가서 보니, 인간도 아무 물체도 없습디다. 그때는 현감님은 뱃창[船艙] 저 개맛(바닷가)으로 내려와 석 달 열흘 백일을 돼도 배질[航海]할 일기日氣가 아니 되고, (요령)

그때 시절에도 답답하니 아는 장님[盲님]을 찾아가 문점問占을 지었구나. 문점을 지니, 현감님아 현감님아. 눈으로 보았던 죄책罪責이 있습니다. 입으로 지은 죄책이 있습니다. 뱃장[船底] 아래 봅서. 뜯어보면 필유곡절必有曲折한 게 있을 겁니다. 그것을 물개끔(물거품, 물보라, 물결, 파도)에 띄워서 방구杖鼓 삼채를 덩덩 울리면 명주바다 실바람이 불 듯하옵니다.

그때 현감님은 그 말을 듣고 와서 보니, 와서 뱃장 아랠 뜯어보니, 아닌 게 아니라 오색상자가 있었구나. 야 이거 어떠한 일인고. 물개끔에 띄우며 나에게 태운 조상이면 어서 제주절도濟州絶島로 가십시다 하여 산 닭[鷄] 잡아 장구[杖鼓] 삼채를 울렸고나.

「노래」

미여지벵뒤에 서서

초편 이편 제 삼편으로 장구삼채를 울렷더니

명주바당 실바람 일어난다

깃발을 제주도로 날려간다

영자(뱃머리에서 바다와 뱃전을 살피고 항해를 주장하는 항해사) 화장
(배에서 밥을 짓고, 심부름하는 이)아 돛감아라 배질[航海]하니

일만 볕에 급하게 배질하니 어화여, 채촉하여 내려오니,

「사설」

야, 물머리에 근당近當하여 그때는 악셍이(고전적 따님아기의 하녀)가
가는 댓구덕에 연서답(빨래) 담아서 화북 금돈지(화북포구) 아래, 빨래하
러 갔구나. 오합상지[五色箱子]도 벌써 와서 화북 금돈지 아래로 올라와 있
었다. 자. 이거 필아곡절한 일이로구나. 나에게 태운 조상이면 나 앞으로
오십시오. 그걸 줍고 보니 아닌 게 아니라, 진녹색 저고리 연반물 치마가
다 있었다. 야 이거, 우리 아기씨 가서 입혀야지 하여 빨래도 하다 내버려
두고 그 읫[衣]을 가지고 와, 애기씨 상전님. 이 고운 입성[衣]이나 입어 보세
요. 야 이거, 무슨 입성이냐, 진녹색 저고리 연반물 치마 어서 이거 입어 봐
요. 그때 애기씨가 그 옷을 입었구나. 덩더덕.

그래서 조금 있으니, "악셍아, 오른쪽 어깨에 청지넹이(청지네)가 기는
듯 하다. 왼 어깨에 흑지냉이가 기는 듯하다. 홀연광증忽然狂症이 되었구나.

「노래」

영암 덕진다리로 놀고 가자

큰 소나무 밭으로 놀고 가자

잔 소나무 밭으로 놀고 가자

홀연광증 되어가니

상전 아기씨 발자취를 찾아가니

저리 가는 자국 뒤좇아간다.

「사설」

애기씨 상전은 강간무례(순식간에 간데 온데 없이 사라짐)가 되언. 악
생이는 찾고 찾아도 못내 찾았구나. 현감님이 오셨는가 마중이나 가 보자
고 화북 금돈지 아래로 가 보니, 산뜻한 얼굴로 이만큼 현감님이 내려오고
있구나. 현감님. 현감님. 제가 죽을 죄를 졌습니다. 어떠한 일이냐? 그런 게
아니라 아기씨 상전이 강간무례가 되었습니다. 너 이년 저년 죽일 년아. 이
시간 당장 가서 아니 찾아오면 청대섭에 목 걸어 죽이겠다 일렀구나. 그때
악생이는 비새[悲鳥]같이 울면서 아기씨 상전을 찾아가는구나. 덩더덕.

「노래」

발자취를 찾아간다. 에헤- 어디로나 가오리오. 예촌[禮村] 양좌수[梁座首]
댁에 찾아가니,

「사설」

야, 이거 예춘 양좌수 댁의 구덕혼사를 삼았으니, 거기나 갔는가 하여,
가고 가 멀리 가서 보니, 여기 아기씨 상전님이나 아니 왔읍디까? 아이구,
말도 말고 이르도 맙서. 어제 그저께 늘 노을이 진 뒤에 신돔박낭(동백나
무) 아래 청대 가득 피리단자 옥단자 소리가 나서 가 보니, 모관[牧內] 아기

미여지벵뒤에 서서

씨가 옷은 갈산질산(갈기갈기) 다 찢어지고 온몸엔 피가 유혈이 낭자하여 데려다가 몸목욕[沐浴]을 시키고, 새 옷을 고쳐 입혀 수장남들 논에 일하러 가는데 같이 따라갔다 일렀구나. 덩따닥.

아이고, 어디로 어떻게 간 곳입니까? 여기로 이렇게 이렇게 가다 보면, 논밭이 나온다고 하니, 악셍이는 그때 찾고 찾아서 가다 보니 논밭이 있었구나. 가서 보니,

「노래」

아기씨 상전 논밭에 들어서서 금결 같은 팔뚝 걷고, 은결 같은 정강이 걷어 놓고, 이리 첨벙 저리 첨벙 하고 있었구나. 에헤-

「사설」

아, 모관 아기씨 상전님아. 큰 상전님(고전적) 오셔서 찾아오라 해서 내가 왔습니다. 어느 걸로 "내가 모시로 왔다."고 했느냐. 금동이냐 옥동이냐 청가마냐 백가마냐. 아이구, 못 가져온 건 내 죄책罪責입니다. 제 등에 매달리면 내가 업고 모시고 가겠습니다. 우김 반, 억지 반, 업고 모시고 와서 집에 오니까, (요령)

현감님은 문 닫힌 방안에 가뒀구나. 덩더덕(북소리).

문 닫힌 방안에 가둬 놓으니, 밥을 주어도 밥도 아니 먹고, 물을 주어도 물도 아니 먹고, 피일차일 남도육빛 자주빛 검뉴을(시들어가는) 듯 시들어가니, 그때야 현감님이 저 가물개(제주시 삼양 2동) 이원신('가물개'에 살았다는 소문난 심방 이름)이 살았을 때니, 이원신 심방한테 찾아 가 문점問占이나 지어주라 하니, 어찌 하여 현감님. 이르긴 죄송합니다마는 "물

개끔(물거품) 내어 떠 온 넝마 물색의 죄책罪責입니다. 두 일뤠 열나흘 굿을 해야 병病이 좋겠습니다." 하였다. 이거 양반의 집의 굿이란 무엇이냐. 그때 거절해 두고 와서 아기씨 상전은 점점 죽어가니, 동네 온 친척들은 현감님. 심방한테 가 문점 지난 뭐엔 합디가. 거기 가니 두 이레 열나흘 큰 굿을 해야 병病이 좋겠다 하더라. 아이구, 현감님. 옵서 사람이 죽음과 삶이 맞서지 못하는 거, 옵서 굿이라도 해서, 가서 아기씨 상전 살려보는게 어떻겠습니까? 덩더덕.

그때 붉은 날 택일 받아 가물개 이원신이 와서 굿을 시작하였구나. 덩더덕.

「노래」

「시왕연맞이」가 근당近當했구나. 에-헤, 푸다시해서 이원신이 말을 하기를 (요령)

「사설」

굿은 끝났습니다 마는 현감님아, 현감님아, 제가 죽어도 이를 말은 일러두고 죽겠습니다. 무슨 말이냐? 아기씨 상전을 금마답(마당)에 내려놓고 춤을 추어야 병이 좋겠습니다. 이거 양반의 집에 아기에게 춤이란 게 무엇이냐. 그때야 대신 악셍이를 옷을 입혀 춤을 추게 하면 어떠하겠느냐. 어서 걸랑 그리 하십서. 그때 악셍이는 옷을 입고 금마답(마당)에서 춤을 추었구나. 덩더덕.

「노래」

니나난니 난니야. 니나난니 난니야. 니나난니 난니야. 에헤- 니나난니를 춤을 추니,

미여지벵뒤에 서서

「사설」

아, 그때 굿을 마치려 해가니, 이원신이 하는 말이, 현감님. 현감님. 이 기도祈禱 필봉畢封하여 삼일 사일 오일 닷새 칠일 일뤠가 되어 동네 근방향近方向으로 초혼招魂소리가 나면, 아기씨 끊어지듯 살아날 줄을 알고, 초혼 소리 아니 나면, 방문을 열쇠로 열면, 알 도리가 있습니다. 어서 걸랑 그리하시게. 이원신 님은 안채포(굿을 하는 무구를 싸고 다니는 포대) 싸고 와 버리니, 그 굿을 필봉하여(마치고) 삼일 사일 오일 닷새 칠일 이레가 돼도 초혼招魂 소리가 아니 났다. 아기씨 방문을 열어보니 새파랗게 동이같이 사려앉아 죽었구나. 덩더덕.

「노래」

아이구 설운 아기 내 딸아. 그만하니 죽었구나. 불쌍하게도 죽었구나. 아이고, 적막하다.

에헤- 설운 아기 본메본장(증거물)이랑 놓아달라. 「동이대풀이」하여 큰굿하여, 열두 석, 작은굿도 여섯 석으로 간장 풀려주마. 작은 굿하면 여섯 석 간장 풀려 주고, 앉은제는 삼석으로 맺힌 간장 풀려주마.

에헤- 악생이 죽어가니, 현감님도 죽고, 현감님 죽어가니, 악생이도 죽고, 악생이 죽어가니, 이원신도 죽고, 한 몸친 죽을 것을 네 몸친 죽었구나. 명도암 안태왓 고장남밧에 원전생 팔자굿인 형제兄弟엣 자손은 이 마을 본향으로 놀고, 장자長子엣 자손子孫은 일월로도 모십니다. 큰굿 하면 큰밭 사고, 작은굿 하면 작은밭 사고, 일월조상 난산국(본산국, 본초, 본풀이) 신풀어 올렸습니다. 고맙습니다.

이씨불도할망본

「사설」

그뿐만 아니라 또 한 가지 조상祖上이 있습니다.

옛날 고씨 하르바님 저 제주시 산지(제주시 건입동)에 장가를 든 일입니다. 장가들어 옛날 그때 시절에는 (요령)

신랑은 말을 타고 신부는 가마를 타고 올 때니 (요령)

가마를 타고 오는 게 어찌하여 마침 할마님 몸이 궂었구나. 몸이 궂어 집에 근당近當하니 (요령) 몸 궂인 걸 닦아 들어오다가 굴묵(아궁이)으로 담아버리니, 전 상주가 굴묵을 때 가니 (요령) 옛 인간으로 굴묵을 때 버리니 할마님이 노怒하였는지 그때부터 그 할마님은 유태有胎를 아니 주고, 포태胞胎를 아니 주었구나 (요령) 그때 포태도 아니 주고 그렇게 해가니 고전적高典籍 하르바님 후처後妻를 정한 게 저 눌미(조천읍 와산리) 와산臥山 웃동네에(요령) 이씨李氏 할마님을 정하였구나. 위 아랫집들 같이 살았더라. 고씨 할아버님은 하도 강단이 세어서 (요령)

그때 이씨 할마님은 어찌하면 좋으리요. 아침에 동새벽에 애기 위해 찬물 한 그릇 동쪽으로 거려놓고 동으로 절 삼배三拜를 하고 해 지어갈 때 월광月光 님한테도 절 삼배하고 그렇게 해 온게 신령神靈을 받았구나. (요령) 덩더덕.

신령을 받아 그리 하는 게 삼년 일등 조상에 큰굿을 하고 그러는 게 외아들이 탄생하였구나. 삼년에 일등 큰굿을 하면 큰 밭 사고 작은 굿 하면 작은 밭 사고 그러는 게 눌미 와산서 천하거부자가 되었구나. 덩더덕.

천하거부자가 돼서 달일광[月日光] 월광 신령을 받으니, 그때 동네 근방상에서는 (요령) 아기를 낳지 못하면, 애기 어멍들이 있는 것 닮으면, 거기를 가서 하르바님 모르게 골채(삼태기)에 골갱이(호미) 담고 밭에 검질 매러 가는 척하고 (요령)

그걸 가지고 가다가 그 집 올레에 가서 놔두고 가서 은결 같은 손으로 아이고, 할마님아, 할마님아. 그러면 그 애기도 곱게 해산解産도 하고 (요령)

또 아기 괴로워하는 데 가서 할마니 한 마디 입담[口談]만 하여도 그 애기가 그냥 좋고 그때 영급靈驗좋고 수덕修德좋고 포태胞胎좋은 할마님이로구나. (요령) 덩더덕

그러다가 하루는 별 진 밭도 가 오고, 달 진 밭도 가고 이구십팔 열여덟 바리('바리'는 마소의 수 또는 마소의 짐 수를 세는 말. 마소 18마리)를 거느리고 살 때니, 동네 본 방상 처녀한테 가서 설운 아기둘아. 내일[來日]랑 우리 검질이나 매어주라. 아이구, 할마님아, 낼은 누구네 집에 검질 매러 가기로 대답해서, 나 아들로 뭉근(만든) 년들 말컬랑 말라 그래 두고 오면, 그 아기씨들 남의 밭에 검질 매러 가면, 광난이쿨(고냉이풀) 끈[根]도 불러줘 검질도 못 매고 그대로 돌아오고, 장남들한테 가서 "너희들 내일랑 우리 밭이나 갈아 주렴." "아이고, 아무 개 칩[宅]에 가기로 허락 되었수다." "나 아들놈의 자식들 말컬랑 말랜해 두고 오면, 그 밭 갈러 가면 볏 보습도 깨어지고 쇠 광내 불러주었구나." 덩더덕.

하루는 그러다가 저 교래리 '앞내'에 빨래하러 가 보니 예쁜 애기씨가 빨래를 하고 있으니, / 아이고, 아기씨 설운 내 아기야. 너는 우리집 며느리로나 들라. "할마니 싫습니다." "말려면 마라." 그러고 돌아오면, 그 아기씨가 제일 처음 그 발길로 찾아와 할마님아, 나 집의 며느리로 들겠습니

다 하여 소원所願 드렸구나.

「노래」

그때 유가하고 부가하긴 선생님들 삼년 일등 큰굿하려 차려 놓다. 청주
탁주도 담아 간다. 옛날은 명주는 있을 때니, 명주포 쓸 거 차려놓고, 연앙
상고팡에 잘 모셔 놓고, 설운 이씨 할마님 교래리에 외출을 갔다 돌아와
보니, 단아들은 큰 마당에 고레 방석을 메워놓고, 청주 탁주로 잔 메와놓
고, 큰굿 귀신도 먹엉 갑서, 족은굿 귀신도 먹엉 갑서 (요령) 나중에

「사설」

할마님 위로 올라가 보니, 그리로 몬딱 케우려(뚱겨. 헤쳐)버리고 있구
나. (요령)

야, 이거 어떵허믄 좋고. 나 이거 뭣같이 정성을 다하여, 메주는 말斗로
하며, 선주玄酒 탁주濁酒로 담으려니, 이 아들은 몬딱 캐우려버리고 있구
나. (요령)

그때는 그 아들이 굿도 못하게 하고, 징鉦도 못하게 할 때니 어찌하면
좋고. (요령)

굿은 해야 매년 말로만 명주랑 몬딱 다 들여다 놓은 때니, 옛날 저 노늘
(와흘리) 김씨 선성, 단골로 댕길 때니, 김씨 선성 오라 해서 큰굿하려면
폐백 몇 필이 되고, 명쇠[命錢]가 얼마가 되고, 보십쌀(굿할 때 보시기에 담
아 젯상에 올리는 쌀)이 얼마가 되고, 작은굿 하려면 뭐가 얼마가 되고 그
런다 하니, 아무리 빚을 내려 하다가, 그땐 쉐질메(소 길마) 내어놓아 몬
딱 실어 가라 하여 내주었구나. 내주고 살다가, 하루는 이씨 할마님네 집

의 화덕진군님(불의 神)이 내려와 홀연忽然 내굿(연기 굿) 되어 사방이 충천衝天이 되었더라.

「노래」

사방이 충천이 되었구나. 에헤- 이씨 할마님 나 아들 것하며, 아들은 한숨을 저절로 한다. 이씨불도 할마님은 연양당주 상고팡에, 에헤- 조상 모시고 있으니, 그거 타 가니, 이 할마님은 애써 불꽃 속으로 들어 간다. 연양 상고팡 들어가서 이 상자를 가지고 나오니 거기 아들은 어머님아. 이거 어떤 일입니까.

「사설」

어머님아. 이거 어떵 한 일입니까. 이보다 더한 재도 몬딱 타는데 이것 하면 무엇합니까? 그걸 빼앗아 불꽃으로 잡아 던졌구나. 그때부터 이씨 할마님은 몸에 신병이 되었구나. 덩더덕.

피일차일 시들다가 이씨불도 할마님 이 세상 하직 되었구나. 아하- 그때 이 세상 하직하여버리니, 고땍[高氏宅]에서는 이씨불도 할마님 한편으론 일월日月(일족 또는 일가의 수호신)로도 놀고, 한편으론 불도(산육을 보살피는 신)로도 놀고. 애기 들 때가 되면, 할마님의 상 옆으로 메 한그릇 떠 올리고 하는 영급靈驗 좋고 수덕修德 좋은 할마님.

「노래」

이씨불도 할마님도 풀려놉서. 조상 인간의 한을 풀려놉서. 애달픈 이 원액厄을 풀려내니, (신칼점)

이씨 불도할마님도 다 풀려놉서. 조상에 몬딱 다 풀려놉서. 자손들 귀찮은 일 다 풀려줍서. 고맙습니다. 허-

양씨 아미본

「사설」

또 한 가지 조상이 있습니다. 원액怨厄된 양씨 아미 어진 조상이로구나. (요령) 덩더덕.

양씨 아미 어진 조상님은 눌미 와산臥山에서 탄생하고 오라방 삼형제 외동딸로 사남매四男妹 탄생하여 (요령)

에- 양씨 아미 어진 조상 얼굴은 보니 천하일색, 소리는 명창이 되었구나.(요령)

야- 일고여덟 살이 근당하니, 양태청에 가서 (요령)

양태 졸르다 노래하라면 심방노래도 하고, 타령도 하라면 심방타령도 하고 친구 벗들 같이 놀며 너는 오늘 집에 가면 아버지한테 욕 듣겠다. 그 말도 딱히 맞아지고 너는 오늘 물길러 가면, 물대바지(물 긷는 데 쓰는 병 모양의 그릇)도 깨겠다. 이건 그 말도 딱히 맞아지고, 하루는 친구 벗들 다 모여 앉아서 하는 말이, 양씨 아미, 너는 심방이나 났으면 좋겠다. 아이구, 말도 말고 이르도 말라. 무엇이야 하면 좋을까. (요령)

그때 저 당샘이(와산리에 있는 샘물) 물대받이 쥐고 가 물길러 갔다가 동서로 살펴봐서 아무 사람도 없으니, 어욱뻥이(억새의 꽃) 꺾어들고 춤을 추고 허벅장단 두드리며 노래도 부르고 이리 하였구나. 덩더덕.

열다섯 십오세 근당近當하니 어머님은 이 세상 하직 되었더라. 덩더덕.

어머님 이 세상 하직 되어 어머님은 감장하려고 개관을 파가니, 어머님의 관開棺을 놓고 하관下棺을 하려해 가니 이거 우리 어머님 땅 속에 들어가면 나도 같이 들어가야지.

「노래」

어머님 집관을 하관하자, 몸부림도 치어간다. 큰 오라방은 강단이 세니, 이년 저년 죽일년아 하며 떠밀어버리고, 어머님 감장勘葬을 시켰더라. (요령)

「사설」

아, 어머님 감장을 시켜두고 옛날 노늘 김씨 선생 데려다가, 전새남 육마을(지금은 사람이 죽으면 귀양풀이를 하지만, 옛날은 사남굿을 하였다. 이 사남굿을 전새남 육마을이라 한다.) 굿을 하여, 앞풀이영 수룩이영 원성진 제맞이를 올렸드라. 그때 양씨 아미는 심방 노래[巫歌] 해가면, 놀래하라면 놀래 하는 데로만 쳐다보고, 춤추어 가면 춤추는 쪽으로만 쳐다보고 그때 바깥에선 작은굿이 되고, 위에서는 큰굿이 되어, 그 굿 다 마쳐 안체포(무구를 담은 포대) 설러가니(그만두어 가니) 양씨 아미도 오라방들 모르게 입던 옷을 다 싸 가지고 (요령) 안체포 설런 나와가니, 뭔 발치로 쫓아서 노늘까지 쫓아왔구나. 덩더덕.

선성님아, 선성님아, 나도 심방질이나 배우겠으니 심방질이나 배와줍서. 아이구 이거 양씨 아미 어떤 일입니까. 큰오라방 알면 우리 죽을 일이니 어서 발가는 대로 어서 왔던 길로 돌아가시라 하여 그 발자취로,

「노래」

물장오리(물장올, 제주시 봉개동 수장올) 태역장오리(물장올 위쪽에 있는 오름) 올라간다. 허운데기(머리채) 머리 다 풀어 놓고, 에-헤 광태 역 끈 하여 초로 놓고, 가지대는 꺾어서 문門 잡아놓고, 미삐깽이꽃(억 새꽃) 꺾어 들어 신칼 노릇하며, 어머님 질치는 실정을 하여간다. 자이 때엔-

「사설」

오라방 삼형제는 방방곡곡을 다녀도 간간(간간무래가 된, 행방불명이 된,) 누이동생 못내 찾으니 어떵 하면 좋을까. 발자취나 찾아보자고 발자 취를 찾고 찾아가는 게 물장오리 태역장오릴 가서 보니(요령)

아이구, 귀신鬼神도 아니고 생인生人도 아니구나. 아이구, 설운 나 동생 아. 빨리 집에 가자. 집에 가면 네 소원所願대로 들어주마. 그때 달래서 집 으로 데리고 들어왔구나 (요령) 덩더덕.

들어와서, 문ㄱ진(문을 헐지 아니한) 방안에 가둬 놓고 바깥으로 통쇄 를 채워 잠궜더라. 덩더덕.

열여섯 나던 해에 문ㄱ진 방안에 가뒀구나. 덩더덕.

「노래」

이제부터 어느 누가 밥 한적滴 아니 주고, 물 한 적滴도 아니 주니(요령)

오뉴월 영청炎天 즈작벳(땡볕)디 바깥으로 보니, 볕은 과랑과랑 나고, 애는 콜콜 말라가니, 날 낳아준 어머님아. 이게 어떵한 일입니까? 에-

「사설」

아-, 그땐 셋 오라방 작은 오라방은 잔셈 좋고, 마음씨가 좋으니, 큰성님 몰래 지나가다가 대접에 물 떠다 보리낭께기(보릿대)로 창구멍을 뚫어서 설운 내 동생아, 이 물이나 빨아 먹어야 목을 즈질룬댄하며(축인다며) (요령)

저 들판에 마소馬牛 보러 갔다가도 한탈(산딸기) 보이면 한탈 따서 옷깃 속에 싸고 와, 창구멍으로 드려놓아 탈이라도 먹고 살아나라 (요령)

그러면서 하는 게 스물한 살이 다가왔구나. 덩더덕.

열여섯에 가둬 놓은 게 스물한 살이 되어 신오월 스무나흘 날이 근당近當하니 (요령)

큰 오라방이 도고리에 개장물(개 땗인 국물)을 삶아서 큰 마당에 내어 놓고 문을 열어가니, 아이구, 이제 우리 오라방이 나 이젠 살려주려고나 하는가 하여 하도 기뻐서 마루 위로 나와가니, 이년 저년 죽일 년, 이 물이라도 먹어봐라. 이거 무슨 물입니까? 아무 물이고 대고 먹으라 하니, 아이구, 내가 죽으면 죽어도 못 먹겠습니다. 어서 그러면 머리라도 감아라 하니, 죽으면 죽어도 머리도 못 감겠습니다. 허운대기(머리채) 웅큼 잡고 도고리채 개장 국물을 둘러씌웠구나. 덩더덕.

씌워서 문ㄱ진 방안으로 들이쳤구나.

「노래」

아이구, 쉬운 댓자 세 갑 머리 갈산질산 풀어두고, 새파랗게 죽어간다. 신오월 스무나흘 날, 이내 몸을 살려놉서.

「사설」

야- 그때 양씨 아미 어진 조상은 이 세상 하직 됐구나 (요령) 덩더덕.

이 세상 하직되어 셋 오라방 작은 오라방은 큰형한테 찾아가 형님. 저년은 그럴 만하니 죽었수다. 그년 죽은 게 억울하냐며 년놈도 다 한 칼에 찔러 죽이겠다 욕해버리니, 셋 아시와 작은 아신 달아나버리고 그때 들어오다 문뚱(처마밑)에 마포麻布 치마 걸려 있으니 그거 열두 폭幅에 찢어 열두 매에 묶어 지게에 지어서 저 눌미 와산臥山 지금도 있습니다 '절연이왓'(조천읍 와산리 지명)에 가서 묻었구나. 덩더덕.

개관蓋棺도 하는 듯 마는 듯 봉토封土도 하는 듯 마는 듯하여, 가시덤불로 덮어놓고, 분墳을 올려가니, 셋 오라방 족은 오라방 먼 데서 숨어 살펴보니 거의 다 한 것 닮으니 와서 형님아 이년은 이만해도 좋수다. 형님이랑 어서 집에 내려갑서. 우리는 이 우마나 보고 가겠습니다. 어서 걸랑 그리하게. 형을 달래어 집으로 내려보내어 두고, 셋 오라방 족은 오라방은 숨어서 다 내려간 것 닮으니 동생 산[墓]에 찾아갔구나. 덩더덕.

「노래」

아이구 설운 나 동생아 불쌍하다. 그만하니 죽었구나. 좋은 얼굴도 썩어가고 좋은 소리도 썩게 되고, 설운 내 동생아 개관蓋棺도 재차再次 잘 해주마. 봉토封土도 잘 해주마. (요령)

「사설」

아, 그때엔 무덤을 잘 해두고 돌아왔구나. 양씨 아미는 저 서천 꽃밭에 들어갔구나. 서천 꽃밭에 들어가는데 궁녀청 신녀청들이 나와서 아이구,

인간에 얼굴도 예쁘다. 곱기도 곱다. 그땐 손잡고 서천 꽃밭으로 인도引導하니, 궁녜[宮女]청 신예[仙女]청들이 유리동이 놋동이 은동이 주수리남동이(나무로 만든 동이의 일종)도 내어주고, 꽃도 내어주며 꽃도 심어서 물을 주라 일렀구나. (요령)

하루는 꽃감관[花監官] 꽃성인[花聖시 님이 나와서 꽃춘심(꽃을 가꾼 정도를 검사하고 감상하는 일) 하여보니, 다른 꽃은 다 검뉴울꽃(시들어 버린 꽃)이 안됐는데 양씨 아미 물 준 꽃에는 어찌해서 검뉴울꽃 되었구나. 덩더덕.

어서 양씨 아미 불러들여라. 덩더덕.

양씨 아미 불러들이니, 그때 꽃감관이 하는 말이, 너는 어찌해서 돼지고기의 존경내(종경내, 동경내, 소, 돼지 따위의 불알을 끊어낸 것에서 나는 냄새)가 나고, 쇠고기의 콥내('콥=소기름 + 냄새' 소기름 냄새)가 나고, 개고기에 노랑내(노린내, 노리게 나는 냄새)가 나니, 너는 부정不淨 서정이 많다. 너는 어서 인간계로 돌아가라 해서 (요령)

그때 은주랑철죽대(철죽대는 부처님의 지팡이)로 아랫정[下井] 물이 떨어져 인간 쪽으로 돌아서서 비새[悲鳥]같이 울엄구나. 덩더덕.

「노래」

인간 세계로 와서 보니 시체는 파묻어 버려 못오고 저승도 못 가고 이승도 못 가고 용등머리 동산에 앉아 비새 같이 울고 있으니,

「사설」

야, 그때, 비새 같이 울고 있으니 고전적 하르바님은 자손子孫들 집에 전

새남육마을(앓는 환자의 생명을 살려주십사 비는 병굿) 하고 있다니 전새남육마을 받아먹으러 내려오다 보니 양씨 아미가 "어디로 가는 현감 님입니까." "나는 고전적高典籍인디 자손네 집에 서천제미공연 받으러 가는 고전적이로다." 하니, (요령)

나도 독부적(독부조)이나 하고 갑시라. 아니 된다. 부정不淨이 많으니까 아니 된다고 하니까, (요령)

아이고, 이러고 저러고 부정 신가여시메(신가이다. '신-'은 접두어. 가이다 = 가시다. 지저분한 것을 없애어 깨끗하게 하다.) 어서어서 갑시다. 인간에(인간 세상에) 우리 오라방(오빠) 삼형제가 있는데 큰 오라방은 나 개장물로 몸목욕〔沐浴〕시켜 나를 죽여버렸으니 난 저승도 못 가고 이승도 못 오고, 우리 셋 오라방 족은 오라방은 마음 좋고 인심 좋고 하니 삼년 일등 큰굿하게 하면 큰 밭 사게 하고, 족은굿 하면 작은 밭 사게 하여 전새남육마을 받아드리겠습니다. 그러면 어서 팥죽이라도 사먹고 부정不淨을 신가이라 하였구나. 덩더덕.

그때 팥죽을 사먹고 부정을 신가여서 (요령)

양씨 아미하고 고전적하고 독부적하여 애운ᄃ리(지명)로 내려왔구나. 그때엔 고전적古典的(고전적〔高典籍〕)은 자손의 안내로 들어세요 하여 청하고 양씨 아미는 어느 누구도 원미(월미: 영위〔靈位〕 앞에 올리는 죽. 영혼에게 떠 올리는 물에 밥을 말은 숭늉) 한 모금〔一滴〕도 아니 주고 감주甘酒 한 모금 아니 주고, 어느 누구 안으로 청請하는 자가 없어, 그때도 양씨 아미 어진 조상이, 신령을 보여, 지금 양씨 큰 할마님이라 한 건, 양씨 아미 그때 조카니, 양씨 아미 조카에게 홀연광증忽然狂症을 보였구나. 덩더덕.

홀연광증이 되어 입으로 회포懷抱 눈물 하였구나. 나는 양씨 아민데 큰

오라방 나 개장물로 몸목욕시켜 날 죽여 버리니 서천 꽃밭에도 못가고 이 승도 못 오고 (요령)

내가 큰오라방 가지에는 내가 씨멸족氏滅族을 시킬 꺼고 셋 오라방 족은 오라방넨 삼 년 일등 큰굿하면 큰밭 사게 하고, 작은굿 하면 작은밧 사게 하겠다. 이렇게 입으로 회포懷抱를 메웠나. 덩더덕.

「노래」

그때 양씨 아미 어진 조상은 삼년 일등 큰굿 하면 큰 밭 사게 한다. 작은 굿 하면 작은 밭 사게 한다. 수덕 좋고 영급 좋은 조상이로구나. 조상님도 간장 풀려 놉서.

영게돌려세움

이 세상에 살다가 죽은 집안의 마지막 "영혼을 저승으로 돌려보내는 일"을 〈영게돌려세움〉이라 한다. 두 하늘의 이야기와 문전본향과 집안의 영혼들 그리고 두 땅의 신들을 마루 상방의 네 당클[祭棚]에 모셔놓고, '두 이레 열나흘'과 앞뒤로 이삼 일을 더 더해 17일 동안, 굿을 하여서 이룩한 일은 이 집안에서 죽은 '마지막 영혼'을 저승으로 보내는 일이라는 것이다.

큰굿은 태초 아무것도 없는 '왁왁한 어둠'에서부터 하늘과 땅에 있는 모든 존재를 다 꺼내어 집안에 모시고, 결국은 어제 죽은 '마지막 영혼'이 나비가 돼 저승으로 떠나는 순간을 생생하게 기록하는 것이다.

나는 보았다. 생전에 나를 사랑했던 당신이 굿의 마지막 날, 굿판

허공을 맴돌며 내 곁을 떠나지 않던 것을 안다. 그게 당신의 영혼이라는 것을. 그리하여 현실, 악惡의 무질서, 세상의 혼돈을 굿을 통하여 '맑고 공정한 저승법'으로 우주를 다시 바로잡아 이상적인 선善의 세계를 완성하는 것, 그것은 세상에 와서 살다 죽은 사랑하는 사람의 영혼을 거두어 저승 상마을에 가 나비로 환생하시라 이승 사람과 저승 가는 영혼이 미여지벵뒤에서 이별하는 의식들, 그것이 〈영게돌려세움〉이라 하는 것이다. 이승의 혼돈 속을 떠도는 사랑하는 이의 영혼을 거두어 저승 상마을로 보내는 아름다운 꿈의 완성이라는 것이다.

그러므로 굿의 이야기는 슬픔을 머금고 있는 감성의 언어로 시를 짓는 일과 같다. 죽은 영혼과 같이 비새처럼 우는 일이다. 아니, 비새가 님 곁에 와 울고, 당신은 모든 슬픔들을 부려놓고 나비처럼 가볍게 저승으로 날아가면 큰굿은 끝난다. 그때 세상에 남은 사람들은 "영혼을 저승으로 보냈다." 또는 "당신은 나비가 돼 내 곁을 떠났다." 하는 것이다. 그리하여 제주 사람은 굿밭에 가면 모두들 비새같이 운다. 굿의 마지막 날 내 곁을 떠나지 않는 영혼의 실체, '나비'를 만나 미여지벵뒤 가시낭에 걸쳐두고 가는 피 묻은 현실의 옷을 거두고, 저승에 가 입을 옷 한 벌과 짚신 한 켤레를 마련하여 저승으로 보내는 의식이 〈영게돌려세움〉이다.

이 기록은 나비가 돼 내게 오셨던 당신에 대한 기록이다. 제주에서 음력 9월은 심방의 달 '신구월神九月'이라 한다. 이 기록은 2011년 신구월 성읍리 마방집 정공철 심방 초역례 17일 신굿의 기록이다.

달은 갈라 신구월달, 날은 갈라 열이렛날, 실제로 굿은 10월 12일 (음력 9월 16일)부터 시작하여 신구월 그믐 되는 10월 26일(음력 9월 30일)에 열나흘의 큰굿을 마쳤고, 27일(음력 10월 1일)에 〈가수리〉, 〈뒤맞이〉 하고, 28일(음력 10월 2일)에 〈세경놀이〉, 〈영감놀이〉와 〈배방선〉까지 하여, 표선 당캐에 배를 띄우며 장장 17일 동안 하였던 큰굿이었다.

굿을 시작해서 굿이 다 끝나는 보름은 당신이 굿판에 오신 듯해 노심초사勞心焦思하였고, 비 온 날은 날개가 젖을까 초조했으며, 좋은 볕 나면 볕에 타는 목 잔질루고(축이고), 바람 불면 갈바람에 흔들리며, 두 이레 열나흘 달이 가고 날이 넘어, 어느새 굿 마치는 마지막 날, 26일 신구월 그믐이 되니, 이날은 정말 당신이 오시는 듯했습니다.

심방은 영게[靈駕]돌려세워, 영혼들 호상옷 해 입히고, 영혼들을 저승으로 보내고 있었는데. 그때 내 앞에 연노랑 나비 한 마리가 날아왔지요. 나는 정말 당신을 만난 듯했어요. 그곳은, 아직 닦지 않은 저승길, 황망荒亡하여, '거침없이 트인 널따란 벌판'이었고, 성읍리 일관헌 맞은편 마방집 큰굿판이기도 했지요.

거기서, 굿판에 이승 떠난 당신, 나비가 되어 찾아온 아름다운 당신의 영혼과 만난 것은 정말 행운이었습니다. 나는 굿을 통해 당신이 나를 찾아왔다고 느끼고 있었습니다. 그리고 분명 나는 거기서 저승에서 온 당신을 만났고 같이 춤을 추었습니다. 내가 당신과 만난 곳은 굿판이었지만, 실제로 나와 당신은 이승과 저승의 중간 지점, 아무 거침 없이 트인 널따란 벌판 '미여지벵뒤'에 있었습니다. 그곳은 내 곁에서 아직 떠나지 못한 당신

미여지벵뒤에 서서

의 영혼이 굿하는 십여 일을 내 곁에서 맴돌다 26일 마지막 영가들을 저승으로 보내는 <영게돌려세움> 때가 다가오자 나비 한 마리 굿판 내 곁을 맴돌며 떠나지 않았는데, 당신의 영혼이 늘 곁에서 하울하울 날고 있었던 거지요.

나는 알았습니다. 분명 당신은 나비로 환생하였고, 나는 정말 당신의 영혼이 내 곁에 있음을 느꼈으니까. 수심방을 맡았던 서순실 심방과 본주인 후배 정공철이 생전에 당신이 나를 따라 굿판에 와서 항시 심부름도 하며 베풀었던 고마움에 보답으로 저승으로 보내는 당신 옷 한 벌 상에 올려주었을 뿐인데, 이승 사람들의 고마움을 아는지, 당신의 영혼은 나비가 되어 굿판을 찾아와 날아다녔던 거지요. 나는 당신이 여기 와 있음을 느꼈고, 서 심방은 언니가 꿈속에 보였다 말해 주었지요. 나는 나비가 되어 찾아온 당신의 영혼과 춤을 추었고, 정말 당신은 굿판에 오셨다 갔으리라 생각하며, 나는 정말 행복했어요. 이제 미련을 훌훌 털어버리고 저승에 가면, 당신은 나비로 환생하여 행복한 또 다른 삶을 살게 되겠지요.

이제 당신은 이승 사람과 이별하는 이승의 끝, '미여지벵뒤' 허풍 바람에 마지막 욕망과 슬픔을 날려버리며, 마른 가시나무에 이승에서 집착하던 살아 있을 때의 이야기들을 '미여지벵뒤' 가시나무에 걸어두고 가겠지요. 여보. 거기 이승의 질고 진 것, 허풍 바람에 불려두고 가시오. 설운 당신 세상 살며 한숨 짓던 일, 마음고생 한 걱정도 바람나무에 걸어두고 가시오. 당신 나 때문에 울기도 많이 울었지. 사는 게 힘들고 고달픈 일 다 풀어 순실이가 당신 옷 한 벌 장만하였고, 나도 당신에게 인정 많이 걸었으니, 막 방광 소리 들으면, 나비다리 건너, 저승 상마을에 가 나비로 환생하시라고, 고운 옷 한 벌 올려드렸으니 신발 단속 의복 단속 가지고 갈

물건 단속 잘하고, 버릴 건 버리고 떠날 채비 하시라고, 저승 가는 마지막 새남굿으로 당신을 보냅니다.

사나사나 사낭갑서.
사나사나 사낭갑서.

미여지벵뒤에 서서

미여지벵뒤에 서서──문무병의 제주 신화 이야기 3

1판 1쇄 발행 | 2018년 12월 15일

지은이 | 문무병
펴낸이 | 조영남
펴낸곳 | 알렙

출판등록 | 2009년 11월 19일 제313-2010-132호
주소 | 경기도 고양시 일산서구 중앙로 1455 대우시티프라자 715
전자우편 | alephbook@naver.com
전화 | 031-913-2018
팩스 | 031-913-2019

ISBN 979-11-89333-11-9
　　　978-89-97779-91-8(세트) 04210

＊책값은 뒤표지에 있습니다.
＊잘못된 책은 바꾸어 드립니다.